U0826462

本书为2016年中国政法大学优秀中青年教师培养支持计划资助项目“能源财产权利的私法保护路径”成果;2015年度教育部人文社会科学研究青年基金资助项目“能源财产权利的行使、限制与冲突协调”(15YJC820083)成果。

能源财产交易基本法律问题研究

郑佳宁 著

北京理工大学出版社
BEIJING INSTITUTE OF TECHNOLOGY PRESS

版权专有　侵权必究

图书在版编目(CIP)数据

能源财产交易基本法律问题研究 / 郑佳宁著. —北京：北京理工大学出版社，2016.7

ISBN 978-7-5682-2592-2

Ⅰ. ①能…　Ⅱ. ①郑…　Ⅲ. ①能源—期货交易—证券法—研究—中国　Ⅳ. ①D922.674②D922.287.4

中国版本图书馆 CIP 数据核字(2016)第 158260 号

出版发行 / 北京理工大学出版社有限责任公司
社　　址 / 北京市海淀区中关村南大街 5 号
邮　　编 / 100081
电　　话 / (010)68914775(总编室)
(010)82562903(教材售后服务热线)
(010)68948351(其他图书服务热线)
网　　址 / http://www.bitpress.com.cn
经　　销 / 全国各地新华书店
印　　刷 / 保定市中画美凯印刷有限公司
开　　本 / 710 毫米×1000 毫米　1/16
印　　张 / 12.25
字　　数 / 230 千字
版　　次 / 2016 年 7 月第 1 版　2016 年 7 月第 1 次印刷
定　　价 / 45.00 元

责任编辑 / 张慧峰
文案编辑 / 张慧峰
责任校对 / 周瑞红
责任印制 / 王美丽

图书出现印装质量问题，请拨打售后服务热线，本社负责调换

前　言

能源是国家经济发展的核心产业，关系到未来国家发展的战略追求。十八届三中全会提出了对我国能源领域进行市场化改革的要求，在这样的时代精神下，选择对能源市场化改革核心问题之一——能源财产权利的行使、限制和冲突协调进行研究，具有非同一般的理论价值和实践价值。一直以来，我国学者致力于对能源法学基本法的研究，提出了规范能源行业、开放能源市场、优化能源结构、鼓励清洁能源等价值理念。在此基础上，以传统民商法的研究方法作为切入点，对能源交易客体的本源和利用等基本问题进行深入的理论研究，成为了能源交易法制化、能源体制改革建设的重要选题。

能源财产权利，是一定社会所确认的人们对能源资源所拥有的具有稀缺性和有用性的各种财产权利的总和，既包括在能源上游领域产生的探矿权、采矿权、电力开发权等，也包括在下游领域产生的排污权。能源财产权利必须依附于一定的能源资源之上，且在市场经济中该权利具有稀缺性和有用性等财产性价值。能源财产权利，不同于一般的物权等民事权利，其由能源资源国家所有权和行政权相结合所创设，在能源资源的开发、生产过程中具有一定的独特性。能源财产权利是能源产品生产的基础，也是能源财产交易的前提，具有较高的敏感性和垄断性，其私权性质和权利义务内容等都成为能源财产交易制度不可忽视的内容。

笔者经过多年的研究，发现以下几个理论问题值得探讨：

首先，能源财产权利的属性值得探讨。在厘清宪法上与民法上能源资源所有权之间关系的基础上。明确能源财产权利属准物权的情形为常态，但是属特许经营权的情形也不应被忽略，最为典型的是火力发电权，也包括一定情形之下的风能发电权、太阳能发电权等。本书认为，特许经营权应被认定为物权为宜，这样可以有效避免政府机关随意撕毁约定，增强投资安全；同时赋予权利人对抗第三人的效力，便于维护权利人利益。

其次，能源财产权利客体的若干问题需要澄清。能源财产权在客体特定性方面与典型物权存在一定差异。排污权客体可以特定化；隶属于矿业权部分的能源开发开采权客体特定性受公法规范限制；水电开发权、风电开发权、太阳能开发权等权利的特定性受自然条件限制；勘探权受勘探区域和勘探过程的限制逐步实现特定化。能源财产权利普遍具有支配性，但是具有特许经营权性质的能源财产权以及排污权的支配性表现较为特殊，不是直接占有，而是观念支配。

再次，能源财产权利的类型需要结合实践进一步细化研究。如所有种类能源都会涉及开发权，但部分能源例如火力发电无勘探权，部分可再生能源如风能、太阳能等不存在排污权。如生产性能源财产权利和附属性能源财产权利，在权利的行使、限制和冲突协调机制上都存在具体制度的差异。

最后，能源财产权利冲突问题亟待解决。能源财产权利冲突问题建议按照类型化进行分析和协调，按照涉及权利的属性可以分为能源财产权利之间的权利冲突与能源财产权利与其他民事权利的冲突两类。能源权利冲突协调机制主要包括便利能源开发原则、先权利优先原则、权利协调互惠原则、生存利益所栖息的权利优先保护原则和公共利益保留原则。

法律的生命在于实践，任何理论的探讨如果不能转化为实践或者对实践没有指导和借鉴意义都等于徒劳。笔者在写作过程中秉承此理念，以现实中的案例作为讨论的基本素材，理论分析贴近于实践、服务于实践。本书围绕着能源财产权利的基本法律问题展开，探讨如何通过“一级市场”“二级市场”对能源财产权利的行使、限制和冲突协调进行市场化的法律规制。一方面，从民法基本理论入手，深入研究和分析能源财产权利的法学基础理论，对能源财产权利的利用进行系统化的梳理，提供有效的理论支撑。另一方面，以方法论的角度，掌握国内外可能收集到的相关资料，做好深入有效的实务调查和研究，从能源财产权利的利用过程来对具体能源财产权利的法律制度进行设计，提出相关的立法建议。

全书的重点与创新点着重围绕能源财产交易行为具体交易制度的构建展开，即市场准入制度，价格机制制度和法律监管制度。我国能源体制面临着重组改革，将能源财产交易适度拉入市场自动调节，带入市场竞争机制已是必然发展趋势。而在能源财产交易的市场运作中如何正常运作，如何改善能源结构、如何进行法律监管与政府宏观调控，更好地提高能源的利用率，形成符合中国国情的能源发展战略，正是本书能源财产交易法律制度研究所要解决的问题。

能源是现代国家发展的重要资源，是其他行业生产的原动力。2015 年能源立法已经列入国务院“全面深化改革和全面依法治国急需的项目”。能源关乎国运，能源的变革可以带动经济的变革。我国作为一个能源大国，能源政策体制却薄弱而分散，没有建立符合我国国情的能源法律体系。国家进行的能源体制改革，注重市场对能源的调节作用，但若没有完善的法律加以规制，便使国家干预的作用流于形式。能源法学因其所调整对象能源的战略性、稀缺性和国际性，是法学研究的一个重要不可缺少的分支部门。因此在能源经济发展越来越繁荣的今天，加快能源财产交易法律立法，对于促进能源经济健康成长具有极大地必要性与现实意义。

笔者于 2015 年主持教育部人文社会科学研究青年基金项目“能源财产权利

的行使、限制与冲突协调”（15YJC820083），并在此基础上以“能源财产权利的私法保护路径”的研究方向获得中国政法大学优秀中青年教师培养计划支持，本书为以上项目的阶段性成果。

最后，谨向北京理工大学出版社的张慧峰编辑表达我的谢意，没有张先生的辛勤工作，本书不可能在这样快的时间内，以这样令人满意的形式与读者见面。

郑佳宁

丙申年仲夏，于蓟门桥

目 录

第一章 能源财产交易概述

第一节 能源财产交易的法律体系、法律地位及交易现状

一、我国的能源法律体系

能源法作为一个国家能源监管体系中的重要组成部分，和能源战略、能源政策共同构成统一的能源监管体系，三者相辅相成、缺一不可。[①] 相比于能源战略和能源政策，能源法的出台往往滞后，但以能源法形式呈现的规范，具有原则性和制度性，它将能源战略和能源政策的理论、原则及措施上升为国家意志，将其制度化、规范化。通过能源法的规制，能源开发和利用者可以进行公平的市场竞争，政府以行政主体的角色对能源开发利用中的主体权利义务进行监管，保障能源资源的合理开发利用。同时，能源法要求在开发利用能源的同时保护环境，防治污染，其法律关系的特殊性决定了能源法需与自然资源法、环境保护法等相区分，对能源的开发利用进行全面系统的调整。能源法保障国家能源安全、优化能源结构等的制度功能使得能源法律体系已经成为工业化国家法律体系的重要部分。

能源法律体系是调整能源法律关系的一切法律规范的总和，相互间互为联系，互为补充。能源法律体系的构成可以分为纵向和横向两类结构。[②] 纵向结构是指将所有调整能源法律关系的法律规范，按照法律渊源进行划分而形成的结构。横向结构是指按照能源法律规范的不同调整对象划分而形成的结构。以下将分别从纵向和横向两个方面阐述我国的能源法律体系。

（一）纵向能源法律体系

从法律文件的表现形式上来看，目前我国的能源法律体系可以分为以下八个

---

① 张勇：《能源基本法研究》，法律出版社 2011 年版，第 24 页。

② 叶荣泗，吴钟瑚主编：《中国能源法律体系研究：能源立法：战略 安全 可持续发展》，中国电力出版社 2006 年版，第 9 页。

层面。

1. 宪法

宪法是我国的根本大法，从法律层级来看，宪法是我国法律体系中层级最高、效力也最高的法律。其他的法律法规由其产生，效力低于宪法，因而如果其他法律规范的内容与宪法内容相矛盾，会因为违宪而无效。但在实际执法和司法行为中，宪法作为根本大法，不被作为具体的法律依据所适用，而只在立法中，要求其他法律规范的制定与宪法的精神和原则保持一致。宪法中主要规定国家的形态与政治制度、公民的基本权利与义务，对于具体的部门法的内容，通过制定框架性的原则来对其进行指引和规范。因而宪法中与能源相关的规定是制定我国能源法律规范的基本原则和依据。宪法中所要求的厉行节约、完善宏观调控等原则都指导着能源法律规范的制定和运行。① 不论是诸如《电力法》《节约能源法》等的能源法律，还是《矿产资源开采登记管理办法》《民用建筑节能条例》等的能源行政法规，都是以宪法规定的厉行节约、完善宏观调控的原则为指导制定的。但由于宪法目前没有做到司法化，因此在能源法方面，还要靠积极主动的规范立法，来实现宪法精神在能源领域的要求。

2. 能源法律

能源法律是由全国人民代表大会或其常委会制定的能源基本法律，目前我国现行四部能源单行法：

① 1995 年 12 月 28 日通过的《电力法》，其制定的目的在于保障和促进电力事业的发展，维护电力投资者、经营者和使用者的合法权益，保障电力安全运行，适用于我国境内的电力建设、生产、供应和使用活动，确立了电力行业“谁投资，谁收益”的原则。②

② 1996 年 8 月 29 日通过的《煤炭法》，它是我国煤炭行业发展走上规范化、法制化轨道的一个重要里程碑，该法的实施对完善我国煤炭法律法规体系，合理开发利用和保护煤炭资源，规范煤炭生产、经营活动，促进和保障煤炭行业的发展发挥了重要和积极的作用。该法中确认了国家对煤炭开发实行统一规划、合理布局、综合利用的方针。③

③ 1997 年 11 月 1 日通过的《节约能源法》是为了推动全社会节约能源，提高能源利用效率，保护和改善环境，促进经济社会全面协调可持续发展而制定

---

① 参见《中华人民共和国宪法》第 14 条和第 15 条的规定。

② 参见《中华人民共和国电力法》第 1 条、第 2 条和第 3 条的规定。

③ 参见《中华人民共和国煤炭法》第 1 条和第 4 条的规定。

的。其中要求加强用能管理，采取技术上可行、经济上合理以及环境和社会可以承受的措施，从能源生产到消费的各个环节，降低消耗，减少损失和污染物排放，制止浪费，有效、合理地利用能源。确立了节约资源的基本国策，以及实施节约与开发并举、把节约放在首位的能源发展战略。① ④ 2005 年 2 月 28 日通过的《可再生能源法》，该法的制定是为了促进可再生能源的开发利用，增加能源供应，改善能源结构，保障能源安全，保护环境，实现经济社会的可持续发展。适用于风能、太阳能、水能、生物质能、地热能、海洋能等非化石能源的开发和利用，其中水力发电也适用本法。通过该法的实行，我国将可再生能源的开发利用列为能源发展的优先领域。②

除此之外，还有由全国人民代表大会常务委员会制定的 30 多部能源相关法律，包括《矿产资源法》《水法》《清洁生产法》《循环经济促进法》等，这些法律的效力层级仅次于宪法，但相较于宪法而言，在能源领域的规制较为具体明确，因而是能源法律规范中十分重要的部分。能源法领域的行政法规、部门规制及地方性法律规范等，都应当与能源法律的内容相一致，冲突之处会因为违反上位法而受到合法性的质疑。除了能源专门领域的立法，其他法律法规中涉及能源的条款也属于广义的能源法律规范。例如在《刑法》③《环境保护法》等在内的法律法规中，都存在与能源相关的条款。此类条款在能源的执法和司法领域，一般处于辅助性的地位，但从整个法律体系上来看，此类条款的存在弥补了能源专门领域的立法空白，有利于整个法律体系的统一与完善。

3. 能源行政法规

能源行政法规是国务院制定的有关能源的规范性文件，截至 2015 年 7 月，共有 29 部能源方面的行政法规颁布生效。相较于能源法律而言，能源行政法规的效力虽然较低，但与能源行政规章和地方性能源法规规章相比，能源行政法规还居于较高层级的地位。能源行政法规以宪法和能源法律为指导依据，由国务院根据国家实行的能源领域政策来制定，因而其内容上更为具体详细，更具有可操作性，也更贴近于国家的现状与现行政策。能源行政法规根据其制定的目的和依据不同，可以分为两类，一类是为执行能源法律而制定的实施条例或实施细则，如《矿产资源开采登记管理办法》等。此类能源行政法规有其上位的能源法律为指导，如《矿产资源法实施细则》，就是以《矿产资源法》为基础制定的行政

① 参见《中华人民共和国节约能源法》第 1 条、第 3 条和第 4 条的规定。
② 参见《中华人民共和国可再生能源法》第 1 条、第 2 条和第 4 条的规定。
③ 参见《中华人民共和国刑法》第 118 条和第 119 条的规定。

法规，其目的在于为《矿产资源法》的实施提供更明确的操作程序依据，是对《矿产资源法》的细化与完善，为能源主管行政机构提供更为详细的执法依据。另一类是为补充现行能源法律还未规制的法律问题而制定的临时性、过渡性的行政法规，如《核材料管理条例》《核电厂核事故应急管理条例》等。由于能源法律只能由全国人民代表大会及其常务委员会制定，其制定的程序较为严格，出台耗时也较长，因而对于能源领域已出现的需要法律规范规制的地方，立法的滞后性表现明显。而能源行政法规在此就起到过渡性的作用，一方面及时满足能源领域的立法需要，另一方面也为法律的制定打好相应的基础，对于行政法规规定与现实不相适应的部分，在相应法律制定时也可以得到修改与完善。

4. 能源行政规章

我国能源行业的发展主要依靠能源行政法规和行政规章的规制。能源行政规章是由国务院有关部委，或国务院授权的直属机构制定的规范性法律文件，目前有200部左右。能源行政规章虽然效力层级较低，但在指导能源行业的发展上起到重要的作用。能源行业根据能源资源的类型不同，在开发利用上往往也有很大的区别，因而在具体的能源资源开发利用领域，在统一的原则性规范指导上，还需要具体的法律规范对其实务操作进行规制。能源行政规章一般为能源主管行政机构提供某项具体工作的操作规范，如国土资源部颁布的《矿产资源登记统计管理办法》，即详细规定了登记统计矿产资源的程序规范；国家电力监管委员会颁布的《电力业务许可证管理规定》，即明确对电力业务许可证的申请、授予与变更等行政行为进行了明确的规定。这些行政规章同样弥补了我国现行能源领域的立法空白，为能源行业的发展监管起到了具体的规范指导作用。相比于行政法规，行政规章更为灵活且操作性更强。但其缺陷在于，受政策的影响大，稳定性不足，在内容上受到上位法的制约，数量多且内容杂，容易出现规章之间以及规章与上位法之间冲突的问题。

5. 地方性能源法规和能源规章

能源资源的分布不均和发展的不平衡，使得各地需要制定符合其能源业现状和发展的法律规范。地方性能源法规是由有权制定地方性法规的人民代表大会及其常委会制定的规范性文件，地方性能源规章是地方人民政府依法制定的规范性文件。与能源相关的地方法规、规章目前已有近1 000部。我国正在进行能源领域的市场化改革，国家将一些地方设置为市场化改革的试点进行改革的尝试。试点的尝试不能凭空进行，一般也需要基于规范性的文件指导进行操作。然而，在试点的情况下，无法出台较高层级的立法予以指导，原因在于：一方面，试点的范围一般较小，试点与试点之间的差异性也较大，统一的立法规范不能完全适应各地的不同情况；另一方面，试点的作用正是要通过不同的规范的适用，通过最终的适用效果来确定统一的市场规范，因而，需要试点之间的规范具有差异性。基于上述原因，在市场化改革的过程中，地方性的能源法规和能源规章更有利于能源行业的尝试与发展完善。地方性的规范性文件贴近于该地的实际情况，制定和修改的程序较为简单，因而在能源行业快速发展的今天，地方性的能源法规和能源规章有较大的施展空间。但也应当注意，各地区的差异性立法，会阻碍能源财产的跨地区交易，不利于推进能源财产交易市场的扩张。即使在各地单独立法的情况下，也应在试点尝试初具结果时，考虑统一立法条文的问题，可以通过修改各地立法，使各地规范相统一，或通过制定高层级的立法在各地区间共同适用的方式进行。

6. 能源相关的司法解释

最高人民法院和最高人民检察院发布的司法解释，在能源相关纠纷解决的适用上，有较大的参考价值。如《最高人民法院关于河道采砂应否缴纳矿产资源补偿费问题的答复》《关于审理触电人身损害赔偿案件若干问题的解释》《关于审理破坏电力设备刑事案件具体应用法律若干问题的解释》等。在我国的法律体系中，司法解释不被承认为我国合法的法律渊源，因而在司法审判中，司法解释不能作为法律依据适用。但实际上，最高人民法院和最高人民检察院出台的司法解释，对其下级法院和下级检察院的司法工作都有较强的指导作用。司法解释的产生，一方面是对具体的法律条文的适用做出说明，该种说明会明确表达出司法机关对于特定问题的态度；另一方面也是为全国各地的法院和检察院系统的司法行为提供规范，使得全国范围内的司法行为可以得到统一。因而，司法解释虽然不具有法律渊源的名分，但在实际适用上，一般都参照司法解释的内容适用。在能源行业，专门的能源司法解释较少，而与能源财产交易相关的诸如《合同法》《侵权法》《刑法》等的法律的司法解释，也被认为属于广义的能源相关的司法解释。但毕竟司法解释的效力有限，对于重大的需要统一的法律问题，还是以立法的形式予以规定较为妥当。

7. 能源标准

能源标准按照实施范围可以分为国家标准、行业标准和地方标准；按效力可以分为强制性标准和推荐性标准。根据《国家标准管理办法》，与能源领域相关的产品及产品生产、储运和使用中的安全、卫生国家标准，劳动安全、卫生国家标准，运输安全国家标准；工程建设的质量、安全、卫生国家标准及国家需要控制的其他工程建设国家标准；环境保护的污染物排放国家标准和环境质量国家标准；重要的涉及技术衔接的通用技术术语、符号、代号（含代码）、文件格式和制图方法国家标准；国家需要控制的通用的试验、检验方法国家标准；互换配合国家标准等属于强制性标准，其余为推荐性标准。[①] 由于能源领域涉及的技术性较强，因而在能源的开发和利用上，标准的制定有利于能源技术的推广和应用。能源的标准由各个能源标准化技术委员会制定，分为能源领域全国标准化技术委员会和能源行业标准化技术委员会。根据国家能源局的数据，目前能源领域全国标准化技术委员会有94个之多，而能源行业标准化技术委员会有62个。[②] 能源的标准不属于法律规范性文件，但在能源领域的市场准入中，能源标准为能源相关产品和技术提供进入市场的最低门槛，以保证能源市场的安全和统一。能源标准的制定依据的是法律规范性文件，目前包括《中华人民共和国标准化法》《中华人民共和国标准化法实施条例》《能源领域行业标准化管理办法（试行）》《能源领域行业标准制定管理实施细则（试行）》《能源领域标准化研究项目管理办法（试行）》等。能源标准虽然不具有法律的强制执行力，但在能源开发利用过程中同样具有重要的参考价值。

8. 能源国际条约

我国已加入的国际条约、公约等在一定条件下也为我国的法律渊源，和国内法具有同等的效力。其中包括《能源宪章条约》《联合国气候变化框架公约》《京都议定书》《核安全公约》等。一定条件指的是转化，即将国际条约的内容转化为国内制定法，从而在我国领域内得以适用。其中《能源宪章条约》属于国际能源领域具有法律约束力的多边条约，对于推动和促进能源领域的贸易、投资和运输活动具有重要意义。目前已有51个国家和地区为该条约的缔约国。条约主要分为投资保护、能源贸易和运输保护、能源效率及争端解决等部分。在能源投资方面，《能源宪章条约》具有促进和保护外国投资的作用，条约提供了保护国际能源活动投资者合法权益的争端解决机制。由于能源资源的地域性特点，能源行业的国际化合作越来越频繁，我国也通过各种双边或多边条约的方式与他国或国际组织进行能源领域的合作。能源财产交易的市场早已不仅局限在国内市场，而是拓展到国际市场，包括能源财产的进出口贸易、我国企业承揽他国能源建设项目，以及我国能源行业投资中外资的加入等。上述列举的国际条约，其宣

① 参见《国家标准管理办法》第3条的规定。

② 参考国家能源局网站，http：//www. nea. gov. cn/ztzl/nybz/index. htm，最后一次访问于2015年7月19日。

示性的原则作用大于其实际的适用性，因而对于我国参与的能源国际市场的交易，还应当更多的依据我国可适用的国际经济法，以及与他国签订的双边或多边贸易条约。

（二）横向能源法律体系

根据调整对象的不同，横向能源法律体系可以分为如下六个方面。

1. 煤炭法

从狭义上讲，煤炭法仅指 1996 年 8 月 29 日通过的《中华人民共和国煤炭法》；从广义上讲，煤炭法是以煤炭相关活动为调整对象的法律规范的总称，其中包括煤炭的综合规定、行业管理、规划计划、勘探开采、工程建设、生产经营管理和安全管理等。在综合规定上，以《煤炭法》为基础，还包括《乡镇煤炭管理条例》《煤炭行政处罚办法》等。行业管理上以部门规章为主，包括《煤炭物资行业管理办法》《开办煤矿企业审批办法》等。《煤炭产业政策》《煤炭矿区总体规划管理暂行规定》属于煤炭法领域的规划计划。此外，《煤层气勘探开发管理暂行规定》《煤炭建设工程施工招标管理办法》等，为煤炭的勘探开发和工程建设提供法律依据。在煤炭的生产经营管理和安全管理方面，国家制定了众多的行政法规及部门规章，来约束煤炭相关企业的生产经营行为，《煤炭安全监察条例》与《国务院关于预防煤矿生产安全事故的特别规定》均在 2013 年 7 月得到修订，加强了对煤炭安全的监管力度。由于煤炭属于传统的能源资源，开发利用的历史时间较长，因而在法律规范上，煤炭法也属于较为完善的一类。煤炭属于典型的矿产资源，因而有关矿产资源的规定，对于煤炭资源均适用。

2. 石油天然气法

我国目前还未有一部统一的《石油天然气法》，现行法律中规制石油天然气领域的法律以《矿产资源法》为主，行政法规规章为辅。主要制度包括石油资源所有权、石油矿业权、石油天然气管道保护制度、油气价格管理制度、安全生产环境保护制度、税收监管制度等。[①] 从法律效力上来区分，法律层级的立法中只有一部《中华人民共和国石油天然气管道保护法》，其余均为行政法规规章，包括《城镇燃气管理条例》《海洋石油安全生产规定》等。石油天然气的能源财产交易市场，以能源资源的种类和能源产品的类型为区分进行不同的规定，包括《对外合作开采海洋石油资源条例》《对外合作开采陆上石油资源条例》《原油市

① 叶荣泗，吴钟瑚主编：《中国能源法律体系研究：能源立法：战略 安全 可持续发展》，中国电力出版社 2006 年版，第 171 页。

场管理办法》和《成品油市场管理办法》等。石油作为目前影响国际市场的重要能源资源，该领域的立法有助于稳定我国国内市场，也有利于提高我国在国际能源市场的竞争力；而天然气作为清洁能源，目前也得到广泛的推广和利用，在很大程度上，有逐渐取代煤炭和石油地位的趋势。因而，石油天然气的立法应当受到重视，需要包括资源所有权制度、管理职责和分工、发展规划、建设许可证制度、生产企业设立条件及程序、生产作业许可证制度、生产作业规程、管道运输准入及保护、流通经营、科技创新、国际合作、税费制度以及石油储备管理等相关内容。①

3. 电力法

1995年12月28日通过的《电力法》，不但是我国第一部电力法，而且还是我国能源法领域的第一部单行法。在电力法体系中，相关的行政法规规章大量存在，为规制电力领域包括电力的开发、安全监管、电力供应与使用、电力市场化改革等活动提供了法律依据。由于电力的产生为能源资源及能源产品的转化，因而电力法的规制也涵盖了所有可以转化为电力的能源的规制。从工程建设的分类而言，电力法就可以区分水电建设立法、火电建设立法和核电建设立法。《电力市场运营基本规则》与《电力市场监管办法》在电力市场交易领域具有重要的约束指导作用，其中对电力市场的交易主体和机构、交易类型和方式、电力市场注册管理、争议解决等都做了具体的规定，为电力市场的交易提供了有效的法律规范的支撑。除此之外，在电力生产与电网管理、电力设施保护方面，也有行政法规和规章的专门规制。电力的定价影响能源的发展方向，其中《可再生能源发电电价和费用分摊管理试行办法》规定了实行政府定价和政府指导价两种定价方式，为推广可再生能源的利用起到了一定的推动作用。随着能源市场的改革，电力市场也处在转型之中，而1995年通过的《电力法》在2009年进行修正时，只对个别条文的文字做了修改。为满足我国目前电力产业的改革和发展要求，对于我国电力市场性质、市场准入及价格形成和控制等问题，还需要在《电力法》的修订中予以体现。

4. 原子能法

目前我国调整原子能领域的专门法律只有一项，即2003年6月28日通过的《放射性污染防治法》。该法的宗旨在于防治放射性污染，保护环境，保障人体

---

① 董秀成：《国家应该制定石油天然气法》，参见 http://blog.sina.com.cn/s/blog_490dbc3d0102uzwl.html? tj=1，最后一次访问于2015年7月15日。

健康，促进核能、核技术的开发与和平利用。[①] 除此之外，还有8项调整原子能领域的行政法规及行政法规性文件。包括：《民用核设施安全监督管理条例》(1986)、《核材料管制条例》(1987)、《放射性药品管理办法》(1989)、《核电厂事故应急管理条例》(1993)、《核出口管制条例》(1997)、《核两用品及相关技术出口管制条例》(1998)、《放射性同位素与射线装置安全和防护条例》(2005)以及国务院“关于处理第三方核责任问题的批复”（即1986年国函44号)。原子能相比于其他能源的特殊之处在于其利用的效果显著，但其利用的风险也较大。核技术的妥善应用可以为全社会带来丰富的动力资源，但其伴随的风险与损失也需要全社会共同承担。在原子能法制定的同时，有必要关注核安全问题，首要的是通过技术的开发创新来降低核技术利用的风险，其次要建立风险分担机制来减少核设施运营商的责任承担，保证核设施的运营具有规模性和连贯性。

5. 节约能源法

自1997年《节约能源法》颁布以来，由行政法规、部门规章和地方性法规等构成的节约能源法体系基本形成，主要的行政法规包括《重点用能单位节能管理办法》《节约用电管理办法》《中国节能产品认证管理办法》《能源效率标识管理办法》等。其主要目的在于构建节约型社会，促进合理用能和提高能源利用效率。除此之外，2008年通过的《循环经济促进法》和2009年修正的《可再生能源法》，也都可以归入节约能源法的范畴。前者在基本管理制度中，规定了循环经济发展规划制度、总量调控制度、循环经济评价指标体系和考核制度、以生产者为主的责任延伸制度、重点企业监督管理制度以及循环经济统计制度、标准体系和产品资源消耗标示制度等，[②] 在减量化、再利用和资源化以及激励措施上均作了具体的规定。《可再生能源法》明确了可再生能源的战略地位，与其配套的法律规范目前多为国务院各部门制定的行政规章。其在规制总量目标、发展规划、电价机制、费用分摊和专项资金等制度方面，有较强的可操作性。目前在节约能源方面，国家的政策性文件也有较强的指导作用，包括国务院发布的《关于印发“十二五”节能环保产业发展规划的通知》《关于印发节能减排“十二五”规划的通知》《关于加快节能环保产业的意见》，以及工业和信息化部发布的《关于进一步加强工业节能工作的意见》《关于加强工业节能监察工作的意见》等。该类通知和意见对于地方政府的节能减排工作开展有一定的指导意义，但要

① 参见《放射性污染防治法》第1条的规定。

② 参见《循环经济促进法》第2章的规定。

具有更强的约束力，还需以法律等规范性文件的形式加以体现。

6. 能源公用事业法

能源公用事业法主要调整能源供应商和消费者在能源供应过程中的服务关系，但我国目前还缺少立法的支撑。上述五个方面的法律体系主要调整能源的开发与利用，而能源公用事业主要调整能源的供求，受上述立法影响较小，但该领域又关系国计民生，因而该项法律体系有待研究与构建。目前我国的能源公共事业主要依靠国有企业运行，基本形成垄断的局面，不利于保障消费者的利益。通过能源市场化的改革，能源公用事业领域也应当适当引入民间资本和外国资本，丰富市场主体，通过市场竞争机制，为能源消费者谋求更大的利益。但由于能源公用事业与企业的生产和居民的生活息息相关，因而也需要政府在一定程度上控制公用事业能源的定价，防止其过大的波动，影响正常的生产、生活。能源公用事业法的核心即是通过价格机制实现对能源企业的管控，理论的构建和制度的设计也需同步进行。

二、能源财产交易的法律地位

能源关乎国运，能源的变革可以带动经济的变革。目前，我国能源法学领域的研究主要集中在能源基本立法、能源环境法、国际能源法等问题上，多从行政法、环境法、国际法等角度宏观进行研究。能源基本立法的构架固然重要，但相关配套能源财产交易法律规制的建立在能源市场化改革的推动下也势在必行。据统计，2013 年我国能源产量是 35.9 亿吨标准煤，全国能源消费是 41.7 亿吨标准煤。在能源消费结构中，煤炭在一次能源消费结构中占 59.4%，石油占 16.5%，天然气占 5.2%，水电、核电、风能合计共占 8.8%。2014 年能源产量和能源消费量均有所上涨，分别达到 36 亿吨标准煤与 42.6 亿吨标准煤。[①] 无论是能源生产还是能源消费，都离不开能源财产交易这一中间环节。这些数字说明，我国能源财产的交易量已经达到了叹为观止的水平。然而，从传统民商法理论入手，以具体能源财产交易制度为切入点的研究并不多见，这不能不说是我国能源法学研究的一个缺憾。同时，纵观当今国际环境，国际能源贸易愈加频繁，因为交易客体有其特殊性，事关国家利益，美国、欧盟等国家和地区已经纷纷着手加强对能源财产交易的法律建设和法律监管。因此，在发展能源贸易和规范能源交易的双重背景下，能源财产交易的法律制度研究这一选题以能源财产交易的主体、客

① 统计数字源自中华人民共和国国家统计局网站，参见 http：//data.stats.gov.cn/easyquery.htm？cn = C01&zb = A070E&sj = 2014，最后一次访问于 2015 年 7 月 15 日。

体、法律关系为研究对象，符合时代主题，顺应国家经济发展趋势，具有较强的理论价值和实践意义。

能源法领域涉及大量的制度设计，通过在各个立法中设置并完善各制度，从而达到对能源法领域进行规制的效果。能源财产交易的法律规制散落在各个法律规范中，但并非所有制度中都涉及能源财产的交易。

具体而言，能源法领域包含如下的制度①：能源规划与战略布局制度，其主要内容在于制定能源发展目标、实施措施，能源基地以及重大能源工程的开发与建设；资源勘探开发管理制度，其调整探矿权、采矿权的许可和审批程序，准入和退出，转让和拍卖；能源建设项目管理制度，其主要规范能源建设项目的立项条件和报批程序，实施项目监理；能源行业管理制度，其目的在于规范企业组织架构和企业行为，推进企业技术进步，统一行业标准；能源市场与监管制度，其调整能源市场主体的关系，建立规范有序的能源市场和运行规则，明确市场监管主体和监管的方式；能源价格管理制度，其规范内容在于管理和监督价格，确定各类能源的价格形成机制或政府的定价方法；能源输送管理制度，该制度在于调整能源生产者和运输者的关系，规范承运人的权利义务；能源安全和储备制度，其调整目的在于规范能源生产安全的保障条件，规定安全责任人的权利义务，制定突发事故的应急处理规定，建立战略能源的储备制度；能源环境保护制度，其主要内容为调整能源开发利用环节与环境保护的关系，规范能源环境保护主体的行为；能源使用和供应制度，该制度的目的在于调整能源的供应和消费者的经济社会关系，规范能源服务和合理用能的方式；能源财税制度，其调整对象为能源税和能源基金。

正如上文所言，能源财产交易的法律规制并不涉及上述所有的能源法制度，其解决包括能源财产交易的主体、客体，能源财产的权属、市场准入、交易制度及其法律责任等问题。因此主要涉及能源资源勘探开发管理制度，能源市场与监管制度和能源价格管理制度。不论从纵向能源法律体系结构还是横向能源法律体系结构来看，能源相关制度都是通过各个立法条文来表现的。每部法律法规中都会涵盖不同的能源制度，而每种能源制度都需将各个法律法规结合起来考量。在能源财产交易法律规制方面，关注的问题有的是各项能源共同的问题，而有的会根据能源种类的不同而有所区别。前者比如能源财产交易的主体，国家、企业和个人都可以成为能源财产交易的主体，同样能源财产的归属主体也可为国家、企

① 叶荣泗，吴钟瑚主编：《中国能源法律体系研究——能源立法：战略 安全 可持续发展》，中国电力出版社 2006 年版，第 31 页。

业和个人。但后者比如能源财产交易的市场准入，就应当区分能源财产的种类而有所不同，国家在法律层面也分别立法进行规制。因此，能源财产交易制度贯穿于各个法律规范中。从另一方面来说，能源财产交易制度本身作为一个完整的制度架构也将各个法律规范整合为一个相互补充、相互协调的体系。

三、我国能源财产交易的现状

由于能源财产交易的特殊性和复杂性，在制度设计上，我国能源财产交易法律制度的建设需要兼顾国家政府宏观规划调控和适度的市场自由化两个方面的内容。能源是国家重要的经济问题和政治问题，现代社会的经济发展对能源的依赖越来越严重，需要国家以市场有限化和有限国有化的手段来进行调控。开放和规范能源市场是历史发展的必然要求，应该建立符合我国国情和市场经济规律的能源财产交易制度。能源财产交易的市场自由调节机制和国家干预机制相辅相成，互为补充，前者是市场经济的必然要求，后者则是弥补市场失灵最有效的手段。如何实现我国能源交易的适度市场自由化，如何加强理顺国家对能源交易的监管，使我国能源财产交易持续健康发展，是我们研究的重点。能源法学作为一个新兴的学科，协调能源法学与现有的法律的关系也是需要关注的一个问题，以往研究中能源法学与行政法学、环境法学和国际法学的交叉自然需要注意，但是，能源法学与传统民商法中的物权、合同、公司等部门法的特殊与统一更是能源财产交易法律规制中不可回避的内容。在宏观调控政策下，让能源财产交易更加公开、公正、公平，完成市场化的转型，引入有效的竞争机制，将是我国未来能源财产交易制度发展的方向。

从传统民商法角度入手，立足能源交易立法现状，首先应当明确的是能源财产交易法律体系构建的目标，即实现国家监管与市场自由化的高度和谐和统一。一方面，能源作为国家经济安全的命脉和国民经济发展的重要基础，需要国家以市场有限化和有限国有化的手段来进行调控。通过相应制度和政策来规范能源财产交易的行为，引导能源市场良性运作；通过相关部门和法律法规对能源交易实现监管，防止单方面市场调控带来的缺陷。因此，应当在市场化的基础上对某些特殊领域的能源财产交易进行严格限制，即市场有限化；应当通过国有化对某些特殊领域的能源财产交易进行监管，即有限国有化。另一方面，市场仍然在能源财产交易中发挥着基础性作用。只有在一个充分竞争的市场体系中，才会形成能源财产交易合理的市场竞争。提高能源市场的竞争性开放性是现今世界能源体制发展的趋势。因此，有必要给予能源交易一定的市场自由化，应该建立符合我国国情和市场经济规律的能源财产交易制度。20 世纪 70 年代末以来，世界许多国家的能源法调节模式发生了转变，从国家垄断或具有特许权垄断与严格规制的私人所有模式，向自由化能源市场转换，目的是激励竞争从而提高效率，体现在能源所有制模式上的多元化和能源政府管制的放松。

能源财产交易的三大制度，即市场准入、交易制度、定价机制，将是此次研究的重点。能源财产交易的市场准入即是指从事勘探、开发与利用等能源资源的主体的资格问题。就我国的具体情况看来，目前的能源企业多为国有企业，能源行业对民营资本的歧视还比较严重。同时能源产权界定不明确，导致地方开采能源的安全指数之低令人担忧。因此我们应当建立明晰、合理的现有能源开发的产权制度，鼓励多元化的投资主体，进行能源投资政策改革与能源商业化推广，多渠道拓展能源开发利用的资金来源。能源财产交易（也简称为能源交易）分为一级市场和二级市场。交易制度解决的是能源财产权利的取得问题。能源交易一级市场是市场主体通过登记发证，或出让合同的方式从国家手中取得能源财产权利。我国有关能源交易一级市场的法律制度并不完善，对主体资格、主体地位、税费补贴、投资人权益保护等方面都缺乏深入的研究和探讨。能源交易二级市场主要是指能源财产交易主体对能源财产权利的转让和抵押，针对的是已经从一级市场上取得的既得能源财产权利，通过合法的方式进行转让、抵押和出租。能源财产权利转让的过程中除了应当注意受让人的资质、权利的权属等问题之外，最重要的问题是如何建设和完善我国的能源交易所和能源转让合同。另外，抵押也是能源财产权利流转的重要形式之一，能源财产权利抵押的正当性和我国能源财产权利抵押的特殊性，都是值得关注的问题。此外，能源财产的出租也是逐渐发展起来的能源财产交易的一种方式，其为能源财产的主体提供了新的创收途径，也为实现能源财产的经济价值提供了新的思路。通过能源财产的出租，能源财产交易方式得到丰富，但在出租过程中出现的合法性问题、程序确定以及责任承担问题都是需要逐一解决的。能源财产交易定价的核心是，以市场调节为主，形成能源价格机制，实现能源价格的市场化。我国当前的能源价格政策不科学，存在国内能源价格与国际市场能源价格严重错位的现象；较少考虑能源产品之间的相互关联，能源稀缺性不能合理体现；没有充分包括能源安全和环境破坏的社会成本等种种问题。因此，实现政府与市场共同作用，逐步建立起能够反映资源稀缺程度、市场供求关系和环境成本的以市场为核心的定价机制，从而提高能源利用率，促进经济增长方式转型，是我国能源财产交易定价制度的发展趋势。

我国现有的能源领域的法律法规中，没有关于能源财产交易制度的专门立法，但是《电力法》《煤炭法》《可再生能源法》《矿产资源法》《水法》《清洁生产法》《循环经济促进法》等法律都对能源财产交易法律制度有所关注。特别是正在制定当中的《能源法》更是对能源财产交易制度的构建提出了纲领性的指导意见，比如《能源法（征求意见稿）》第6条规定："国家积极培育和规范能源市场，发挥市场在能源领域资源配置的基础性作用，鼓励各种所有制主体依法从事能源开发利用活动。"第87条规定："国家按照有利于反映能源市场供求关系、资源稀缺程度、环境损害成本的原则，建立市场调节与政府调控相结合、以市场调节为主导的能源价格形成机制。"不过，总体来看，我国现有的能源财产交易法律制度还很欠缺，体系不完整，适用性不强，特别是很多具体的交易法律制度亟待构建和规范。能源开发、能源加工、能源供应、能源贸易等能源财产交易的各个环节，都离不开政府的有力监管和法律制度的引导，从而促使能源财产交易市场的健康发展，避免能源垄断带来的危害，减少能源环境污染问题，并对能源财产交易的非法行为进行制裁。

我国能源制度的监管已经注重法制化，《能源法》正在制定当中，能源法学作为新兴的法学研究方向，越来越受社会各界重视。在国家提倡能源体制建设、与各国抢占新能源建设的先机、占领新一轮竞争的创新制高点的大背景下，对于能源财产交易的法律制度的研究尤显重要与及时。从传统民商法理论入手，围绕能源发展链条上重要的能源财产交易环节，重视能源财产交易的市场作用，结合先进国家对于能源体制的改革进行研究，是一个具有理论指导与实际应用价值的领域，有着很大的研究探索空间。我国能源领域已经存在一定的法律法规，构建完善合理的能源法体系需要注意与现有法律的结合与协调，行政法学、民商法学、环境法学等部门法的交叉适用、价值选择是能源财产交易法律规制中不可回避的内容。只有在立法与司法实践中保持法律的一致性，才能更好地起到规范能源财产交易行为的作用，防止各个部门法之间的冲突。此外，我国能源体制面临着重组改革，将市场竞争机制带入能源财产交易是必然的发展趋势。而在能源财产交易的市场中如何正常运作，如何进行法律监管与政府调控，提高能源的利用率，形成符合中国国情的能源发展战略，正是此次研究所要解决的问题。

第二节　能源财产交易法律规制的原则

所谓原则，是进行能源财产交易的法律规制的基础和出发点，其直接决定了能源财产交易的法律性质、基本内容和价值取向。一方面，在能源财产交易活动中所进行的法律规制，要始终遵循原则的要求，不能违背原则的具体内容；另一方面，当不同的法律法规在规制能源财产交易过程中产生冲突时，原则是适用法律，解决冲突的标准。

一、可持续发展的原则

2014年6月7日，国务院办公厅印发《能源发展战略行动计划（2014—2020年)》的通知。通知中指出，目前我国能源资源约束日益加剧，生态环境问题日益突出，能源发展面临一系列挑战。据此，该行动计划的战略方针为“节约、清洁、安全”，战略目标为“加快构建清洁、高效、安全、可持续的现代能源体系”。[①] 可持续发展作为目前我国能源发展的一项战略目标，在能源财产交易的法律规制中，也应当得到体现和贯彻。

在能源的开发利用过程中，涉及可持续发展问题。一方面在于一些能源本身就具有不可再生性，对这种能源的开发利用如果不加节制，终会消耗殆尽；另一方面在于在能源开发利用过程中会造成对生态环境的改变，如在勘探开采矿产资源过程中对土地环境的改变，不及时恢复将造成水土流失、土壤肥力下降；又如在能源的利用环节，排放的废水废气废渣，不进行防治与处理，都将会造成不可逆转的环境破坏。但同时我们也应当看到，能源是社会赖以生存和发展的基础，是带动地区经济发展的动力。可持续发展不但是在生态环境问题上的可持续，还要在经济发展上达到可持续。前者以维护生态环境为目标，后者以近期利益和长远利益相兼顾为目标。

能源财产交易也要从上述两个方面体现和贯彻可持续发展。在生态环境问题上，能源财产交易的主体应当被要求履行节约能源资源、提高能源利用效率、保护生态环境的义务，对不履行该种义务的主体予以处罚。法律规制要鼓励能源财产交易的客体由不可再生能源领域向可再生能源、新能源领域转变。相比于传统能源，新能源不但因其可再生性在数量上占有绝对优势，同时新能源利用对环境造成的污染也远远小于传统能源利用所产生的污染。传统能源一般存在于地表以下，利用传统能源必然导致对土地的使用，长期开挖地表，地表上原先的植物难以恢复，就容易造成土地资源的浪费；新能源包括风能、太阳能、生物能等存在形式，虽然在利用上对技术的要求较高，但利用新能源发电将改变利用传统能源发电所带来的污染物排放严重的问题。在能源财产交易过程中，通过政府征税可

① 参见国务院《能源发展战略行动计划（2014—2020年)》第2条的规定，http://www.gov.cn/zhengce/content/2014-11/19/content_9222.htm，最后一次访问于2015年7月15日。

以有效地引导交易主体的交易方向，同时，该税款可以作为恢复生态环境、防治污染、开发能源利用技术的资金支持。

在经济上的可持续发展，要求能源财产交易不得一味地追求眼前的经济利益，而忽视长远的经济发展。能源财产交易应当在一个公平有序的环境下进行，能源交易主体需要秉持诚实信用的基本态度，维护市场的交易秩序，防止恶性竞争。国家要在维护能源安全的前提下，开放能源财产交易市场，将能源交易交由市场调节，这样可以避免行政垄断，提高能源财产交易主体的积极性，培养出一个健康活跃的能源财产交易市场。每笔能源财产交易的进行都将为社会带来一定的经济利益，但从长远看，只有让社会充分参与能源财产的交易，在能源财产交易领域形成完善的法律法规规制体系，才能保障能源财产交易的持续进行。无论是垄断造成的一枝独秀还是没有法律规制下造成的市场的混乱，都将提前终结能源财产交易所带来的拉动经济增长的价值。

二、市场与政府调节相结合的原则

目前，我国正在进行能源的市场化改革，主要从三个方面进行：一是逐步放开价格；二是放松投资限制，鼓励社会性投资进入，增加能源供给；三是实行政企分开，逐步改革政府对能源领域的管理方式，构建竞争性的市场结构。[①] 从他国经验来看，进行能源市场化改革时，都要寻求建立有效竞争的能源市场和提供稳定的能源供给水平之间的平衡。前者需要将能源财产的交易归还给市场，后者需要国家对能源的供给和分配进行有效的调控。因而在能源财产交易的法律规制中，遵循市场调节与政府调控相结合的原则是必要的。

包括煤炭、石油、天然气等在内的传统能源资源，根据我国法律规定都属于国家所有。[②] 该类能源资源的开发利用一般有两种形式，一是国家授权国有单位、国有企业代表国家行使国家所有权，对该类能源资源进行开发利用；二是国家通过行政手段，赋予私企业、私主体开发利用的权利。无论上述何种方式，都无法避免的要经过国家行政的授权，因而在此过程中，行政主体的参与会使得此类交易双方的主体处于不平等的地位，交易的公平难以达到。行政权力在交易过程中的干预，容易造成行政垄断，同时，国家向私主体的授权也可能将能源资源

① 张华新，刘海莺：《能源市场化与能源安全》，载《中国矿业》第17卷第3期，2008年3月，第5页。

② 参见《中华人民共和国宪法》第9条的规定；《中华人民共和国物权法》第46条、第48条的规定。

的开发利用权集中在某些实力雄厚的企业手中，也会造成经济上的垄断。垄断的前提下，能源财产交易的活力就难以迸发。因此需要政府放权给市场，国家可以作为一个平等的民事主体参与能源财产的交易，能源财产交易的主体也不应该仅限于国有企业，通过市场化，制定能源财产交易市场的准入门槛，使得有能力开发利用能源资源和能源产品的私主体参与进来，从而为能源财产交易市场带来更多的创新与活力。

能源作为国民经济赖以发展的动力，其对国家安全的重要程度和市场失灵的可能性，使得能源财产交易不能完全交由市场调节。煤炭、石油、天然气等不可再生资源的勘探开采不能任由市场上的主体随意进行，否则将会导致能源资源的无序开发。在勘探开采上，必须由国家制定勘探开采的法律规范，设立市场的准入门槛，让有能力、有技术的私主体进入该市场，同时也将能力不足的主体拦截在市场之外，由此来提高能源开发利用的效率。在能源财产交易价格上，虽然市场可以通过供求关系自行调整价格的变化，但由于能源的利用事关民生，能源在一定程度上作为公共事业的性质也使得其价格不能波动过大，影响人民的生产生活。同时，能源财产交易过程中涉及的可持续发展问题，市场也无法自行解决。只有通过公权力的介入，将保证可持续发展的义务强加到能源财产交易主体身上，可持续发展的目标才能实现。

因此，能源财产交易的法律规制，既要符合我国当前能源市场化改革的要求，创造出公平、有序竞争的市场环境，又要坚持政府在关键问题上的宏观调控，维护国家能源的安全和能源财产交易的可持续发展。

三、公平、公正与公开的原则

公平原则在能源财产交易活动中指的是公平竞争。能源财产交易一般涉及的金额较大，容易形成经济上的垄断。加之能源财产的交易不可避免地要受到国家的监管，甚至国家也会作为交易主体参与其中，因而也容易形成行政垄断。垄断就会破坏交易秩序，造成人为的分配不公。[①] 因此在能源财产交易的规制中，要保证交易主体间的公平竞争，给予作为交易主体的国家、企业和个人同等的交易机会和交易门槛，防止垄断的发生。公平的竞争环境需要通过设置合理的能源财产交易制度得以实现，尤其是在能源财产交易的市场准入、价格机制和交易模式三个方面上。市场准入门槛的设置应当既能够保障国家能源安全，又有利于私主

---

① 张勇：《能源基本法研究》，法律出版社 2011 年版，第 134、135 页。

体的加入。价格机制在受到国家监管、防止国有资产流失的同时，也需要交给市场调节，提高市场的活跃度。交易模式需要符合我国能源财产的权属模式，也要根据交易主体的类型不同而有所区别。

公正原则指的是在能源财产交易中程序的公正。能源财产交易的关键在于操作程序的公正性。能源财产交易的程序包括能源财产价值的评估、能源财产交易市场的进入、交易契约的签订、能源财产的交付以及能源财产权属的公示。通过公正的程序设置，使得能源财产交易主体能够自愿自主地获得能源财产，并且能够依照程序高效地进行能源财产交易。在降低能源财产交易成本的同时，也在一定程度上保障实质上公正目标的实现，如确保能源财产评估价值的公正与交易契约签订的公正。

公开原则在能源财产交易中指的是信息的公开，即与能源财产交易有关的所有信息的公开，当然，涉及国家秘密、商业秘密的除外。首先，拟进行交易的能源财产的信息需要公开，包括能源财产的来源、能源财产的权属、能源财产的内容、能源财产的价值等；其次，有资格进行能源财产交易的主体信息应当公开，包括主体本身的信息、主体所能进行的交易的范围等；最后，在能源财产交易中所涉及的程序性事项应当公开，包括交易的地点、交易的方式、交易的时间以及交易受到的限制和所要注意的事项等。

公开是实现公正的一个必要前提，只有在信息公开上做到完整透明，使能源财产的交易置于全社会监督之下，才能让公正的程序设置得到落实。因而，公正原则是公开原则的目标，公开原则是公正原则的要求。而公开、公正原则的目的都是实现能源财产交易的公平，无论是信息的公开还是程序的公正，都是公平交易所必要的因素。能源财产交易实现公平竞争，可以提高能源交易主体的积极性，使能源财产市场活跃起来，从而带动能源产业的发展。

第三节　能源财产交易中的法律关系

一、法律关系

法律关系最早起源于罗马私法中“债”的概念，债的双方中，一方可以请求对方为一定的给付，另一方得根据对方请求而为一定的给付。债的双方的关系受到国家法律的保护，从而使得双方之间形成法律上的锁链关系，即“法锁”。[①] 19世纪初，人们开始研究人和社会的关系问题，“社会关系”的概念开始出现。与此同时，德国和法国的民法学著作中也开始出现“法律关系”的概念。德国法学家冯·萨维尼认为，法律关系是法律规定的人与人之间的关系，其本质就是划分个人意思所能独立支配的范围。[②] 由于“法律关系”来源于“债”的概念，因而在大陆法系国家中，“法律关系”一般只作为民法概念来使用。[③] 而在英美法系国家，早期法学理论中避免使用“法律关系”的概念。英国法学家、分析法学派奠基人约翰·奥斯汀等人在探讨法律权利义务的内容时，间接提及“法律关系”的概念并将其引入法理学的领域之中。美国法学家韦斯利·霍菲尔德在其《司法推理中应用的基本法律概念》中，通过逻辑分析权利、义务概念，阐述各种复杂的法律关系，这才使得在英美法系之中具有了“法律关系”的概念。

苏联的法学研究将法律关系真正提升到法学概念的基本范畴之中。苏联法学家将法律关系定位于法学基本理论，用“权利、义务”的概念来充实法律关系，从而形成了一般法学意义上的理论体系，而不仅局限于民法学或法理学的领域。[④] 苏联法学家C·C·阿列克谢耶夫认为，法律关系是指根据法律规范产生的，具有主体法律权利和义务的，由国家强制力所支持或保证的人与人之间个体化的社会联系。法律关系包括主体、客体和内容三个要素。其中内容又可分为法律内容和物质内容，前者指的是主体法律权利和义务，后者指的是权利人可以去做，义务人应当去做的行为。[⑤] 在苏联法学界，对法律关系的认识也存在分歧。有观点认为，法律关系是人与人之间的，为国家强制力所保护的特殊联系，法律关系反映的是社会阶级意义上的意志关系。也有观点认为，法律关系中不包括主体和客体的要素，而只包括内容，即权利和义务关系。苏联法学界一般认可国家、集体和个人都可以作为法律关系的主体，但在客体的认识上有所争论。O·C·约菲认为法律关系的客体是人的活动或行为，而一般观点则认为法律关系的客体是物或行为。[⑥] 在法律关系的内容上，也同样存在争议。有种观点认为法律

---

① 江平，米健：《罗马法基础》，中国政法大学出版社2004年版，第279-280页。

② 何勤华，贺卫方：《西方法律史》，法律出版社2006年版。

③ 张文显：《法学基本范畴研究》，中国政法大学出版社1993年，第158页。

④ 冉昊：《法律关系的内容及其模型建立——传统法律关系理论的缺陷及其补救初探》，载《南京大学法律评论》，1999年第1期，第132页。

⑤ 欧阳庆芳：《法律关系理论初探——从比较法的视角评说法律关系》，载《三峡大学学报（人文社会科学版）》，2003年第3期，第57页。

⑥ 陶希晋：《（国家社会科学“七五”规划项目）中国民法学：民法总则》，中国人民公安大学出版社1990年版，第56页。

关系的内容是主体的行为，而主体的权利义务只是主体行为的法律形式。① 苏联解体后，俄罗斯法学界继受了苏联有关法律关系的分类和构成要素，包括主体、客体和内容。主体包括法人和非法人，客体包括物质利益和非物质利益，内容即指主体的权利和义务。

我国法学理论将法律关系置于法的实施理论之下，只有通过各种法律关系，法律规范的调整才能实现。法律关系的本质属于社会关系，是根据法律规范所产生的以权利和义务的形式表现出来的特殊的社会关系。② 其区别于一般社会关系之处在于，它体现国家意志，在这个意义上，破坏了法律关系其实也就违背了国家意志，这点与法律规范相同。但法律关系毕竟是现实的特定的法律主体所参与的具体社会关系，因而一些法律关系的产生，不仅要通过法律规范所体现的国家意志，而且要通过法律关系参加者的个人意志表示一致，如民事法律关系。当然，也有法律关系的建立只体现国家意志，而与个人意志无关，如刑事法律关系。

法律关系理论大多集中于民法领域，但实际上，在宪法、刑法、行政法、诉讼法等各个部门法领域，都需要通过将抽象的法律规范具体化的方式，来实现法律规范在现实生活中的实施，因而各部门法领域都存在法律关系。除了根据不同的部门法领域来划分法律关系外，还有其他划分法律关系的标准。按照法律主体在法律关系中的地位不同，可以分为隶属法律关系和平权法律关系，隶属法律关系是在不平等或不对等的法律主体之间建立的权利服从关系，平权法律关系指平等主体之间的权利义务关系。根据法律主体的多少及其权利义务是否一致，法律关系可以分为单向法律关系、双向法律关系和多向法律关系。单向法律关系中，权利人只享有权利，义务人只履行义务；双向法律关系的法律主体间存在着两个密不可分的单向权利义务关系；而多向法律关系是三个或者三个以上相关法律关系的复合体。按照相关的法律关系作用和地位的不同，又可将法律关系分为第一性法律关系和第二性法律关系。前者是人们之间依法建立的，不依赖其他法律关系而独立存在的法律关系，或者是在多向法律关系中，居于支配地位的法律关系；后者是由第一性法律关系而产生的，居于从属地位的法律关系。③

① 欧阳庆芳：《法律关系理论初探——从比较法的视角评说法律关系》，载《三峡大学学报（人文社会科学版）》，2003 年第 8 期，第 57 页。

② 沈宗灵：《法理学》（第三版），高等教育出版社 2009 年版，第 325 页。

③ 舒国滢：《法理学导论》（第二版），北京大学出版社 2012 年版，第 149 – 150 页。

二、能源财产交易法律关系

法律关系是法律规范在指引人们的社会行为、调整社会关系的过程中形成的人们之间的权利和义务联系，是社会内容和法的形式的统一。[①] 能源法律关系属于法律关系的一种，即能源法律规范所调整的或者应当调整的社会关系。能源财产交易法律关系是能源法律关系的一种典型的类型。任何法律关系都是由客体、主体和内容三要素构成的，能源财产交易法律关系也不例外，由能源财产交易的客体、能源财产交易的主体以及能源财产交易的内容三个方面构成。

（一）能源财产交易的客体

能源财产交易的客体是指能源财产交易所指向的对象，结合能源市场的实际情况，包括能源产品和能源财产权利。能源产品，是指能够直接取得有用能量的，经过开采和适当的加工、转换程序能够直接进入市场流通领域的能源资源以及由一次能源加工转换而成的能够产生有用能量的产品。能源财产权利是一定社会所确认的人们对能源资源所拥有的具有稀缺性和有用性的各种权利的总和。

能源产品作为能源财产交易的客体，由于其将进入交易的流通领域，因此具有特殊的含义和性质。能源产品与能源的区别主要在于能源产品中凝结了人类的劳动，已不再是单纯的自然物。能源产品的生产程序为能源加工和能源转换，能源加工一般只是能源物理形态的变换，而能源转换则是，是能量形式的转换。对于能源加工和转换，国家制定了许多生产规程、技术规范与管理规章制度，要求能源加工转换企业要遵守合理布局、优化结构、节约高效和保护环境的原则。[②] 从能源分类的角度看，按照能源的生成方式，可以分为一次能源和二次能源。一次能源是指天然能源，是指在自然界现成存在的能源，如煤炭、石油、天然气、水能、潮汐能等。在一次能源领域，只有那些能够直接进入流通领域的，如煤炭、原油等进行开采和适当的加工处理后，才可以成为能源产品。相反，风能、水能等则很难作为有形的产品在市场上进行流通。二次能源是指由一次能源加工转换而成的产品，如电力、煤气、焦炭、沼气等。这些经过加工转化而成的产品成了能源产品的重要组成部分。

能源财产权利必须依附于一定的能源资源，且在市场经济中该权利具有稀缺性和有用性等经济价值。本书定义的能源财产权利，是指基于对能源资源的开发

---

① 张文显：《法哲学通论》，辽宁人民出版社 2009 年版，第 252 页。

② 张勇：《能源基本法研究》，法律出版社 2011 年版，第 130－131 页。

而直接获得的能源方面的财产权利，特指在能源资源开发过程中权利人从政府手里直接取得的权利。目前我国采用能源资源国家所有的立法体例，能源资源所有权无法进入市场进行流通交易，因而能源资源所有权被排除在能源财产权利之外。至于能源产品所有权，是基于能源资源的开发、开采等权利而获得的，不是权利人直接从政府手里获得的，因此不在能源财产权利的范畴之内。能源财产权利根据权利的基本性质的不同，分为生产性能源财产权利和功能性能源财产权利。前者是一种基础性财产权利，权利设置的目的在于保障权利主体的财产利益，民事主体通过财产权利以实现对特定财产的支配；后者的本质不在于保障民事主体的财产利益，而是通过财产权利以及市场的激励机制等实现保护环境的社会目的。生产性能源财产权利包括勘探权和能源资源利用权，能源资源利用权可分为开发权和转化权。开发权包括采矿权、取水权等，转化权主要指发电权。功能性能源财产权利包括排污权和碳排放权等（如图 1－1 所示）。

- 能源财产权利
  - 生产性能源财产权利
    - 勘探权
    - 能源资源利用权
      - 开发权（采矿权、取水权等）
      - 转化权：主要指发电权
  - 功能性能源财产权利
    - 排污权
    - 碳排放权等

图 1－1　能源财产权利的分类

能源财产权利的主要内容就是通过对所控制的能源资源进行开发，从而获得能源产品，最终实现能源资源的经济价值。能源财产权利属于“框架性权利”，即作为一个概念集合，将所有具有能源财产价值的权利囊括在内，因而讨论能源财产权利的属性，应当从各个具体的能源财产权利着手。笔者认为，勘探权属于用益物权，能源资源的开发权以能源资源收集为内容，属于准用益物权。能源资源的转化权，即发电权为特许经营权。能源转化权的交易主要为份额交易，以后可能会产生项目整体交易。除了发电权外，还有其他转化形式，例如人工光合作用，将太阳能转化为生物质能等。功能性能源财产权利属于交易份额的分配，是为了实现一定的功能性目的而由行政机关分配的份额，本质上属于债权。有关能源财产权利的类型及性质，会在下文“能源财产交易的客体”章节进行详细论述。

（二）能源财产交易的主体

从整个内容上来看，能源财产交易的主体和能源法律关系的主体基本一致。不过，前者相对于后者来说主要是侧重于交易领域，后者则强调的是整个能源法律体系。因此，能源财产交易法律关系的主体为能源财产交易市场的主要参与者，即国家和相关机关、能源企业以及能源消费者。

国家在能源财产交易法律关系中具有双重身份，表现在纵向和横向两个领域。纵向主要涉及的是国家对能源财产交易市场进行监督管理。例如，国家制定能源财产交易规则，建立能源财产交易有形市场等对能源财产交易进行规制。国家通过对能源财产交易制度的合理调整和理念的植入，推动节约能源政策，促进节约能源和新能源的发展，保护市场交易主体的合法利益。在横向方面，指的是国家作为能源市场的参与者从事能源财产交易，从这个角度上讲，国家也是能源市场的一个重要主体。国家在能源财产交易中扮演着平等民事主体的角色，主要表现在能源交易一级市场中，行使国家对石油、天然气和煤炭等能源资源的所有权，将其拥有的能源资源所有权所派生出来的能源财产权利出让给其他交易主体。当然，国家参与能源法律关系主要通过授权相关能源主管机关来实现。在我国，由于社会需要和历史原因，参与能源财产交易法律关系的相关能源主管机关众多，涉及国务院、国资委、发改委、国家能源局以及环境保护总局、国土资源局（主要是土地、矿产、海洋）、林业部、农业部和商务部等部门。

能源企业，是指参与到能源财产交易法律关系中，主要以从事能源开采开发、加工转换、运输、销售和服务等方式盈利的企业。能源企业是能源财产交易一级市场和二级市场中最主要的参与者。换言之，没有能源企业的参与，能源财产交易就像缺少“润滑剂”的齿轮一样无法运转。将能源资源开发企业、能源加工转换企业归为能源财产交易的上游能源企业，将从事其他领域的能源企业，如能源运输企业、能源销售企业、能源服务企业等归为能源财产交易的下游能源企业。此种划分的意义有两点。第一，根据上游能源企业和下游能源企业所从事的领域不同，制定各自的规则，分类进行管理。上游能源企业参与的是能源财产权利的取得和对利用能源财产权利所获得的能源资源进行加工转化。下游能源企业主要从事能源产品的运输、销售和服务等。比起下游企业，上游企业在能源交易活动中体现出高投入、高风险以及高技术的特点。第二，也是划分最重要的一个意义，在于上游能源企业触及的是能源财产交易中一个十分敏感的问题，即“能源资源”的问题。能源资源对国家具有重要的战略意义，对经济社会发展影响重大。对于直接接触到能源资源的交易主体，法律对于主体资质的规制和权利归属的限定就更为严格。国家需要通过对能源企业的主体资格的相关规制来实现其预定的能源政策。

能源消费者，是在能源链条上与能源企业相对应存在的概念，是指通过能源财产交易最终获得并消耗能源产品的交易主体。能源消费者的范围十分广范，既包括国家机关、企事业单位，又包括个人。能源消费者是能源财产交易法律关系中必不可少的主体，在整个法律体系中扮演着重要的角色。能源财产的最终消费落到每个能源消费者主体头上，也就是每一个具体的国家机关、企事业单位和个人；能源财产对于能源消费者的生产、生活具有重要的意义，适当的消费能源财产是能源消费者作为能源财产交易主体合法的权利，国家有义务满足能源消费者对能源的基本需求。能源财产通过交易行为转化为社会财产是其最终目标，在一定程度上，能源消费者是能源财产的最终主体。能源消费者参与能源财产交易市场的方式包括三种。一是直接参与能源财产的交易，基于使用能源进行正常的生产生活的目的，受让能源财产。二是对能源财产交易进行监督，防止能源财产的前手交易的过分不公平，导致能源消费者要为不公平的交易付出更多的代价。三是基于能源财产的负外部性，通过司法途径弥补能源财产交易带来的损失，维护自身的生存权利。

（三）能源财产交易的内容

能源财产交易法律关系中，还有一个重要的要素，即能源财产交易的内容。根据法律关系理论，能源财产交易的内容即能源财产交易主体的权利和义务。能源财产交易并不是简单的买卖活动，而要受能源财产交易市场准入、能源财产交易模式和能源财产评估定价机制在内的多种法律制度的约束。在各个法律制度下，主体从事不同的法律行为都将被赋予或产生不同的权利和义务关系。

在能源财产交易的市场准入中，一般存在的是隶属法律关系，即行政机关与拟进入能源财产交易市场的主体之间的权利义务关系。行政机关依据法律赋予的行政职权，审查并赋予合格交易主体以进入能源财产交易市场的资格。拟进入市场的主体有义务保证提交的审查材料的真实、合法、有效性。在此过程中，行政机关与拟进入市场的主体之间的法律地位不对等，因而属于隶属法律关系。能源财产交易的市场准入制度的正当性基础在于能源资源的稀缺性与战略性。国家一方面要保证能源安全，严格管控能源市场，防止市场化过度造成的失控局面；另一方面也要在能源市场中引入竞争机制，丰富市场主体与交易形式，维护能源消费者的利益。国家可以通过市场准入的机制，在为市场带来多元化主体的同时，保证主体有能力承担能源财产交易的风险与责任。能源财产交易的市场准入包括能源产品的市场准入和能源财产权利的市场准入，前者指的是除国家以外的集体和个人，通过获得对能源的勘探、开发和利用等权利，经过合理的开采和加工从而获得能源产品所有权的途径；后者指的是集体和个人获得能源财产权利的资格。我国的能源财产的市场准入主要采用行政许可的方式进行，大多数能源市场许可属于特许性质的行政许可，但也存在人员资质认可，企业设立登记等事项。

能源财产的交易制度包括多种交易模式，即能源财产的转让、能源财产的抵押与能源财产的出租。在这些交易模式中，与市场准入中的隶属法律关系不同，主体参与能源财产的交易都属于平权法律关系，即主体间的法律地位是平等的。其中，能源财产的转让与能源财产的出租中的法律关系为第一性法律关系，可以独立存在，而能源财产的抵押属于第二性法律关系，具有从属性的特点。能源财产的转让分为能源产品的转让与能源财产权利的转让，其中能源产品的转让法律关系与一般物品的买卖法律关系相同，涉及能源产品的期货交易属于减少交易成本的具有风险性的交易方式，相比于一般能源产品的转让具有一定的特殊性。而能源财产权利的转让同样具有不同的方式，包括直接买卖与以能源财产权利进行出资。能源财产权利的转让以转让合同为媒介，其特殊性表现在一般以格式合同的形式出现，且在一定条件下可以突破合同的相对性。在能源财产的抵押中，能源产品的抵押适用动产抵押，且与浮动抵押制度有密切的联系。能源财产权利的抵押是随着我国能源财产权利交易市场的不断发展，以及能源市场经济效率提高所产生的，在抵押期间需要注意能源财产权利的保全问题，该制度还需要设立具体的法律规范加以完善。能源财产的出租只涉及能源财产权利的出租，此种交易模式在我国的发展时间较短，生产性能源财产权利的出租由于得到部门规章的认可，得以在能源市场上进行操作，但其上位法律禁止出租使得其合法性受到质疑。而功能性能源财产权利的出租，在我国还处于试点阶段，各地的规范具有差异，还难以推广进行。但即使如此，该制度的设立有利于丰富能源财产的交易市场，充分发挥能源财产权利的经济性价值，法律上的障碍可以通过立法确认的方式得到突破。

能源财产交易的定价制度，属于行政机关的单方法律行为，行政机关根据法律规定的能源财产的定价方式，制定能源财产的价格或者提供能源财产的指导价，该行政行为的相对人为所有能源财产交易的主体。因而，能源财产交易的定价制度所体现的法律关系是隶属法律关系，行政机关具有定价的职责，而能源财产交易的主体需承担遵守定价的义务。政府对能源财产交易市场实行宏观调控，很大程度上是通过定价机制进行的。不同的定价方式可以引导市场资源向不同的领域进行转移，从而达到政府引导能源产业发展方向的作用。因而能源财产的定价，一方面要能够保证一定的利润吸引投资，促进能源行业的发展，另一方面也要保证合理的价格满足社会的基本生产生活。通过能源的价格实现财富的转移和能源产业结构的调整，是在实现上述两个目标的基础上期望达到的效果。在定价机制中，需要注意考虑能源财产交易中隐藏的环境成本，通过合理的计算方式，将该成本分摊由全社会承担。除上述能源财产交易的三大制度外，能源财产交易中还存在一些特殊的法律关系，诸如基于外商参与能源财产交易产生的法律关系，国家通过财税方式对新能源产业进行激励所形成的法律关系，以及能源财产交易主体在实施交易行为时伴随的责任承担的法律关系等。法律关系的内容作为主体权利和义务的分担，贯穿于整个能源财产交易之中，因而对于能源财产交易法律关系的讨论，也无法脱离具体的能源财产交易的行为和制度。在接下来各章节对能源财产交易的细化阐述中，法律关系将始终是一个值得注意的问题。

第二章　能源财产交易的主体

能源市场具有自然垄断性，尤其体现在能源行业的上游和中游，但是随着能源市场化的推进，自由化的能源市场已经成为世界能源发展的趋势。国土资源部2010年发布了《国土资源部关于建立健全矿业权有形市场的通知》，要求推进矿业权出让转让市场的公开。2012年6月20日，国家能源局下发的《国家能源局关于鼓励和引导民间资本进一步扩大能源领域投资的实施意见》指出，我国将拓宽民间资本的投资范围，凡是列入国家能源规划的项目，除法律法规明确禁止的以外，均向民间资本开放，鼓励符合条件的民营企业以多种形式参与国家重点能源建设和经营。同时，深化能源领域体制改革，加快机制创新，为民间资本进入能源领域提供良好的市场环境。尽管如此，受计划经济和公有制思想的束缚，我国的能源领域一直是敏感地带，长期为国有企业所控制。因此，能源财产的市场化改革是必需的，能源财产交易主体相关制度的建立是能源财产交易的基础。我国应当在明确能源权属的前提下，建立合理的能源市场准入许可制度，实现多元化能源财产交易主体平等进入能源领域，为能源市场的健康发展提供保证。能源财产交易法律关系的主体为能源财产交易市场的主要参与者，即国家和相关机关、能源企业以及能源消费者。

第一节　国　家

一、国家参与能源财产交易的角色

国家作为能源财产交易市场的主要参与者，具有两个领域的身份。在纵向领域，国家以公权力享有者的身份参与能源财产交易市场，进行监督管理。通过制定能源财产交易的市场规则，建立有形的能源财产交易平台等方式，对能源财产交易进行规制。同时，国家对能源财产交易的制度进行设计和调整，植入发展理念，制定并推行节约能源政策，鼓励促进节约能源和新能源的发展。作为公权力机构，对能源财产交易进行宏观调控，同时履行服务能源财产交易主体、保护能源财产交易者合法权益的职责，这是国家的公权力身份在纵向领域参与能源财产交易市场的方式。

在横向领域，国家作为平等的民事主体之一，直接参与能源财产的交易。尤其是在“一级市场”中，国家为石油、天然气、煤炭等能源资源的所有者，是一级能源财产交易领域的固定一方。国家将由其拥有的能源资源所有权派生出的能源财产权利出让给其他交易主体，是能源财产交易实际开展的第一步。国家参与能源财产交易的“一级市场”，主要通过授权相关的能源主管机关来实现。在我国，实际参与能源财产交易的相关能源主管机关数量较多，这是由历史原因和社会需要造成的。就目前而言，我国参与能源财产交易的相关能源主管机关，涉及国务院、国资委、发改委、国家能源局以及环境保护总局、国土资源局（主要是土地、矿产、海洋）、林业部、农业部和商务部等部门。

能源财产交易从最开始的煤炭、石油等基础能源资源出发，国家掌握能源资源的所有权，从而通过行政手段在“一级市场”将能源财产权利进行出让。在可以开发的能源资源种类数量均较少的情况下，国家参与能源财产交易的方式也比较固定单一，所涉及的相关能源主管机关也较少。而随着能源资源的拓展与发现，新能源的逐步产生，开发利用新能源的需求不断扩张，国家各部门的职能划分也使得参与能源财产交易的相关机关数量增加。加之能源市场扩张所带来的负面影响，环境保护部门也自然要参与进来。能源市场化改革使得国家层面单一的行政管理和行政手段参与，逐步拓展为国家也可以以平等民事主体身份参与其中的，这就使得相关的主管机关更为复杂。各部门之间的职能划分与协调，也是能源领域改革的一项巨大工程。

二、政府职能定位

（一）政府在“一级市场”中的立法职能

国家在横向领域参与能源财产交易，与一般交易主体相同，是以平等的民事权利人参与其中。国家以其享有的能源资源所有权为基础，参与能源财产交易的“一级市场”，此种角色的扮演主要依赖于“一级市场”交易方式的构建。而“一级市场”交易方式的构建又属于国家在纵向领域参与能源财产交易的职能。国家主要通过政府行政部门，以立法方式构建完善能源财产交易市场，并对能源财产的交易进行监督管理。因此，作为能源财产交易的重要主体之一，政府在“一级市场”中的职能定位就显得尤为重要。

明确政府的职能定位，有助于我国能源财产权利交易“一级市场”的健康发展。首先，应当完善“一级市场”的交易立法。确保产权明晰、主体明确、资质合法、程序完备，对能源财产权利的出让的重要环节“招、拍、挂”进行必要的规制，营造良好的市场秩序。其次，在出让后，相关的能源主管部门要加强对单位、个人利用能源财产权利的监管，确保权利人按照许可证书所确定的权利范围行使权利。相应能源企业的开发进度，开采中的生产安全措施，对环境的外部影响等，都应当纳入相关部门的监管范围之内，并对违法行为依法追究责任。再次，政府还应当着重提高、维护和管理能源财产权利交易的“一级市场”，转变政府职能和监管方式，尽可能采取以经济手段为主、行政手段为辅的策略，及时提供和更新有关“一级市场”交易的相关信息，降低能源财产权利创设取得的外部交易成本，积极培育“一级市场”，促进能源财产权利的经济效益化。

合理、有效的法律制度是能源财产权利在“一级市场”有效取得的保障。能源财产权利的创设取得，是能源财产交易主体通过“一级市场”以出让的方式获得相应的能源财产权利。因此，应当加强能源财产权利创设取得制度的立法工作，顺应能源市场的发展规律，不断创新和完善出让方式，促进“一级市场”交易模式的多样化和合法化。

具体来说，第一，应当加快能源领域的立法和修法工作，提高立法的法律位阶，进一步完善能源法律体系，使“一级市场”的交易制度有法可依。我国现行法律规范对“一级市场”的规定较为简易，缺乏明确和充分的配套措施，导致在某些地方出现操作不便的混乱现象。第二，应当摒弃计划经济时代所遗留下来的政府的过度干预，建立和推进以市场经济为核心的能源财产权利的出让制度。我国现行法律仅对矿业权的出让制度作了较为明确的规定，其他能源财产权利的出让制度没有相应的法律保障。因此，应当加强能源财产权利出让制度的立法，完善配套措施，明确立法原则和法定程序，促进“一级市场”的发展。

（二）政府在“二级市场”中的监管职能

能源财产交易的“二级市场”中，交易主体为平等的民事主体，国家在横向层面参与“二级市场”的能源财产交易，也以平等的民事主体身份出现。此时，国家作为交易主体的一方，遵循“二级市场”的交易规则，与其他交易主体无异。特殊的是，国家在纵向领域的监管职能延伸向“二级市场”，国家行使公权力的监管职能以行政机关，即政府的身份出现。该监管职能是政府作为能源财产交易的主体之一，相较于其他交易主体的特殊之处。

需要说明的是，在“一级市场”中，也涉及政府的监管职能，但政府作为交易的其中一方，以行政手段出让能源财产。在具体实施上，进行交易的职能部门与监管部门可能有所区别，但从政府整体来看，政府进行的“一级市场”能源交易属于一种自我建立规则、自我监管执行的行为。因此，在“一级市场”中，建立规则的重要性要大于监管执行，即在“一级市场”中，政府的职能定位侧重于完善交易立法，建立交易制度。而在“二级市场”中，强调能源财产的自由流转，交易规则和制度的建立固然要在一定程度上依赖于公权力，但公权力的过分介入将有碍于完善的市场机制的形成。因此，“二级市场”中，政府的职能定位侧重于监督管理。

随着市场经济的发展与完善，市场规模日益扩大，传统民商法的意思自治和私权绝对原则已难以适应在此种环境下出现的垄断经营等不正当的竞争行为。市场调节的失灵就需要政府采取相应的宏观调控和市场监管措施来加以应对。在能源财产交易领域，参与主体往往具有较大的规模，只有资金、技术实力雄厚的企业，才有能力参与能源资源的开发利用活动，这也是我国能源资源开发的发展趋势。在这个过程中，具有较强实力的企业就有可能利用手中的资金优势、技术优势控制市场，造成垄断，破坏正常的市场竞争秩序。因而需要政府在“二级市场”中对交易主体的不正当竞争经营行为加以监督管理。①

能源财产的出让和转让的不同之处在于交易主体之间的地位不同，前者的交易主体间有行政权力的介入，主体间的地位不平等；而后者发生于平等的民事主体之间，交易应当在双方真实的意思表示的基础上进行，强调意思自治的重要性。在后者的交易过程中，政府已由直接参与交易活动的出让方转变为交易活动的监管方。政府的主要职能在于为能源财产交易提供便捷合适的基础服务平台，允许收取一定的服务管理费用。公权力应当尽可能少地介入平等双方的交易行为中，交易结果公平的实现主要需要借助于完善的市场机制。

能源财产的自由转让可能造成的结果，正如上所述，能源财产经过转让集中于少数实力雄厚的企业手中，从而形成垄断的市场局面。能源产业的发展需要一定的市场集中度，来提高生产效率和资源的利用率，但此点也决定了能源产业的进入门槛相对提高，属于资金密集型产业的特点，使得具有一定的资金和技术能力的企业才能进入能源领域。而能源财产正是趋于向具有资金和技术的企业流

① 王继军，赵大为，王彬：《矿产资源有偿取得法律问题研究：以山西煤炭资源有偿使用为例》，商务印书馆2014年版，第330页。

转，形成产业垄断。[①] 政府的监管职能即是通过宏观调控的手段，防治或打破此种垄断局面，避免国家对具有重大战略意义的能源资源及能源行业丧失控制力。

国家对“二级市场”的监管体现在三个方面，一是对市场主体资质的监管，二是对能源资源开发利用的监管，三是对违法行为的制裁。在对市场主体资质的监管方面，政府应当设立公平合理的市场准入机制，一方面要将不具有能源财产利用能力的企业阻挡在市场之外，以提高能源生产率和使用率；另一方面要避免准入门槛过高，使得只有少数企业有进入该市场的机会，降低行业垄断形成的机会。在能源资源开发利用的监管上，政府要注重对能源产业的保护。能源资源的开发安全、能源资源的储量及可利用率、能源财产的流转方向，都应当受到政府的监管。能源财产使用所造成的外部性影响，也要纳入政府监管的范围之内。对于能源财产交易主体在能源财产交易活动中违反行政法律法规的行为，政府要及时依据相关的行政法律规范给予制裁，追究违法者的法律责任，维护正常有序的市场交易环境。

三、政府的越位与失灵

在目前我国能源财产交易体系未完全建立时，政府宏观调控职能的行使可能出现的问题也值得防范，主要体现在政府行使职能的越位与政府调控失灵两个方面。[②]

政府越位指的是政府在监督管理能源财产交易活动时对市场的过度干预。从能源财产交易的过程看，政府往往掌握了市场交易主体的详细信息，可以为交易主体提供有效的相关信息。但从另一个角度上来看，政府可以利用此类信息引导交易主体进行交易，相关主体也因为政府公权力信用的保障，而更乐意基于此类信息达成协议。这在一定程度上就形成了政府对市场自由流通交易的干预。同时，由于能源资源、能源产品和能源财产权利都具有重要的国家层面的战略意义，因而政府在其流转的定价上，都会予以指导。政府对价格的控制限制了市场的自由竞争。此外，地方保护主义的作用也有碍于能源财产交易市场的发展。基于能源在各项产业发展中均具有的不可替代的作用，地方政府为保障本地产业的发展，会限制能源财产的跨地域流转。这在特殊的能源财产权利，即排污权的分

---

① 王继军，赵大为，王彬：《矿产资源有偿取得法律问题研究：以山西煤炭资源有偿使用为例》，商务印书馆 2014 年版，第 332 页。

② 罗丽，姚志伟：《论政府在排污权交易市场中的定位》，载《北京理工大学学报（社会科学版）》，2011 年第 13 卷第 1 期，第 91 页。

配上尤为明显，地方政府会强行介入排污权的交易过程，禁止出让方向本地区以外的受让方出让排污权。这种严重的地方保护主义，也是政府越位的一种直接表现。

政府失灵指的是政府对能源财产交易活动的监管不力，未能完全履行职责。从表面来看，能源财产交易活动中所引发的安全生产问题、环境污染问题等，都是开发利用能源的企业所造成的。但究其根源，实际上是政府监管不力所带来的后果。就安全生产和环境污染问题而言，地方政府为追求本地经济的发展，对不完全符合安全生产条件的企业视而不见，对排污超标的企业视若无睹。一旦发生安全事故，地方政府也难辞其咎，在国家对安全事故的追惩力度加大之后，地方政府对安全生产的监管力度也均有所提高。但环境污染问题的出现，很难在短期之内完全表现出其后果，这就要求政府积极主动地履行监管职能。

从目前各种能源财产交易的试点来看，政府在能源财产交易市场建立中的引导作用不可或缺。但这种作用应当被限制在一定的范围之内，符合法律的规定，避免对市场造成的过度干预影响市场的正常竞争。同时，政府也应当承担起对能源特殊行业的监管职能，摒弃地方保护主义，认真履行宏观调控的职能。政府需要引导能源财产交易市场的建立，为能源财产交易设立有效的交易规范，既保障能源财产交易的安全可控，又能充分激发市场自由竞争下的活力。

第二节　能源企业

一、能源企业及其分类

企业是市场经济的基本要素，是独立的商事主体，可以根据自身的利益和判断作出生产、经营决策，并对其后果承担责任。① 能源企业，是指参与到能源财产交易中，主要以从事能源开采开发、加工转换、运输、销售和服务等方式盈利的企业。

能源企业按照其是否具有法人资格可以分为企业法人和非企业法人；根据其资本性质可以分为国有独资企业，国有控股、参股企业，集体企业、合伙企业、个体企业等；按照其主要从事的领域可以分为能源资源开发企业、能源加工转换企业、能源运输企业、能源供应销售企业等；按照其资本来源地可以分为：中国

① 赵万一主编：《商法》，中国人民大学出版社 2013 年版，第 22 页。

能源企业、外资能源企业、中外合资能源企业。[①] 国家对不同的企业类型，设定了不同的规制方式与手段。将能源企业按照上述标准进行划分，是对能源企业划分的最基本的方式。不同类型的能源企业，受到法律的不同规制，此为对能源企业进行划分的应有之义。

根据我国能源实践，在市场上从事能源财产交易活动的能源企业，按照能源财产的不同类型，具体可以分为：从事煤炭、煤气开发、建设、生产、供应、销售的企业；从事石油、天然气开发、建设、生产、供应、销售的企业；从事一次能源转换为电能的发电企业；从事电力输送、配供、营销的电网企业、供电企业；从事可再生能源和新能源开发、建设、生产、供应的企业，以及能源法律规定的其他企业。此种分类方式依赖于对能源财产的划分，把经营同种类型能源财产的相关企业分为一类，该类企业自身形成完整的产业链条，有利于企业谋求市场竞争力的发展，也有利于对企业进行监督管理的一致性与连贯性。

能源企业是能源财产交易一级市场和二级市场中最主要的参与者。换言之，没有能源企业的参与，就无法进行正常的交易活动。在上述有关能源企业的分类中，对能源领域的研究和实践具有指导意义的分类，是按照其主要从事的领域进行分类，即将能源企业分为能源资源开发企业、能源加工转换企业、能源运输企业、能源供应销售企业等。在此分类基础上，又可以据此整合各类能源相关领域的企业，将能源资源开发企业、能源加工转换企业归为能源财产交易的上游能源企业，将从事其他领域的能源企业，如能源运输企业、能源销售企业、能源服务企业等归为能源财产交易的下游能源企业。此种划分的意义有两点。第一，根据上游能源企业和下游能源企业所从事的领域不同，制定各自的规则，分类进行管理。上游能源企业参与的是能源财产权利的取得和对利用能源财产权利所获得的能源资源进行加工转换。下游能源企业主要从事能源产品的运输、销售和服务等。比起下游企业，上游企业在能源交易活动中体现出高投入、高风险以及高技术的特点。此种特点就要求政府承担起更为严格的监管责任，避免在此种领域发生行业垄断的局面。第二，也是划分最重要的一个意义，在于上游能源企业触及的是能源财产交易中一个十分敏感的问题，即“能源资源”的问题。能源资源对国家具有重要的战略意义，对经济社会发展影响重大。对于直接接触到能源资源的交易主体，法律对于主体资质的规制和权利归属的限定就更为严格。国家需要通过对能源企业的主体资格的相关规制来实现其预定的能源政策。明确上游能

① 吕振勇：《能源法简论》，中国电力出版社2008年版，第37页。

源企业的特殊性，由国家为其提供更为严格的准入和监管规范，有助于国家对能源行业的管控，也有利于公平竞争市场的形成。

二、能源财产交易主体限制的必要性

在能源财产交易市场运行原则性问题上，市场调节和政府控制两种模式之争是贯穿始终的。我国能源财产交易市场主要采取的是政府控制的运行机制。虽然这种机制存在行政垄断、权力寻租、经济效益低下等诸多弊端，但是，由于能源财产的特殊性，尤其是其自然垄断性和社会资源性，完全放开能源财产交易市场是不可取的。因此，国家有必要也有义务，对能源财产交易市场进行一定程度的管理。为了保证能源财产交易有质量有效率地进行，对交易主体资质的限制是国家管理市场的首要之举。

对于能源财产交易主体的资质进行规定，主要基于以下几个方面的考虑：第一，如果未对能源财产交易主体进入市场设置门槛，就可能使某些不良主体进入市场，因其行为极有可能带来政治、经济、社会和环境等方面的负外部性影响，故而法律必须对交易主体的资质进行规定，以对其可能产生的负外部性影响进行合理控制。第二，能源投资不仅仅是高投入、高风险的投资，对投资主体的综合实力亦有很高的要求，包括但不限于资金、技术、人员、相应的预防措施等方面。这些都是获得交易主体资质所不可缺少的条件。第三，随着我国市场经济的发展，能源财产交易市场化大势所趋，交易主体的多元化以及能源产品、能源财产权利的有限性和稀缺性，都要求市场为其提供一个公平竞争的平台，确定一个合理分配的机制，而交易主体资质条件的要求就是产品和财产权利进行竞争和分配的前提基础。

同国家和相关机关与能源消费者相比较，能源企业是能源市场中参与交易最核心的主体，其主体资质直接关系到能源交易的效率与安全。纵观国内外立法和实践，有关能源财产交易主体资质方面的要求主要限定于能源企业，采取抽象式或分类式的立法模式。

三、国内外法律对交易主体资质的要求

（一）两种立法模式

对于能源财产交易主体资质的法律规定，一般有两种立法模式：采取抽象式的立法模式和采取分类式的立法模式。所谓抽象式的立法模式是指对能源勘探、

开发、生产、运输和销售等交易主体确立统一的资质条件；分类式的立法模式指对能源的勘探、开发、生产、运输和销售的行为资质分别进行规定。

其中，抽象式的立法模式，也称为概括式的立法模式，被世界上多数国家和地区所采用。

斯洛文尼亚《能源法》第 7 条规定：“以下自然人和法人可获得许可证：(1) 已注册或登记开展与能源有关的活动；(2) 已申报许可证且拥有经过专业培训的员工开展与能源有关的活动；(3) 已申报许可证，且拥有可用的金融工具，或可证明能够获得开展与能源有关活动所需的费用金额；(4) 在申请许可证颁布之前 10 年内无被撤销的许可证；(5) 未在本法管辖的活动范围内依法判决犯罪。”

斯洛伐克《能源法》第6条规定：“(2) 获得许可证的申请人必须符合以下条件：a) 在限定的领土内有注册办公室，b) 如果法人申请从事核燃料发电许可证，则需提供包括在法定实体内具有专业资格履行申请的行为能力的成员证明，该证明书由证书和技术领域的专业学位证明组成，c) 符合履行需要许可证的行为的技术前提，d) 任命胜任的代表，e) 具有法定实体资格和与此资格相对应的成员；(3) 从核燃料中发电的许可证事先经过斯洛伐克共和国原子核管理机构同意；(4) 许可证申请人需符合需要许可证的履行行为的技术前提；(5) 运输电力的申请人除了要符合上述规定的条件外，还必须符合在限定的领土内拥有平衡系统背离的技术前提；(6) 如果许可证申请人没有符合在本法中规定的颁发许可证的条件，该申请应当被拒绝，拒绝申请的理由必须是客观的、非歧视的。”

采用抽象式立法模式的国家和地区，一般都有综合性的能源基本法，对主体资质的统一规定都在能源基本法中加以表述。而没有综合性的能源基本法的国家和地区，只能在规制各个种类的能源单行法或相关规范中，对主体资质做分别的限制，从而使得这些国家或地区采用的是分立式的立法模式。能源基本法作为一般法，规定的主体资质均较为宽泛，要求不高，为的是不能将各领域中最低条件的主体排斥在能源交易市场之外，但不利于对特殊能源领域主体资质的高要求限制。抽象式立法模式的另一个优势在于，对于今后新拓展的能源领域，其主体资质不会因为没有单行法的出台而存在立法漏洞。而各类单行法或相关规范作为特殊法，可以很好地解决不同领域对主体的要求不同的问题，但缺陷也在于，立法的滞后性可能导致随着科学技术的进步所发现的新能源领域由于缺乏对主体资质的限制而造成市场的混乱局面。

（二）我国能源财产交易主体的资质要求

由于我国缺少综合、统一的《能源法》，导致我国现行能源法律对交易主体资质的规定没有形成一个完整的体系，从而采取的是分类式的立法模式，不同的能源资源、能源产品的种类、规模以及不同环节的交易主体（勘探者、开采者、销售者等）有着不同的资质要求。《矿产资源法》《煤炭法》《电力法》《矿产资源管理法》《电力市场运营基本规则》《电力监督条例》《成品油市场管理办法》等法律法规都对不同交易主体的资质进行了规定。

在矿产资源交易市场，根据《矿产资源法》《矿产资源管理法》的规定，从事矿产资源勘探和开采的，必须符合规定的资质条件，依法申请经批准后办理登记，有偿取得探矿权、采矿权。设立矿山企业，必须符合国家规定的资质条件，并依照法律和国家的有关规定，由审批机构对其矿区范围、矿山设计或者开采方案、生产技术条件、安全措施和环境保护措施等进行审查；审查合格的，方予批准。开采矿产资源的，要具备保障安全生产的必要条件。矿产储量规模适宜由矿山企业开采的矿产资源、国家规定实施保护性开采的特定矿种，个人不得开采。[①]《矿产资源法实施细则》第 11 条至第 14 条，还规定了开办国有矿山企业、集体所有制矿山企业或私营矿山企业和个体采矿所分别应当具备的要求。[②] 在矿产资源交易中，《矿业权交易规则（试行）》第 4 条也明确规定了，矿业权交易主体资质应符合法律、法规的有关规定。

在煤炭交易市场，根据《煤炭法》的规定，开办煤矿企业，应当有合理的煤矿矿井生产规模和与其相适应的资金、设备和技术人员；必须依法向煤炭管理部门提出申请，须由地质矿产主管部门对其开采范围和资源综合利用方案进行复核并签署意见，经批准开办的煤矿企业，凭批准文件由地质矿产主管部门颁发采矿许可证。[③] 开办乡镇煤矿的，要有与所建矿井生产规划（规模）相适应的资金、技术装备和技术人才，有符合国家规定的安全生产措施和环境保护措施，办矿负责人经过技术培训，并且持有矿长资格证。在国有煤矿企业井田范围内开办乡镇煤矿的，还应当持有与国有煤矿企业签订的煤炭资源和安全生产协议及国有煤矿企业上级主管部门的批准文件。[④] 煤炭承储企业要具备良好的区位优势和运

① 参见《矿产资源法》第 3 条、第 15 条、第 35 条的规定；《矿产资源管理法》第 4 条的规定。

② 参见《矿产资源法实施细则》第 11 条、第 12 条、第 13 条和第 14 条的规定。

③ 参见《煤炭法》第 18 条和第 19 条的规定。

④ 参见《乡镇煤矿管理条例》第 10 条、第 12 条的规定；《乡镇煤矿管理条例实施办法》第 12 条的规定。

输条件，综合实力强，管理规范，信誉良好，三年内无严重违法经营记录。① 同时，我国对煤炭地质勘探与煤炭工程建设的主体资质限制，规定于《煤炭地质勘查单位资质管理规定》和《煤炭工程建设监理单位资质管理办法》中，以专门的部门规章的形式予以了规定。《煤炭建设工程施工招投标管理办法》中，也规定了招投标单位所需具备的条件。②

在电力交易市场，根据《电力法》《电力市场运营基本规则》《电力监督条例》的规定，电力市场主体包括按照有关规定取得电力业务许可证的发电企业、输电企业、供电企业，以及经电力监管机构核准的用户。供电企业包括独立配售电企业。电力调度交易机构包括区域电力调度交易中心和省、自治区、直辖市电力调度机构。区域电力调度交易中心包括区域电力调度中心和区域电力交易中心。发电企业、输电企业和供电企业按照有关规定取得电力业务许可证后，方可申请进入区域电力市场，参与区域电力市场交易；电力监管机构依照有关法律和国务院有关规定，颁发和管理电力业务许可证。③ 2005 年出台的《电力业务许可证管理规定》中，具体规定了从事发电业务、输电业务、供电业务的企业所应具备的条件。电力市场实行注册管理制度，进入或者退出电力市场应当办理相应的注册手续，由电力调度交易机构具体负责电力市场注册管理工作。④ 其中，《电力供应与使用条例》规定，供电企业申请设立、变更省、自治区、直辖市范围内的供电营业区，由省、自治区、直辖市人民政府电力管理部门颁发“供电营业许可证”，设立、变更跨省、自治区、直辖市的供电营业区的，由国务院电力管理部门颁发许可证。供电、用电监督检查工作人员必须具备相应的条件。⑤《用电检查管理办法》和《供用电监督管理办法》中，专章规定了供电、用电检查管理的组织及人员资格。在电力用户与发电企业直接交易中，可以参加直接交易的电力用户、发电企业，应当是具有法人资格、财务独立核算、信用良好、能够独立承担民事责任的经济实体。若企业违反国家电力或环保政策并受处罚，或私自将所购电量转售给其他电力用户，或拖欠直接交易及其他电费一个月以上的，企业的直接交易资格将被取消。⑥

---

① 参见《国家煤炭应急储备管理暂行办法》第 12 条的规定。

② 参见《煤炭建设工程施工招投标管理办法》第 6 条、第 16 条的规定。

③ 参见《电力法》第 25 条、第 26 条的规定；《电力市场运营基本规则》第 4 条、第 5 条的规定；《电力监督条例》第 13 条的规定。

④ 参见《电力市场监管办法》第 18 条的规定。

⑤ 参见《电力供应与使用条例》第 9 条、第 36 条的规定。

⑥ 参见《电力用户与发电企业直接交易试点基本规则（试行）》第 4 条、第 7 条的规定。

在城镇燃气经营服务中，《城镇燃气管理条例》要求从事燃气经营活动的企业，有符合国家标准的燃气气源和燃气设施，有固定的经营场所、完善的安全管理制度和健全的经营方案，企业的主要负责人、安全生产管理人员以及运行、维护和抢修人员需要经过专业的培训并且考核合格。[①]《原油市场管理办法》中规定了申请原油销售资格的企业，应当具有中国企业法人资格，注册资本不低于1亿元人民币，要具有长期、稳定的原油供应渠道，长期、稳定、合法的原油销售渠道，具有符合标准的原油油库。在成品油交易市场，根据《成品油市场管理办法》的规定，申请从事成品油批发、仓储经营资格的企业，应当向所在地省级人民政府商务主管部门提出申请，获得成品油批发、仓储经营许可之后方可从事经营活动。申请从事成品油零售经营资格的企业，应当向所在地市级人民政府商务主管部门提出申请，获得成品油零售经营许可之后方可从事经营活动。[②]

四、能源财产交易主体资质的基本要求

由于缺乏综合性能源法的立法支持，我国对能源财产交易主体资质的规定，散见于各个领域的部门法律或规章之中，给实践中能源交易的综合管理带来了很多不便。参考其他国家和地区的立法体例，结合我国能源财产交易主体的实际问题，笔者认为，有必要对能源财产交易主体的资质进行一个抽象性的总结，建立一个最低的资质门槛，以达到未来对能源市场综合管理的要求，将不合格的主体排除在能源市场之外，以确保能源市场的效率与安全。无论是上游的勘探、开采能源企业，还是下游的销售、服务能源企业，所有的能源企业作为交易主体，都应当满足进入能源市场，从事能源财产交易行为的基本要求，即具备能源企业的基本成立条件，拥有专业技术人员、技术设备和资金，无重大违法行为记录，具有科学的建设、开发方案，以及符合环境保护的要求。

（一）具备能源企业的设立条件

具备该条件是交易主体取得能源财产的前提基础，也是能源交易中能源企业可以独立地履行相应的民事义务、承担相应的民事责任的保证。能源财产需要在招标、竞拍等交易中，通过使用和交换来实现自身的价值，因此，能源企业必须具备相应的成立条件，以保证其有足够的能力顺利完成能源财产交易行为。如果不对能源企业的设立设置一定的门槛，其后果是十分严重的，不合格的主体一旦

① 参见《城镇燃气管理条例》第15条的规定。

② 参见《成品油市场管理办法》第5条、第6条的规定；《原油市场管理办法》第6条的规定。

进入交易市场，将会极大影响能源资源的高效利用，造成资源的浪费和环境的污染，甚至影响整个能源市场的健康发展。以我国的煤炭行业为例，在“小煤窑”时代，大量“低资质”的小煤窑活跃在煤炭市场，技术落后，产能低下，生态环境被破坏，矿难事故频发，严重阻碍了煤炭产业的发展。在2006年开始煤炭工业整合之后，办矿主体由2008年的2 200多家减少到130家，但是却形成了4个年生产能力亿吨级和3个5 000万吨级以上的煤矿企业，整个煤炭产业水平大大提升。[①]

我国的矿产资源法、煤炭法、电力法等都要求能源企业，作为从事能源财产交易的主体，应当具备相应的设立条件。其中《煤炭法》对煤矿企业设立的条件规定得比较详细，该法第18条规定：“开办煤矿企业，应当具备下列条件：（一）有煤矿建设项目可行性研究报告或者开采方案；（二）有计划开采的矿区范围、开采范围和资源综合利用方案；（三）有开采所需的地质、测量、水文资料和其他资料；（四）有符合煤矿安全生产和环境保护要求的矿山设计；（五）有合理的煤矿矿井生产规模和与其相适应的资金、设备和技术人员；（六）法律、行政法规规定的其他条件。”

在未来的综合能源法的立法工作中，我国应当明确规定从事能源财产交易企业设立的一般条件，比如一定的注册资本、经营能力、安全环保设计等。这里可以参考我国台湾地区《能源管理法》的规定：“能源供应事业经营能源业务，达中央主管机关规定之数量，依照中央主管机关之规定办理下列事项：（1）申报经营材料。（2）设置能源储存设备。（3）储存安全存量。”[②] 总之，只有对于达到基本设立条件的企业，才能颁发相应的能源业务的许可证；没有取得许可证的，不能获得能源行业的营业执照，其所从事的交易活动亦属于违法经营行为。

（二）具有与从事能源财产交易相适应的资金、技术和人员

资金是指企业占有和支配的财产物资的价值形态，是特有的经济范畴，一定数额的资金是企业进行独立经营活动的物质基础，是企业再生产得以顺畅进行的基本保障。一般来说，在能源市场，资金充足的主体拥有较强的经营能力。因此，作为能源财产交易主体，能源企业为了参与相应的能源财产交易活动，必然需要具有相应的勘探、开发、服务等方面的充足资金，保证能源财产交易的有效

① 《山西宣布整合矿井全部关闭告别小煤窑时代》，http：//www. caijing. com. cn/2011 - 05 - 25/110729139. html，财经网，最后一次访问于2015年7月15日。

② 参见我国台湾地区《能源管理法》第7条的规定。

运行，发挥能源市场的最大价值。能源行业在某种程度上对技术设备和专业人员的要求很高。能源资源的勘探开发，能源产品的利用、销售以及最后所涉及的对污染物的处理等环节都需要能源企业拥有较为完备的设施和技术，同时配备能够从事相应能源行业工作的专业技术人员。

克罗地亚《能源法》第 17 条规定："在技术上取得实施能源活动的资格；具有实施能源活动所必需的可供使用的资金，或证明其能够提供上述资金。"塞尔维亚《能源法》第 46 条规定，"从事能源活动的能源企业，应当具备从事能源活动所需的能源设备和其他设施、装置或厂房，并满足有关技术规范、能源效率法规、防火、爆炸和环境保护法规的条件和要求；能源企业拥有满足从事技术运营工作和任务的规定条件的专业人员；拥有从事能源活动所需的财政资金或证明能够提供从事申请许可经营的能源活动所需要的资金数额。"波兰《能源法》第 33 条规定："从事能源活动的企业，应当拥有相关的资金或能够担保获得资金的可能性，在数量上保证开展正常活动；拥有保证正常活动开展的技术能力；证明雇佣人员拥有第五十四条提到的相关资格。"

我国能源法律一般都对交易主体的资金、技术设备和人员做了要求。其中，《矿产资源法》规定得比较详细，可以供能源领域其他行业参考。根据《矿产资源法实施细则》和《矿产资源管理法》的规定，无论是开办集体所有制矿山企业或者私营矿山企业，还是申请个人采矿，都应具有与所建矿山规模或者与采矿规模相适应的资金、设备和技术人员；探矿权申请人和采矿权申请人，应当在申请登记时提供相应的资金、技术条件的证明材料。① 虽然上述法律均对资金、技术和人员做了要求，不过大部分规定属于原则性的法律规制，缺乏可操作性。这里，建议参照成品油市场的规定，结合本行业市场的实际情况，对注册资本、经营场所的面积、设备产量等做更为明确的要求。以成品油批发经营者资质为例，根据《成品油市场管理办法》第 7 条的规定，申请主体的注册资本不低于 3 000 万元人民币；拥有库容不低于 10 000 立方米的成品油油库，符合相关规划并通过验收；拥有接卸成品油的输送管道或铁路专用线或公路运输车辆或 1 万吨以上的成品油水运码头等设施。

（三）自身无重大违法行为

能源财产是重要的生产资料和经济引擎，其开发和利用关系到国民经济的发

① 参见《矿产资源法实施细则》第 13 条、第 14 条的规定；《矿产资源管理法》第 12 条、第 23 条的规定。

展，也与社会中的每个公民息息相关。能源行业由于其特殊性，自始以来就具有鲜明的自然垄断性，因此，应当对能源企业的资质提出严格的要求，并进行一定程度上的评估审查。实践中，由于能源企业在能源财产交易中的违法行为，导致经营活动亏损，甚至重大责任事故屡屡发生，十分不利于我国能源市场的健康发展。

克罗地亚《能源法》第 17 条规定，要求从事能源活动的能源企业申请的能源活动的许可证在最近十年未曾被吊销；能源运营者董事会成员或向他们报告的负责人，最近五年未曾犯下与实施能源活动有关的违法行为。塞尔维亚《能源法》第 46 条规定，在过去三年从事许可能源活动的企业没有被拒绝授予许可证以及能源企业管理层成员没有因商业犯罪而被判刑。

目前，我国能源法律没有对能源活动存在重大违法行为的企业，进行限期禁入的规定，应当效仿其他国家的立法经验予以规制。十八届三中全会指出，我国需要“建立健全社会征信体系，褒扬诚信，惩戒失信”。因此，对由于能源企业自身原因引起的重大违法行为，比如重大责任事故、严重污染环境等，应当被课以更为严格的法律责任，而且非常有必要将重大违法行为列入企业的“失信名单”，在一定期限内对交易主体进行市场禁入。

（四）具有科学的设计、开发方案

能源财产的开发利用十分复杂，涉及的外部因素较多，比如勘探的不确定性，开采利用的不稳定性，生产经营的不安全性，以及对生态环境的破坏性，等等。因此，一个科学的设计、开发方案是能源企业在取得能源财产时所应具备的重要资质之一。建立实施能源利用方面的标准、计划和制度，是市场经济下政府节约能源管理的一项重要措施；是发挥市场机制作用，促进节约能源技术进步，不断提高产品能效水平的有效途径。[①]

在矿产资源市场，我国法律对交易主体的设计和开发方案有所要求。《矿产资源管理法》第 12 条规定，探矿权申请人应当向主管机关提交有关勘查工作计划、勘查合同或者委托勘查的证明文件，和勘查工作实施方案及附件。第 23 条规定，采矿权申请人应当向主管机关提交矿产资源开发利用方案，和符合国家产业政策和技术规范的可行性研究报告。《煤炭法》在规定煤炭市场主体资质时，规定得更为详细和具体。该法第 18 条规定，交易主体开办煤矿企业，应当有煤

① 清华大学环境资源与能源法研究中心课题组：《中国能源法（草案）专家建议稿与说明》，清华大学出版社 2008 年版，第 185 页。

矿建设项目可行性研究报告或者开采方案；计划开采的矿区范围、开采范围和资源综合利用方案；开采所需的地质、测量、水文资料和其他资料等三项设计和开发方面的资质要求。

波兰《能源法》第51条规定："装置和设备的设计、生产、进口、建设和运行应当确保燃料和能源的合理有效利用……确保运营和领域的安全以及遵守环境保护和文化景观要求。"美国的水电开发许可，无论是按照传统许可程序、替代许可程序，还是一体化许可程序，①申请许可都需要提交地图、计划、技术规范、成本核算以及符合其他相关法律要求的证明材料。

对于能源财产交易主体具备相关方案的资质要求，应当规制得更为详尽。除了原则性的规定外，还应考虑一些具体的实践问题，比如：不同能源行业和能源交易，方案应当具备哪些基本要素；方案是否需要主管部门审查、是否符合能源产业政策和规划；能源财产交易主体发生合并、分立等变更时，方案是否需要调整；方案应当经过哪一级专家审查；等等。②

（五）符合安全、环境保护的基本要求

能源企业大多从事的是高度危险作业和污染作业的重工业。因此，要求能源企业在从事能源交易活动时达到安全、环保的标准，是一项基本的资质要求。能源安全关系到国家的根本利益，关系到市场的稳定运营，由于资金、技术、管理等多方面因素，近几年来我国能源安全生产形势不容乐观，无论是煤炭的开采生产，还是石油天然气的运输，都出现过重大的责任事故。远有2009年黑龙江省龙煤集团新兴煤矿发生瓦斯爆炸，近有2013年山东省青岛中石化东黄输油管道发生泄漏爆炸特别重大事故，历历在目，值得警醒。③

能源的开发和利用给环境带来的更多的是负外部性影响，在整个能源领域，无论从上游的开发生产，还是下游的销售服务都或多或少会对周边环境造成损害。而一旦这种损害上升到不可修复的地步，就会引发严重的环境危机，京津冀的雾霾天气就是最好的例证。与其到发生不可逆转的环境危机时再关停企业或者

---

① 传统许可程序，是指申请初始许可证和新许可证的，申请人填写和提交三个阶段申请协商所需文件的程序。替代许可程序，是指申请人可以利用关于促进加快同受影响单位或者群体进行协商的程序。依改程序申请人可以根据个案情况简化预协商程序。一体化许可程序，是根据2005年《能源政策法》第241条设立，自2005年7月23日启动，成为适用于初次许可证、新许可证或者再许可证申请的一般程序。

② 参见国土资源部2009年颁布的《关于进一步规范探矿权管理有关通知的规定》。

③ 韩继园：《近年煤炭油气电力行业安全生产事故回顾》，http://www.sffdj.com/news/show-114743.html，中国发电机供应网，最后一次访问于2015年7月10日。

进行法律制裁，不如在交易主体进入市场前对环境保护进行强制的资质要求，将那些不达标的能源企业拒之门外。虽然很多国内外立法更多地将环境保护作为了能源企业在经济活动中应当履行的义务，但是笔者认为，将其作为主体资质的前置程序才能迫使能源企业将环境保护作为其经营活动的优先考虑的因素。

我国能源领域的立法已经做了一定的尝试。《矿产资源法》第15条规定，设立矿山企业，须由审批机关对其安全措施和环境保护措施进行审查合格后，方能批准。第31条和第32条规定，开采矿产资源，必须具备保障安全生产的必要条件；必须遵守有关环境保护的法律规定，防止污染环境。《煤炭法》第18条规定，开办煤矿企业应当具备符合煤矿安全生产和环境保护要求的矿山设计。

（六）其他与主体资质相关的因素

随着科学技术的进步，不同时代所面对的能源财产交易主体的资质要求也会有所不同。除了上述探讨的五种基本资质要求外，能源企业取得能源财产交易资格，可能还要综合考虑公共利益、民族发展、生态平衡、能源综合利用以及能源国际交易等特殊因素。以美国关于水电许可的有关规定为例，根据《联邦电力法》第10条（a）款的规定，联邦能源监管委员会应选择“最适于”州际和对外贸易或水电开发的项目颁发许可证。所谓“最适于”是指那些改善和开发航运水道，促进州际和国际贸易发展，有助于水电开发和使用，能够适当地保护、缓解和改善鱼类和野生生物生存环境，以及为公众提供其他便利的综合开发计划。[①] 除此之外，水电许可还应当考虑州、联邦其他机构和印第安保留地的综合开发计划。[②]

第三节 能源消费者

一、能源消费者的概念

能源消费者，是指通过能源财产交易最终获得并消耗能源产品的交易主体。能源消费者的范围不仅包括个人，还包括国家机关、企事业单位，一切最终消耗能源产品的主体，都属于能源消费者。与另两个能源财产交易主体不同的是，能源消费者作为能源财产交易的主体，所涉及的能源财产交易的客体只包括能源产

① Section 803（a）（1）, Electric Consumers Protection Act of 1986.

② See Scenic Hudson Preservation Conference v. FPC（2nd Cir. 1965）.

品，而不包含能源财产权利。因为能源财产权利是能源产品产生的基础或辅助性的条件，该种权利不能被能源消费者所利用。严格说来，能源消费者的概念分类与上述两种能源财产交易主体，即国家和能源企业的分类方式，并非同一标准。在能源消费者的分类标准下，与其二者相当的为个人。此种分类着眼于参与能源财产交易主体的本质属性，三者基本可以囊括所有的能源财产交易主体。但其各自在能源财产交易中，并不因为本质属性的不同，而担任完全不同的角色。例如，国家和能源企业均可以作为能源财产交易的“一级市场”与“二级市场”的参与者，而国家、能源企业和个人，均可作为能源产品的最终消耗者，即能源消费者。因此，能源消费者的划分标准，着眼于在能源财产交易中，主体所扮演的角色，所起到的作用，而非主体本身的属性。与能源消费者对应的概念，可为能源开发商、能源加工商与能源销售商。

能源财产的最终消费落到每个能源消费者主体头上，也就是每一个具体的国家机关、企事业单位和个人。能源财产对于能源消费者的生产、生活具有重要的意义，适当的消费能源财产是能源消费者作为能源财产交易主体的合法权利，与其相对的义务主体为国家，国家有义务满足能源消费者对能源的基本需求。该种义务源于国家的服务职能，也源于维护国家与社会安全的保障职能。能源财产通过交易行为转化为社会财产是其最终目标，只有其转化为社会财产，为人所利用，才能实现其使用价值。在金融市场日渐丰富完善的今天，能源期货、期权交易也逐渐形成并趋于完善，能源期货、期权作为一种新型的金融衍生品，为能源财产交易市场注入了新的竞争力。有关能源期货、期权交易的内容会在能源财产交易制度部分加以讨论。能源财产在金融市场上的交易，除了通过期货、期权交易进行投资获利外，其主要目的在于减少能源财产的价格随市场供求发生过大波动的风险，降低获得能源财产的成本，因而其在金融市场上主要表现其交换价值。而能源财产的使用价值的实现，才能完成能源财产的使命。同时，能源财产属于消耗性产品，一旦使用，即归于消灭。能源消费者是实现能源财产使用价值的主体，也是消耗能源财产的主体，故而在一定程度上，能源消费者是能源财产的最终主体。

二、能源消费者的参与

能源消费者参与能源财产交易市场的方式有三，一是直接参与能源财产的交易，二是对能源财产交易进行监督，三是基于能源财产的外部性，维护自身的生存权利。

（一）直接参与交易

能源消费者直接参与能源财产的交易，是基于使用能源进行正常的生产生活的目的，受让能源财产。国家作为能源消费者，受让能源财产进行国家的基础设施建设，来完成服务和维护社会安全稳定的职能。企业作为能源消费者，受让能源财产进行实际生产，制造社会运行所需要的各类产品。个人作为能源消费者，受让能源财产用于自身与家庭生活，维护并借以提高生活水平与质量。能源消费者直接参与能源财产交易，是能源财产交易进行的最后一环。能源财产经能源开发商、能源加工商和能源销售商，到达能源消费者之手，能源财产的真正归属才最终确定。能源消费者直接受让能源财产，是其作为能源财产交易主体进行能源财产交易，参与能源财产交易市场的最基本的方式。

（二）参与交易监督

能源消费者除了直接参与能源财产的交易，获得能源财产的最终所有权外，还对能源财产交易的其他环节享有监督的权利。能源消费者作为能源财产的最终所有权人，其在能源财产交易的最后一环中，受让能源财产所付出的对价，除了包括能源财产本身的价值之外，还包括了前手在能源财产交易过程中的所有成本。在能源财产本身价值无法改变的情况下，排除受市场供求关系影响产生的价格波动，能源消费者获取能源财产的对价受前手能源财产交易的影响。因而，能源消费者享有监督能源财产交易环节的权利。能源财产交易首先发生于“一级市场”，该市场的交易行为有公主体的参与，多数为行政行为，权力的行使应当受到监督，该监督除了来自于行政机关内部的监督外，在外部监督上，与其有利害关系的能源消费者也当然享有监督的权利。监督的范围包括参与主体是否享有相应的资质、交易的程序是否合法、交易内容是否有效等。在能源财产交易的“二级市场”中，因其为平等民事主体间的交易行为，受到交易规则的调整和市场的支配，因而能源消费者可监督的范围较小。能源消费者获得能源财产，也是在能源财产交易的“二级市场”上进行的，因而能源消费者对于自身参与的能源财产交易具有一定的控制力，但此种控制力被包含在直接参与的方式之中，并不能被解释为此处所谓的对交易的“监督”。

（三）维护生存权

对于能源财产来说，外部性是与生俱来的特性，正外部性和负外部性相伴而生，那么在能源资源开发、加工转化和销售等过程中，都有可能基于负外部性的存在而对社会环境、个人的生命健康等产生损害。外部性指主体不必完全承担其决策成本或不能充分享有其决策成效，即成本或收益不能完全内生化的情形。由于外部性并不是在有关各方以价格为基础的交换中发生的，因此其影响是外在的。如果给他人带来的是福利受损失，可称之为负外部性；反之，如果给他人带来的是福利增加，则可称为正外部性。① 在能源财产交易中，涉及能源的开发利用，对环境造成影响是显而易见的。此种环境影响无法得到有效的评估从而计入交易成本，能源财产交易的负外部性带来的损害无法得到妥善的弥补。虽然基于对环境造成损害的考量，设立了排污权制度对排放污染物的行为进行收费且在一定程度上予以规制，但此为事后救济方式，金钱上的对价并不能完全弥补能源财产的利用行为所造成的环境损害。能源财产交易的负外部性带来的环境污染，对个人造成的损害不限于能源消费者，但也因此，能源消费者有权维护自己的生存权，通过积极参与能源财产交易、监督交易市场运行，以及通过司法救济等途径来避免由能源财产交易所带来的损害。

三、能源财产交易的外部主体

（一）外部主体介入的理论基础

能源财产交易外部主体的介入，基于两个理论，一是“外部性理论”，二是“公共信托理论”。“外部性理论”解决社会公众介入的正当性问题，而“公共信托理论”解决社会公众介入所针对的对象问题。

“外部性理论”在对外部性的认识上，存在不同的观点，具有代表性的是科斯、马歇尔与庇古三人的研究理论，且其三者对外部性概念的界定是逐渐扩大化的。② 科斯外部性为行为方对直接参与者的影响，此处的外部指的就是经济活动的另一方直接参与者。这种外部性的影响是直接的而且简单的，如火车喷出的烟火对路边农作物的影响，牛吃掉邻居家的麦苗，养蜂人和果园主的关系等。这类外部性出现的原因在于，受影响方是被动的，如果受影响方能够获得有效的反馈机制，将此种影响直接反馈于行为方，则受影响方可以由被动转变为主动。这正是科斯理论的价值所在，即为受影响方寻找直接且有效的反馈机制。

① 唐跃军，黎德福：《环境资本、负外部性与碳金融创新》，载《中国工业经济》，2010年第6期，第6-7页。

② 胡石清，乌家培：《外部性的本质与分类》，载《当代财经》，2011年第10期，第9-10页。

马歇尔理论中的外部性被拓展为间接影响，外部指的是与特定经济活动紧密联系的相关产业以及其他经济体。在此种外部性中，受影响方没有直接参与特定的经济活动，但却间接受到行为方的影响。例如网民对网络的使用，一方面可以极大提高网络使用的效率，但另一方面也会造成网络的拥堵现象，影响其他网民的使用。“公地悲剧”也属于此类外部性，一个村民的养羊行为，并不与其他村民的养羊发生直接关系，但可以通过草地间接地发生关系。此类外部性的特点在于间接性与规模性。由于规模性效应，这类外部性表现出复杂的特点，即“整体不等于部分之和”，对规模性群体的影响，不能被对个别人的影响相叠加计算。

庇古的外部性理论就是对大环境，即对社会和自然环境的影响。这类外部性表现出间接、广泛和松散的特点，无法通过市场反馈，即使反馈机制存在，由于具有滞后性，也无法对特定活动产生影响。因而，此种外部性在能源财产交易活动中最为典型，也最受关注。该类外部性的例子非常广泛，比如全球变暖、可持续发展中的代际公平问题等。在工厂排污对河流、湖泊造成的影响中，如果只考虑工厂排污对渔场的影响，则属于科斯外部性理论的范畴，渔场被认为是污染的直接参与者或受害者，在不存在渔场的情况下，工厂排污的问题就可以不予考虑。这与庇古的外部性理论不同的是，无论是否存在渔场，工厂排污所造成的影响，及于河流、湖泊的生态环境，以及依赖于该流域水源生存的人类及其他动植物，此类影响不容易甚至无法得到有效的评估。受影响者的范围之广、联系之松散，导致这种反馈更难以进行。

值得注意的是，在特定的经济活动中，上述三类外部性的影响可能只存在一种，也可能同时存在。因而只有首先认定该经济活动的性质，才能认定外部性存在的界限，从而提供有效的解决方式。在能源财产交易活动中产生的外部性，涉及社会环境，属于具有广泛影响的经济活动，因而上述三类外部性同时存在。而在具体讨论时，因为对于直接参与者和间接参与者而言，外部性的影响可以通过特定的协商或其他纠纷解决机制加以解决，因而探讨的价值不大。只有能源财产交易所带来的庇古外部性，即对社会环境造成的影响，探求其反馈和解决机制才具有更深远的意义。同时，也是在庇古外部性理论的基础下，社会公众才能作为能源财产交易的外部主体参与进来。

依据环境民主原则的“公共信托理论”，公民为了管理其共有财产而将环境资源委托于政府管理。该理论认为：空气、水、阳光、野生动植物等环境要素是全体公民的共有财产；公民为了管理他们的共有财产而将其委托给政府，政府与公民从而建立起委托人与受托人的关系；政府作为委托人有责任为全体人民管理财产，未经委托人许可，政府不得滥用委托权。[①] 从经济学和法学的意义上讲，政府官员也是代理人，而人民是委托人。所有的代理关系都要求代理人必须服务于委托人的利益，代理人从法律上和道德上都有忠诚地服务于委托人的义务。[②] 因此，在能源财产权利交易的“一级市场”中，社会公众有权利参与其创设取得，监督政府的出让行为。其次，能源行业的整个生产、消费过程都无法摆脱对外部环境的依赖，每一个环节都不可避免地会造成环境的污染，作为能源财产权利产生的源泉，在“一级市场”交易中加强对外部的治理，特别是外部环境的治理就显得尤为重要了。作为能源资源开发利用的利益相关人，社会公众与能源财产交易主体之间形成了一种特殊的法律关系，社会公众具有“环境知情权”“环境决策参与权”“环境救济权”等相关的权利。因此，在能源财产权利创设取得的操作过程中，应当授予社会公众参与能源财产权利创设取得的决策权，强化公众对共有财产的保护意识，对交易的决策发挥的积极作用，共同为“一级市场”的外部治理而努力。

（二）社会公众的参与

能源财产交易的外部性影响不限于能源消费者，还及于能源财产交易之外的其他主体。纵观我国现行关于调整能源财产权利交易市场的相关法律规范，片面地将市场涉及的相关主体限定于交易的双方主体，尤其是在能源财产交易的“一级市场”中，忽视了能源财产权利创设取得涉及的外部主体。能源财产权利的获取具有很强的外部性，不仅涉及能源资源的所有权人和能源财产权利人之间的利益，还必然涉及对外部环境的影响，能源资源蕴藏土地权利人的利益，等等。虽然在能源财产权利创设取得的审批过程中，会一定程度地考虑环境保护的问题，但是能源财产权利一经取得就要进行开发利用，其造成的后果势必经过较长的一段时间才能显现出来，属于隐性的利益侵害。在此，能源财产交易所涉及的主体就扩展到社会公众，即能源财产交易的外部主体。

至于社会公众对“一级市场”的参与，我国可以借鉴发达国家的经验，在能源财产权利的创设取得过程中加入社会公众的听证环节，以此增强社会公众对创设取得的参与和监督。美国自 2005 年通过的《能源政策法》的第 241 条确立

① “公共信托理论”是由美国密执安大学萨克斯教授提出的。有关“公共信托理论”的详细内容，参见侯宇：《美国公共信托理论的形成与发展》，载《中外法学》，2009 年第 4 期，第 625 页。

② 肖泽晟：《公共信托理论与公共财产权保护》，载《财产权与行政法保护——中国法学会行政法学研究会 2007 年年会论文集》，第 788 页。

了水电开发的一体化许可程序。一体化许可程序，旨在将其他利益相关方的许可程序进行整合，扩大了公众参与，实行全面环境评估，为所有利益相关方设定完成有关程序步骤的时间表。根据一体化许可程序，联邦或者州政府机构或者具有强制性权力的当地社区，可以请求将对有关方案的争议提交一个三人争议解决小组进行裁决，该小组成员包括联邦能源监管委员会职员、提请解决纠纷的机构或者当地社区的代表以及由前两者从小组成员备选名单中挑选的一个第三人。一体化许可程序充分考虑到了所涉及的各方主体的利益，社会公众通过该程序可以有效地监管能源财产权利的取得，在一定程度上确保了能源财产权利的合理、有效使用。[1]

---

① 胡德胜编著：《美国能源法律与政策》，郑州大学出版社 2010 年版，第 117 - 118 页。

第三章　能源财产交易的客体

能源财产交易的客体是能源财产交易不可缺少的要素之一，包括能源产品和能源财产权利，是能源财产交易所指向的对象。能源产品经过开采和适当的加工、转换能够直接进入市场流通领域，最终到达消费者的手中，供消费者的生产生活使用。能源财产权利是能源财产的重要组成部分，它是具有经济价值的权利，在市场上具有可流通性，是能源产品开发生产的重要一环；它不同于一般的民事权利，具有一定的独特性，对于能源的开发和生产具有非常重要的意义，是一定社会所确认的、人们对能源资源所拥有的具有稀缺性和有用性的各种权利的总和，一般由行政机关确认或授予。确定能源产品和能源财产权利的范围、性质等基本问题，是为能源财产交易制度提供理论支持的基础。

第一节　能源产品

一、能源的概念及内涵

（一）一般意义上的“能源”

对于“能源”一词，不论是自然科学界抑或是法学界，并没有统一定论。对“能源”本质的认识，大体可以分为三种学说，即能力说、物质或物质运动说和资源说。

能力说认为“能源”是指“做功的能力”。①根据世界能源会议“能源术语”定义，能源指的是“使一系统能够产生外部活动的能力”。②该种定义强调能源能够做功的特征，多为外国学者所主张。该主张关注的并非能源的物质本身，而主要着眼于能源的用途或能源所带来的外部影响。能源的“能力”即是能源可以通过被使用而带动外部物质产生活动的一种潜力。如通过燃烧煤炭产生

---

① Energy, in physics, the capacity for doing work., http://www.britannica.com/EBchecked/topic/187171/energy，不列颠百科网站，最后一次访问于2015年7月30日。

② 黄振中，赵秋雁，谭柏平：《中国能源法学》，法律出版社2009年版，第3页。

热能可以带动发电机发电；通过太阳能转换装置的转换，太阳能可以转变为电能带动汽车前进；通过水的重力势能转化为动能可以带动发电机产生电力等。煤炭、太阳能或水能作为能源，通过带动发电机等装置运动做功，该学说指的就是此种能力。但该学说的主要缺陷在于，其更看重能源的使用价值，未揭示其存在状态。

物质或物质运动说多为国内学者所主张，该学说认为“能源是一种能够提供某种形式能量的物质或物质运动”①。任何物质在一定意义上都可以转化为能量，但是，只有比较集中而又容易转化的含能物质才具备可利用的条件，也才会被人类看作能源。② 相较于能力说，该学说既包含了能源的使用价值，即“能够提供某种形式能量”，又表明了能源的存在状态或存在形式，即“物质或物质运动”。这里的能源物质可以分为能源资源与能源产品。其中，能源资源指的是未经劳动过滤的存在于自然状态下的能源，如煤炭、石油、天然气等；而能源产品指的是经过劳动过滤并且能够直接为人类所用的能源，如汽油、柴油等。能源物质需要通过人为的转化，才能做功。提供能量的物质运动也指的是物质本身所作的功，包括太阳能、水能、风能等非燃料能源。物质运动区别于能源物质的地方在于其不通过人为转化，本身已经可以被利用做功。该种学说也有主张能源是“提供人类所需要的热、电、光、磁、声和生物、化学、机械等能量的物质的总称”。③这种定义将能源物质更加具体化，将能量的形式确定为生物、化学和机械三种。

资源说是另一种国内学界主流的观点，认为“能源是能够直接取得或者通过转换生产而获取有用能量的各种资源，包括煤炭、原油、天然气、煤层气、水能、核能、风能、太阳能、地热能、生物质能等一次能源和电力、热力、成品油等二次能源，以及已经认识或未被认识的其他新能源和可再生能源”。④ 或是“自然界中能够提供热、光、动力等任一形式能量的各种载能体，包括燃料、流水、阳光、风等自然资源”。⑤ 而中国《能源百科全书》对能源的定义也属于资源说的范畴：“能源是指可以直接或者经转换提供人类所需的光热、动力等任一

① 肖乾刚，肖国兴编著：《能源法》，法律出版社 1996 年版，第 21 页。龚向前：《气候变化背景下能源法的变革》，中国民主法制出版社 2008 年版，第 9 页。

② 张勇：《能源基本法研究》，法律出版社 2011 年版，第 2 页。

③ 李琮：《世界经济学大辞典》，经济科学出版社 2000 年版，第 583 页。

④ 吕振勇：《能源法简论》，中国电力出版社 2008 年版，第 1 页。

⑤ 孙鸿烈主编：《中国资源科学百科全书》，中国大百科全书出版社 2000 年版，第 548 页。

形式能量的载能体资源。”[①] 该学说在能力说的基础上，将能源的存在形式定义为资源，主要为环境保护领域所接受，目的在于在保护环境的基础上利用资源。

（二）法律范畴内关于“能源”概念的界定

如上文所述，对于一般意义上的“能源”，理论界和实务界的认识并不一致。虽然上述三种学说均揭示了能源用以带来外部活动的使用价值，但在不同领域中，适用不同的概念界定会更有助于该领域理论体系的构建。所以，在法律规制的框架下讨论能源，就需要明确哪一种认识适合于作为法律上“能源”的本质，这就涉及选择标准的问题。从法学方法论的角度看，选择何种要素以定义抽象概念，主要取决于该概念形成时所拟追求的目的。[②] 换言之，在考虑法律概念的构成时，必须考虑该概念为实现的价值，以及是否具备实现期待之目的或价值的功能。[③] 法律概念的建立为法律理论体系的建立提供一定的基础，同时法律概念也要符合它所存在的法律体系，要与其他的法律概念有所联系。所以，在多种学说中选择合适的法律范畴内“能源”这一概念的标准时，需要从法律本身的意义和功能上去寻求，了解法律在规制能源领域行为活动时的目的与为此而设计的制度，法律范畴上“能源”的概念要能体现该目的，与相关制度契合。

笔者认为，如果倾向于从“能源”概念的科学解释入手，虽然更接近能源的物理学本质特征，有助于进行科学探索，但并不具有太多的法律意义。“能力说”关注于能源做功的能力，这种概念设计的目的是使用能源，通过能源带动外部活动。了解能源做功的相关机制并在其基础上发掘并提高能源的做功能力，是该种定义的意义所在。因而，“能力说”不适宜用作“能源”的法律概念。“资源说”着眼于能源的利用价值，目的在于与自然界的其他物质存在相区别，强调人类对能源的利用。近年来，该学说为环境保护学者所推崇，其强调能源的利用需要在维持生态平衡、保护环境的前提下进行。“资源说”并未揭示能源的本质。且一般认为，资源为纯自然状态下的物质，以资源说定义能源，能源的范围也仅包括原油、原煤等未经加工转化的天然物质。而实际上，在法律意义上讨论的能源，不仅包括天然能源，还包括经加工转化而来的能源产品，如汽油、柴油、液化石油气，甚至包括电力等。“资源说”在概念范围上的局限性，使得其

---

① 中国大百科全书出版社编辑部：《能源百科全书》，中国大百科全书出版社 1997 年版，第 1 页。转引自张剑虹：《中国能源法律体系研究》，知识产权出版社 2012 年版，第 4 页。

② ［德］拉伦茨：《法学方法论》，陈爱娥译，商务印书馆 2003 年版，第 318 页。

③ 黄茂荣：《法学方法与现代民法》，中国政法大学出版社 2001 年版，第 46 页。

无法用于界定法律范畴内“能源”的概念。

“物质或物质运动说”着眼于能源的存在形式，不论是对物质还是物质运动的区分，还是在物质之下对能源资源与能源产品概念的划分，都通过分类的方式让我们看到该学说的目的在于探究能源的存在状态与存在形式，区分不同类的能源才能更好地利用。能源的做功机制与能源的利用方式，均不是能源的法律规制领域关注的问题。而只有当“能源”是一种“物质或物质运动”的时候，才能将法律范畴探讨的“能源”囊括其中，才具备了在法律上进行定纷止争、划定权界的空间，也才能体现出“能源”的有用性，而这也正是需要将“能源”作为一类特殊对象进行调整的重要原因。当“能源”以“物质或物质运动”的形态出现在法律概念中时，能源的意义就在于如何确定权属，如何分配权属，如何在法律体系中行使权利、履行义务从而利用能源。此种界定有助于确定能源财产的主体，建立能源财产交易的法律制度体系。综上，将“能源”在法律范畴内定义为一种“物质或物质运动”是较为合适的。也就是说，能源是一种能够提供某种形式能量的物质或物质运动。

能源概念以物质或物质运动说为界定，可以囊括所有拟在法律领域探讨的能源范畴。能源以是否处于自然状态区分为一次能源和二次能源。一次能源属于自然资源，包括有形态的原油、原煤等，也包括无固定形态的太阳能、潮汐能等。二次能源即为一次能源加工转化后形成的能源产品，其中也包括有物质形态的成品油、液化石油气等，和无固定形态的电力等，已经超越了“自然”的范畴。它们都是典型的非自然资源的载能体，却显然落入“能源”的定义内，属于二次能源。其中，一次能源又包括能源资源，主要指的是自然存在的有形态的能源，即原油、原煤等。如上文所说，“资源说”的概念以利用为关注点，对于无固定形态的太阳能、潮汐能等而言，在目前的技术条件下，只能通过转化的形式加以利用，在利用时已不属于自然状态，因而对于此类能源，被排除在“能源资源”的概念之外。一次能源与二次能源中，有形态的能源在“物质或物质运动说”中，被界定在“物质”的概念下，而无固定形态的能源被界定在“物质运动”中。因而法律范畴中，能源的相关概念的区分和基本关系可以参照图 3－1 所示。

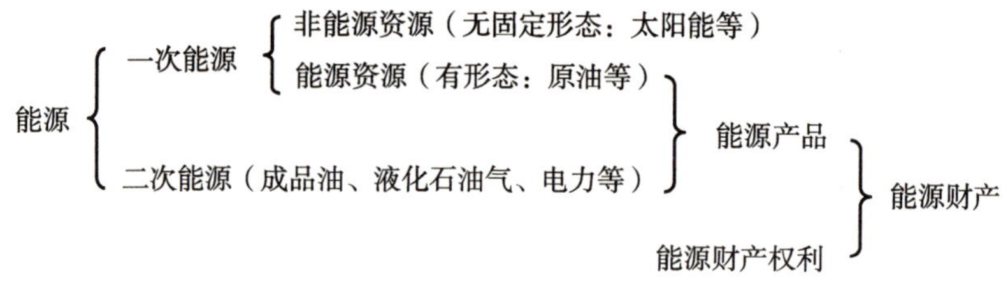

图3－1　能源相关概念关系

法律意义上的“能源”概念的界定，目的在于对能源的权属进行规定，能源财产的概念也在能源的基础上得以诞生，即包括能源产品和能源财产权利。能源产品和能源财产权利的范围界定，是能源财产交易进行的理论基础。而交易的基础不但在于财产的使用价值，还在于其交换价值。交易的进行实际上是权利人对能源财产进行支配的一种方式，支配制度的基础在于其支配客体的有用性和稀缺性，否则就没有“定名分、防争夺”之必要。一次能源中的能源资源作为能源财产进行交易，符合能源财产法律关系中客体的要求。而一次能源中的非能源资源部分，由于在目前的技术条件下，无法为人类所控制利用，转化后获得的产品又被排除在一次能源概念外，因而不属于能源财产交易的客体。实际上，对于太阳能、潮汐能、风能、水能等，对其的利用并不基于其上的所有权或用益物权；太阳能、潮汐能等，在无法为人所控制的情况下，其在性质上属于公共物品，不存在“物权”。但值得注意的是，“资源”的概念和“所有权或用益物权”的概念，是基于对“物”的支配，当人类的技术可以达到对太阳能、潮汐能等的直接支配时，不排除将太阳能、潮汐能等概念纳入“资源”的范畴，在其上设立“所有权”或“用益物权”也具有正当性与合理性基础。二次能源，包括能源终端、能源产品在内，如汽油、煤气、电力、热力等已经具备了民法上的“物”所必备的客观性、有效性、独立性、特定性、稀缺性和支配性的特征。故依据能源基本法的目的和功能，除了一次能源之外，二次能源也应当作为其能源财产交易制度框架下的支配法律关系之客体。

二、能源产品的概念及分类

（一）能源产品的概念

在《中国大百科全书》中“产品”是指，一切物质生产领域的劳动者所创造的物质资料。人们在劳动的过程按照既定的目的，借助劳动资料使劳动对象发生预期的变化，生产出适合人们需要的产品。产品具有一定的使用价值，它能满足人们的某种需要，总是在一定的社会生产关系下生产出来的。在现代社会，产品还具有交换价值。一方面，消费者通过向生产者、销售者购买产品来满足生活的需要，消费者购买产品的着眼点在于其使用价值。而另一方面，生产者和销售者通过出售产品，实现产品的交换价值，由此获得的利益一部分用于满足自身需求，另一部分则用于再生产和扩大生产。产品的使用价值根据产品的不同表现出巨大的差异，但产品的交换价值几乎都只能通过交易行为来实现。

从能源分类的角度看，按照能源的来源不同，可以分为一次能源和二次能源。一次能源是指天然能源，是指在自然界现成存在的能源，如煤炭、石油、天然气、水能、潮汐能等。在一次能源领域，只有那些能够直接进入流通领域的，如煤炭、原油等进行开采和适当的加工处理后，才可以成为能源产品。相反，风能、水能等则很难作为有形的产品在市场上进行流通。二次能源是指由一次能源加工转换而成的产品，如电力、煤气、焦炭、沼气等。这些经过加工转化而产生的产品成了能源产品的重要组成部分。

能源产品作为能源财产交易的客体，将进入交易的流通领域，因此具有特殊的含义和性质。能源产品是指能够直接取得有用能量的经过开采和适当的加工、转换程序能够直接进入市场流通领域的能源资源以及由一次能源加工转换而成的能够产生有用能量的产品，前者即是一次能源经过开采加工所获得的能源产品，而后者指的是二次能源。因此，能源产品与能源的区别主要在于能源产品中凝结了人类劳动，已不再是单纯的自然物。能源产品的生产程序为能源加工和能源转换。能源加工一般只是能源物理形态发生变换，例如作为一次能源的石油通过蒸馏、催化重整等物理、化学过程，可以得到汽油、柴油等能源产品；煤矿石通过精炼筛选等加工过程，才能作为生产、生活用煤在市场上流通。而能源转换则是能量形式的转换。其中包括通过利用风能或水能发电，将风能、水能转化为电能。风能、水能因其具有难以特定的性质，无法成为市场交易的客体，而由风能、水能转化而来的电能，即具有了可定量性，可以作为特定的“物”进行市场交易。对于能源加工和转换，国家制定了许多生产规程、技术规范与管理规章制度，要求能源加工转换企业要遵守合理布局、优化结构、节约高效和保护环境的原则。①

能源产品，和市场中流通的其他产品一样，必须具有使用价值和交换价值，这是能源产品成为能源财产交易客体的本质。首先，能源产品具有使用价值。能

① 张勇：《能源基本法研究》，法律出版社 2011 年版，第 130－131 页。

源产品之所以可以进入流通领域进行交换主要在于其具有有用性，即可以给人类带来有用价值，能够在使用的过程中产生对人类具有价值的能量。从能源的法律概念角度来看，能源被视为一种物质或物质运动，而物质或物质运动的目的在于提供某种形式的能量。尤其是对人类而言，能源产品为人类的生产生活提供基础的物质帮助。例如由石油加工而来的汽油和柴油，为车辆的行使提供动力；液化石油气的燃烧为家庭生活提供热能；而电力被广泛运用在生产生活之中，已经成为人类文明不可缺少的动力，电力缺乏的地方往往经济的发展也受到严重的限制。因此，能源产品对于人类而言，其使用价值体现在生产生活的方方面面。其次，能源产品具有交换价值。产品主要是为市场所服务，作为能源财产交易的客体之一，必然要能够在市场交易中进行自如的流通，这就要求能源产品必须具有可流通性。能源产品属于能源财产之一，其流通的市场当然属于能源财产交易市场。能源产品的所有者可以根据其对能源产品享有的所有权而处分能源产品，包括利用供能和用作交易获利。能源产品的交易具有多种形式，转让和抵押是目前最主要的形式。在转让中，直接买卖、用作出资与合作，都是法律所确认的交易方式。以能源产品用作抵押，性质上属于动产抵押，在适用上可采取浮动抵押或财团抵押的形式。能源产品的交换价值正是研究能源产品的交易规制的基础。

（二）能源产品的分类

根据能源产品的生产程序不同，可以分为直接开采而来的能源产品、经加工而来的能源产品与经转化而来的能源产品。

直接开采出来的能源产品都属于一次能源，包括煤炭、原油、天然气等。这些一次能源不经加工转化已经具有了特定性，具有可以加工转化为可提供能量的二次能源的使用价值，因此可以作为能源产品在市场上交易。然而并非所有的直接获取的一次能源都属于能源产品的范畴。由于特定的自然环境与现象形成的无固定形态的一次能源，因其具有的不可定量性，即使可以获取，也不能作为能源产品存在。例如风能、水能、太阳能与潮汐能等，它们虽然作为一次能源存在，但一方面正如上述所言，即使可以通过一定的技术手段获取这些一次能源，但它们基于特定的自然状况而形成，只能谁获取谁利用，不可定量的特点使其无法由获取者通过交易而实现其交换价值。另一方面，这些能源属于公共自然资源，由人类共同享有其所有权，因此对于特定的个人而言，其所有权的行使受到一定的制约。任何人都可以占有、使用这类能源，但不能将其直接用于交易。简而言之，这类具有使用价值的能源其本身是不具有可流通性的，因此不能作为能源财产交易的客体，不被包含在能源产品的范畴之内。

经加工而来的能源产品，指的是通过对一次能源的开采和加工而形成的能源产品，这里的加工仅指一般物理形态的变化。与直接开采而来的能源产品相比，经过加工而来的能源产品多一道加工的程序。此类加工相对而言比较简单，通过简单的物理或化学过程即可完成，可为消费者直接使用。如一次能源原油，经过不同的炼制方式而分别成为汽油、煤油、柴油等石油制品；原煤经过洗选，成为洗煤；炼焦煤经过高温干馏，成为焦炭；煤炭经过气化，成为煤气等。汽油、煤油、洗煤、煤气等二次能源，即为此处所指的经加工而来的能源产品。与作为原料的一次能源相比，此种能源产品虽然有物理形态上的改变，但其物质的本质特性基本不变。汽油、柴油、洗煤、焦炭、煤气等，基本通过燃烧产生热能来实现其作为能源提供外部活动能力的价值，同样，石油、原煤等原料也可以通过此种途经实现能源的使用价值。而之所以要将该类一次能源加工成为二次能源交易、使用，原因在于通过对一次能源的细化，可以将不同的二次能源产品利用在不同的领域，提高能源的利用效率。同时，对一次能源的加工可以减少一次能源中无法利用甚至于有毒有害的部分，使用二次能源可以减少对环境造成的污染。目前在该类能源产品领域，国家大多制定了相应的产品标准，也只有通过此种加工过程，才能符合标准。

经转化而来的能源产品指的是通过复杂的过程，对原料进行能量形式的转换而形成的产品。如热电厂将煤炭、重油等投入到耗能设备中，经过复杂的工艺过程转化为热力和电力，以及把热能转换为机械能，机械能转换为电能，电能又转换为热能等，都是能源转换。其他形式的能源转换为电能和热能，是能源转换统计的重点。能源转换有分散转换和集中转换。分散转换的主要方式是锅炉。集中转换的主要方式是发电。因此，该类能源产品主要为电力。与经加工而来的能源产品的不同点在于，后者的原料为一次能源，而前者的原料既可以是一次能源，也可以是二次能源。此外，作为后者原料的一次能源，本身即是能源产品，即直接开采而来的能源产品；作为前者原料的一次能源，既可以是直接开采而来的能源产品，也包括无法作为能源产品的一次能源，如风能、水能、太阳能等。上述两类能源产品，即直接开采而来的能源产品和经加工而来的能源产品，均可以经转化形成新的能源产品，最为直接的方式即是转化为热能，热能又可转化为电能、机械能而被直接利用。其余的一次能源，如风能、水能、太阳能等，主要也是通过转化为电力而使用，电力即成为能源财产交易客体中的能源产品而存在。

根据能源的来源不同，可以分为一次能源与二次能源。大多数能源产品经加工转化而来，属于二次能源；部分一次能源经开采即可成为能源产品进行交易。二次能源是经人类对一次能源的加工转化而来的，因而二次能源均属于能源产品。而能源产品又包括部分一次能源，即一次能源中经开采即可使用、交易的部分，如原油、原煤等。两种分类方式可以参考图 3－2。

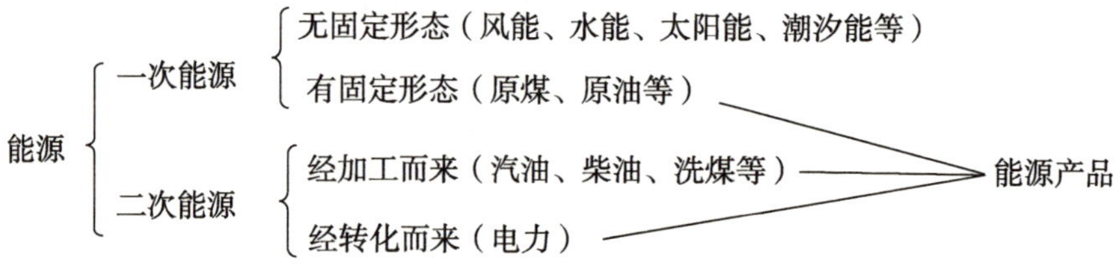

图 3－2　能源产品的分类

三、能源产品的价值

能源产品价值是市场经济体制中的基本问题，能源产品价值在一定程度上决定了能源产品价格，是能源效用的一种直接体现。能源产品作为社会资源，最大的特点就是可用性，这是能源产品的基本属性。能源产品的可用性和稀缺性也就决定了能源产品的价值属性。经济学认为，价值决定价格，价格是价值的货币表现。而且，能源产品作为一种特殊的商品，其价值的确定对于能源的生产、开发尤其是能源产品价格的确定都具有重要的意义。对能源产品的价值，笔者主要是从经济学的角度即从劳动价值论和效用价值论的角度去分析。

（一）劳动价值论

亚当·斯密和大卫·李嘉图的古典经济学都主张劳动价值论，马克思主义政治经济学继承和发展了劳动价值论。劳动价值论的基本观点认为，“商品具有价值，因为它是社会劳动的结晶。商品价值的大小或它的相对价值取决于商品的社会实体量的大小……所以，各商品的相对价值是由耗费于、体现于、凝固于各该商品中的相应的劳动量或劳动额来决定的”。[①] 劳动是价值的唯一源泉，那些不需要付出劳动就可以为人类所用的物质没有价值。但是每一种商品的价值都不是由这种商品本身包含的必要劳动时间决定的，而是由它的再生产所需要的社会必要劳动时间决定的。[②] 商品本身包含的必要劳动时间只是商品价值的一部分，商

① 马克思：《工资、价格和利润》，人民出版社 1964 年版，第 26 页。

② 钱阔、陈绍志编：《自然资源资产化管理—可持续发展的理想选择》，经济管理出版社 1996 年版，第 62 页。

品的价值还应当包括商品本身，前者表现为劳动，后者表现为原料成本，前后者的简单叠加，就可以将商品的价值认定为商品再生产的社会必要劳动时间。

能源产品是通过对能源资源加工转化而获取的，经历了一个物理变化或化学变化的过程，在这个过程中虽然融入了人类的劳动因素，但这只是一个社会因素，能源产品所基于的能源资源作为一种特殊的自然资源，其自然形成的价值因素，对能源产品的价值具有不可忽视的意义。因而，在能源产品的利用中，开采和加工、转化这类必要的人类劳动应当被计入能源产品的价值中，能源产品本身的来源，即自然能源的价值也必须计算在内。

（二）效用价值论

另一种经济学理论效用价值论，把价值归结于效用。维塞尔在《自然价值》一书中指出，“凡是过分多余，任何人都可以随意取得的财物，不论他们怎么有用，谁也不愿意花代价来取得它们”。[①] 即该理论将主观的“效用”作为衡量客观“价值”的尺度。一切物品的价值即来自于他们的效用，无用即无价值。物品的效用在于满足人的欲望和需求，该学说与劳动价值论相对立，其认为价值是物品同人的需求的比率，价值取决于交换当事人对商品效用的估价，或者说，由效用和物品稀少性决定。效用价值论主要表现为边际效用论，该学说从人对商品效用的主观心理估价引出价值，并且认为价值量取决于边际效用量，即满足人的最后的、亦即最小欲望的那一单位商品的效用。劳动价值论和效用价值论都关注物品的有用性，不同之处在于前者确定价值的标准是客观的，而后者确定价值的标准是主观的。

用效用价值论的方法进行分析，能源产品的价值在于其对于人类社会的重要意义——效用的大小。能源产品具有带动外部活动的有用性和基于能源资源的稀缺性的特点，人的生产生活对能源产品的需求的大小构成能源产品价值的基础。此种价值会根据市场需求的改变而发生变化，这与劳动价值论下的能源产品的价值固定不变是不同的。

（三）合理的价值构成

能源产品的价值是一个非常抽象的概念，劳动价值论和效用价值论都存在一定程度的缺陷。这两个理论对自然资源的分析，都主要强调其社会因素对其价值

① 弗·冯·维塞尔：《自然价值论》，陈国庆译，商务印书馆1982年版，第55页，第83页。

的影响，在一定程度上忽略了能源产品的自然价值因素。有学者指出，决定自然资源价值的因素有以下几种：第一，在自然资源的生产和再生产过程中伴随着人类劳动的大量投入，使整个现存的自然资源都表现为直接生产和再生产的劳动产品，它们参与流通与交换，因而具有价值。第二，劳动创造的价值是由社会必要劳动时间决定或衡量的。自然资源价值量的大小就是在自然资源再生产过程中人们所投入的社会必要劳动时间。第三，自然资源具有不同程度的自然力作用，能为人们所利用，以节约劳动、增加财富。第四，自然资源的价格是其价值的货币表现，并反映自然资源的供求关系，供求规律决定着自然资源价格变化趋势。① 笔者认为，为了促进能源产品的合理有效利用，应当从以下几个方面来考虑能源产品价值的合理构成。

首先，能源产品的价值要包括其所具的自然力和资源基础的价值。该部分价值来源于能源产品所依附的能源本身。根据上文对能源产品的分类，其依附的能源分为能源资源和非能源资源。能源资源为国家所有，此点为我国《宪法》所规定。《宪法》上所宣示的所有权，也在《民法》上获得确认。在我国法律体系中，能源产品的产生和利用，基于的是权利人获得的行政许可，而一般此类许可都为有偿进行，即权利人通过申请获得能源财产权利，向国家缴纳获得能源财产权利的价金，从而依据能源财产权利进行能源的开发利用转化。对于国家而言，此价金是能源财产权利的对价，亦是该能源财产权利所对应的能源资源的对价。因而，基于该部分能源资源所产生的能源产品，必然要包括该能源资源的基础价值，该价值从表面上就体现为权利人为获得能源财产权利所支付的对价。此外，基于非能源资源所产生的能源产品，主要指的是利用太阳能、潮汐能等无固定形态的能源进行转化而产生的电力。此类非能源资源由于目前无法得到控制，因而其上不存在所有权，属于公共物品，国家对此类能源利用的控制采取的方式也分两种。一种为利用非能源资源进行的规模式发电，国家通过特许经营的方式，对发电企业进行发电份额的分配。该配额也是有偿取得，因而此部分价金可以被认为是能源产品的自然力或能源的基础价值，也应当被包含在能源产品的价值构成中。另一种为在特定产品上利用非能源资源提供能量，例如太阳能热水器、太阳能电动汽车等，对于该类能源的利用，国家不进行关于能源的特殊限制。但实际上，后者利用非能源资源提供能量的方式，为能源消费者直接利用，能源产品的产生和利用几乎同时进行，甚至该过程中没有能源产品产生。此种方式下，能源

① 杨艳琳：《自然资源价值论——劳动价值论角度的解释及其意义》，载《经济评论》，2002 年第 1 期，第 53 - 54 页。

的价值被吸收进特定产品的技术投入之中，因为此类能源始终处于被消耗的状态，其是否被利用，取决于是否有技术投入。因而对于此种能源产品，不予计算基础价值。

其次，能源产品的价值构成应当包括能源产品的生产和再生产过程中所投入的劳动。该部分的劳动使能源成为商品进行流通和交换，与一般商品相同，劳动创造的价值由社会必要劳动时间决定。能源产品的产生，在劳动上，最重要的部分为技术投入，尤其是在能源利用的前期，技术上的发展和完善才使得能源得到利用，从而产生能源产品；且能源产品的数量和质量，都与能源技术具有密切的联系。而技术的投入需要大量的资金、设备和人才，资金与设备的价值可以衡量，而人才的价值与劳动力的投入，根据市场的状况，目前也具有可衡量的标准。但需要注意的是，技术的研发风险巨大，在投入大量的成本的基础上，是否能够研发出想要的技术，抑或是研发出的技术是否能够为企业弥补成本投入，进而为企业带来丰厚的利润，这些都存在疑问。而当技术确已研发出时，利用能源所获得的金钱上的利润由企业获得，而由能源消费者享受利用能源为生产、生活带来的便利。此种技术研发的成本与风险，应当被计算入生产能源产品的劳动中，由全社会分摊。与普通商品相同的，由社会必要劳动时间计算的价值，当然被包括在能源产品的价值构成中，而与普通商品相比，能源产品在生产过程中所需要的技术投入的特殊性，在能源产品价值构成的计算中更应当被重视。

最后，能源产品的价值应该包括能源产品的生产活动和消费活动对未来环境造成损害的程度和预防治理成本。上述两个理论只是将能源产品市场限定在当前相对静止的空间内。能源产品是经过对能源资源进行加工转化所得到的一种商品，但是它毕竟不同于一般的商品，其对于自然具有重要的意义，能源资源的开发和消费都会涉及相应的环境要素。传统的价值理论在分析能源产品价值时认识不全面，本应属于能源产品效用价值范畴的环境因素未被纳入其中。更进一步地说，还存在着不可调节“代际外部性”等因素，如环境损害所造成的环境价值的流失等。[①] 外部性指的是一个人或一群人的行动和决策使另一个人或一群人受损或受益的情况，分为时间外部性和空间外部性。前者指的是在相对固定的空间范围内，外部性需要在一定的时间后才能表现出来；后者是指外部效应的产生是即时的，在空间中扩散。由于时间外部性产生“时滞”长短不一，当“时滞”较长，超过一代人的时间时，其效应表现为上一代人或上几代人在生产和消费过

---

① ［德］霍斯特西伯特：《环境经济学》，蒋敏元译，中国林业出版社2002年版，第227页。

程中造成的影响，使后代人为此付出或得到了额外的成本和额外的受益，使不同代际在享受资源的机会上处于人为的不平等。我们称这样的时间外部性为代际外部性。[①] 能源资源的开发和能源产品的加工生产，都与环境紧密相连。一方面，能源资源在未开发前，本就属于环境的一部分，对其的开发实际上就是利用环境的结果；另一方面，能源产品的加工生产涉及物理化学反应，基于现有技术的不完善，加工生产过程以及消费者利用能源产品的过程，必定会产生废水、废气的排放，对环境的污染是不可避免的。虽然环境具有一定的自净能力，但就目前社会发展所需消耗的能源数量来看，超出环境自净能力的废物排放，是每个向工业化发展的国家和地区都要面临的问题。这种能源产品的生产利用带来的代际外部性不可忽略，为减少甚至消除此种外部性的成本，只有计算入能源产品的价值中，才能得到弥补。

第二节　能源财产权利

能源财产权利是能源财产交易客体的重要组成部分，其确立是能源产品生产的基础，也是能源财产交易的前提。能源财产权利一般属于能源开发利用的上游行业，具有较高的敏感性和垄断性，能源财产权利的私权性质和权利、义务内容等都会成为能源财产权利交易制度设计不可忽视的内容。

一、能源财产权利的概念及特征

（一）能源财产权利的界定

民事权利以其标的为标准，可以分为财产权和人身权。其中财产权是以财产为客体的权利。财产权的特征有二：一是权利所体现的利益可以给予经济评价；二是权利可以转移。[②] 在所有权利种类中财产权利最能够体现经济利益，是商品经济赖以存在和发展的重要条件，其对于市场机制具有重要的意义。所谓财产权利，是一定社会所确认的人们对某种财产或资源所拥有的各种权利的总和，是基于一定的物的存在和使用的人们之间的一种权利关系，是人的社会存在的一种肯

① 赵时亮，高海燕，谭琳：《论代际外部性与可持续发展》，载《南开学报（哲学社会科学版）》，2003 年第 4 期，第 43 页。

② 张俊浩主编：《民法学原理》，中国政法大学出版社 2000 年版，第 68 页。

定方式。[1] 随着市场的不断拓宽，需求的不断增长，交易的客体已经不仅仅局限于财产，具有财产性利益的权利也逐渐成为人们交易的对象。财产权具有经济利益和可转移性的特征，也使得对财产权利进行市场交易成为可能。财产权利的归属者一方面可以通过直接行使其享有的财产权利获利，另一方面也可以通过转让该权利获利。以专利权为例，权利人既可以将专利运用于特定的产品上，通过产品的出售来获得专利部分的利益，亦可以通过许可的方式让他人使用其专利生产产品而获取许可使用费。另外随着现代社会经济生活的发展，财产权利的交易已不仅仅局限于使用权或整体权利的转让，财产权利还被用在抵押、出资、出租等领域，逐渐成为投资者或交易者用来降低成本、获利的方式。

能源财产权利（图3－3），是一定社会所确认的人们对能源资源所拥有的具有稀缺性和有用性的各种权利的总和。能源财产权利必须依附于一定的能源资源，且在市场经济中该权利具有稀缺性和有用性等经济价值。本文中定义的能源财产权利，是指基于对能源资源的开发而直接获得的能源方面的财产权利，特指在能源资源开发过程中权利人从政府手里直接取得的权利。至于能源产品所有权，是基于能源资源的开发等权利而获得的，不是权利人直接从政府手里获得的，因此不在能源财产权利的范畴之内。这种直接取得的财产权利主要包括在能源上游领域产生的勘探权、开发权等，以及在下游领域产生的排污权。

- 能源财产权利
  - 上游
    - 能源资源的勘探权（探矿权、风能勘探权等）
    - 能源资源的开发权（采矿权、电力开发权等）
  - 下游　排污权（排放能源污染物的权利）

图3－3　能源财产权利

上游领域的能源财产权利以能源资源为基础，权利内容主要为权利人享有的对特定能源资源支配的权利，排除他人对其能源资源开发利用的干扰。通过对能源资源的开发利用，权利人获取能源资源，出售能源资源或经加工转化而来的能源产品，可以直接获得经济收益。这类权利具有的经济价值成为其在市场上得以进行交易的基础。下游能源财产权利主要指排污权，排污权是由行政机关赋予的，权利人享有的在其分配的份额内排放污染物的权利。这里特指对能源污染物排放的权利，它是基于能源利用所带来的外部性而由行政机关设定的权利。能源资源的开采利用，不可避免地要向环境排放废水、废气，这本应当是上游能源财

① 许抄军、罗能生、王良健：《我国矿产资源产权研究综述及发展方向》，载《中国矿业》，2007年第1期，第21页。

产权利中当然包含的权利内容之一，但由于生态环境被污染后难以恢复，甚至于严重的污染将无法消除，基于公共利益的考量，将排污权从上游能源财产权利中独立出来，才能减少能源开发利用的外部性影响。虽然排污权本身所能带来的经济价值并非显而易见，但它是能源开发利用中不可缺少的一环，行政机关对排污权进行强制设定后，只有享有排污权的主体才能对能源资源进行开发利用，这就使得要想获得能源开发利用所带来的收益，就必须要取得排污权。正是由于排污权是获取能源行业经济利益的前提条件，排污权的经济价值由此体现，促进排污权交易的市场环境也由此形成。

（二）能源财产权利的特征

1. 能源财产权利具有支配性

所谓的支配性，一方面指权利人可以根据自己的意志独立地支配能源财产权利，无须得到他人的同意，另一方面指权利人以自己的意志直接依法占有、使用能源财产权利的，任何人不得非法侵害或加以干涉。能源财产权利的主要内容就是通过控制的能源资源进行开发，从而获得能源产品，最终实现能源资源的经济价值。而整个能源资源的开发利用的过程必然包括了对能源资源的占有和支配。在能源财产权利中，需要进行解释的是有关排污权的支配性。排污权在某种程度上被定义为“环境容量使用权”，环境容量使用权人可以根据自己的意志使用其拥有的环境容量份额，其他人不得侵害、干涉、也无需他人的同意。但是这种支配性并不体现为直接占有，而是一种“观念支配”，其本质是强调物权可以通过观念支配和权力的相互交换实现物之价值并能享受到物之交换的利益。对于环境容量使用权来说，有限的环境容量资源可以通过人为的度量而划分成不同的份额，这种份额被记载在授予权利人的许可证中。①

2. 能源财产权利具有对世性

所谓的对世性主要体现在两个方面：一是“一物一权”，即在同一个物之上不能成立两个不相容的物权；二是该权利具有排他性，即任何人都附有不作为的消极义务，权利人有权排除对其行使权利的干涉和妨碍。以矿产权为例，获取矿业权需要履行法定的公示程序，探矿权、采矿权的取得和变更需要办理勘查许可证或开采许可证，没有办理相应的登记手续不能获得矿业权。同样，矿业权的设立也具有排他性，表现在同一地块上不能同时存在两个内容相互冲突的矿业权。

① 王小龙：《排污权性质研究》，载《甘肃政法学院学报》，2009年5月，第66页。

矿业权的对世性还表现在，矿业权人依法获得的矿业权受法律保护，具有物权的排除他人非法干涉的消极功能。① 再以排污权为例，其也具有有限的对世性。环境容量使用权作为私人所享有的权利，法律自然应当保障其在所许可的范围内排污的自由，其他主体不得非法侵害和妨碍。不过，这种对世性是有限的，出于对生态环境和社会公共利益的保护，权利人在行使排污权的过程中，如果造成了环境污染，也仍然要承担相应的侵权责任。

3. 能源财产权利客体的特殊性

我国能源财产权利的客体应当包括特定的能源区域、能源区域所赋存的能源资源以及环境容量。首先，能源区域指的是特定的能源蕴藏区，如矿产资源的蕴藏区，风能、水能资源的蕴藏区等，主要涉及的能源财产权利是勘探权。法律一般根据能源资源的地质情况和勘探水平来确定具体的权利范围。以矿业权为例，一般来说，勘查许可证上规定的勘探权所支配的矿区或者工作区的面积等内容，是基于以下两个因素进行考虑的：从地质情况上看，会考虑特定区域的沉积层划分、蕴藏能源资源的地层段等因素；从勘探水平上看，则会考虑勘探目的、技术手段等因素。其次，能源资源指的是具体的能源财产权利作用对象的局部的能源资源。能源资源必须是法定的，旨在划清能源财产权利人享有的权利、义务边界。此种权利主要涉及的是能源资源的开发权，如采矿权、电力开发权等。再次，"环境容量"也是能源财产权利的客体，重要的表现形式是排污权。环境容量是指环境本身所具有的污染自净能力的极限，是指在一定时间、空间范围内，环境能够容纳、承载污染物的数量和种类。"环境容量"具有经济意义，是一种特殊的能源资源延伸的财产权利，人们在环境容量的范围内有权向环境排放污染物。②

4. 能源财产权利具有受限性

能源财产权利的受限性体现在其取得和行使上。能源财产权利的取得需经行政许可。无论是特定的能源区域、能源区域所赋存的能源资源，还是环境容量，都关系到国家的经济发展和社会稳定。政府对能源财产权利负有社会管理的职责，如果私人需要取得对能源资源的开发利用和环境容量使用权等财产权利，就必须经过严格的行政许可。国家基于各方面因素的考量，制定相应的条件，对申请人的资质进行严格的限定，通过相应的程序发放许可证，体现了国家对能源财

---

① 李显东主编：《矿业权法律实务问题及应对策略》，中国法制出版社 2012 年版，第 25－26 页。

② 幸红：《污染控制策略创新 排污权交易及其法律规范》，华南理工大学出版社 2007 年版，第 46－47 页。

产权利的干预。能源财产权利虽为民事权利的一种，但某些能源财产权利仅允许特定的人享有。例如，我国《矿产资源法》第 17 条规定，国家对国家规划矿区，对国民经济具有重要价值的矿区和国家规定实行保护性开采的特定矿种，实行有计划的开采；未经国务院有关主管部门的批准，任何单位和个人不得开采。又如，美国《联邦电力法》确定的“市政优先原则”，即政府在同等条件下享有水电站项目许可的优先权。

能源财产权利的行使受到更多公法方面的限制。国家对能源财产权利的行使设置了相应的监督管理措施，并课以公法上的义务。以矿业权为例，矿业权的获取除了需要经过行政许可之外，其权利的行使应当受到相应机关的监督，缴纳合理的资源补偿费和使用费。同时，矿业权的转让、出资、抵押等行为应当符合法律规定的限定条件。再来看排污权，排污权的转让需要接受工商行政管理部门、环境保护部门的监督和管理，不得引起区域性的环境恶化。排污权的转让必须坚持转让标的时空“兑换率”原则，即当转让的标的发生在不同的区域时，为保护双方所在的区域，对双方区域的环境容量进行折算。

二、能源财产权利的类型

根据能源资源的用途和阶段不同，能源财产权利可以分为不同的类型。根据能源资源的用途不同，能源财产权利可以分为生产型能源财产权利和附属型能源财产权利。前者所涵盖的能源财产权利的内容在于开发能源资源、生产能源产品，包括勘探权、开发权；后者非生产能源产品的主体权利，但对能源资源的开发利用具有辅助的作用，主要指的是排污权。而在实务界，则按照能源财产权利在生产活动中产生的不同阶段进行分类，能源上游行业产生的权利是勘探权和开发权；能源下游行业产生的权利是排污权。以下将对勘探权、开发权和排污权的具体内容进行分析。

（一）勘探权

所谓的勘探权即按照合法程序勘探是否存在有利用价值的能源资源的权利。勘探权主要是探明该能源资源的种类、储量、内外部特征、加工性能以及社会经济情况等。具体权能主要包括以下 4 个方面的内容。

1. 占有权

勘探权人排他性的占有权是勘探权的首要权能，也是勘探权人实施权利的必备前提。勘探权的标的物为存在于特定的工作区域内的未特定的物。由于勘探之前对于能源资源的情况并不能确定，因此，对能源资源的占有也仅仅是象征意义上的占有。正常情况下，勘探权人占有的对象为特定的工作区和赋存于其中的能源资源；但是若能源资源不存在，则占有的对象仅为特定的区域。这种排他性的占有权，有利于保障能源财产权利人对其权利的有效利用。比如：《矿产资源法》规定，国家保护探矿权不受侵犯，保障矿区和勘查作业区的生产秩序、工作秩序不受破坏。[①] 又如：《海上风电开发建设管理暂行办法》规定，在经过海上风电项目的核准后，权利人取得海域使用权，按照风电设施实际占用的海域面积和安全区占用的海域面积征用，即获得该海域的使用权，该权利具有排他性。[②]

2. 勘查权

勘探权人有权利在其占有的勘查区域内对有关能源资源进行勘查，对勘查资料、样品进行收集、分析，得出相应的勘查结果，并有权处置勘查中按照批准的工程设计施工回收的能源产品。不过需要注意的是，虽然能源财产权利作为一种民事权利，其行使应当由权利人自主决定，但是基于能源安全和能源资源利用规律的要求，能源财产权利的行使必将受到多方面能源法律的限制和约束，必须按照科学的规律合理进行、循序渐进。因此，勘探权人必须严格按照许可证所规定的勘查特定区域、期限、工作对象进行勘查。以探矿权为例，《矿产资源法实施细则》规定，探矿权人拥有按照勘查许可证规定的区域、期限、工作对象进行勘查的权利。[③]

3. 勘查辅助权

除了上述所提及的主要权利之外，勘探权的内容还应当包括一些勘查的辅助性权利。比如，根据勘查工作的需要临时使用土地的权利，在特定的工作区域和相邻区域通行和架设相应设备的权利，等等。在我国，能源资源的勘探权是与土地使用权息息相关的，权利人在行使勘探权时必然会涉及对土地的使用，而这两者的权利人往往处于相分离的现实状态。为解决这一矛盾，就必然要求勘探权人能够取得临时土地使用权。原国家土地管理局 1995 年 4 月 16 日发布的《关于印发〈石油天然气行业规划拨用地项目目录（试行）〉的通知》曾规定，石油天然气行业建设油（气、水）井场及地面作业设施可以获得土地使用权。具体而言，计量站、接转站、联合站、原油（气）库、注水站、油气水处理厂站、增压站、脱氧站等，集、输油（气、汽、水）等生产生活措施需要新增用地的，以划拨

---

① 参见《矿产资源法》第 3 条的规定。

② 参见《海上风电开发建设管理办法》第 18 条、第 23 条的规定。

③ 参见《矿产资源法实施细则》第 6 条的规定。

方式提供土地使用权，并支付相应费用；其他项目，各地应根据具体情况采用适当的方式提供土地使用权。① 在取得特定区域的临时土地使用权后，权利人当然地拥有在该区域通行以及架设相应设备的权利，在相邻区域通行一般属于相邻权的范畴，是能源资源勘探权人所享有的法定的通行权。②

4. 优先开发权

对特定区域的不特定的能源资源的勘探是一种高风险、高投入的活动，为了保护勘探权人的利益以及促进能源资源勘探的发展，法律赋予勘探权人以优先开发权，即勘探权人一旦通过勘查发现可供开发的能源资源，有权优先取得该勘查区域内此种能源资源的开发权。以目前规定的比较详细的探矿权为例。《矿产资源法》明确规定，探矿权人有权优先取得勘查作业区内矿产资源的采矿权。③ 国土资源部发布实施的《探矿权采矿权招标拍卖挂牌办法（试行）》和《矿业权出让转让管理暂行规定》进一步规定，探矿权人申请优先采矿权的，不需要再次经过“招拍挂”的流程，其矿业权也可以不进行评估，并不向登记管理机关缴纳价款。④

笔者认为，为了保护勘探权人的利益以及促进能源资源勘探的发展，我国应当在法律上进一步强化优先开发权，并完善配套措施使之成为实体权利，尤其是如何解释“优先权”。这里可以参考澳大利亚的相关规定。西澳大利亚《矿业法》赋予探矿权的当前权利人有获得采矿权或通常目的租约的优先权，有权申请和获得在权利证书范围内的土地上一个到多个采矿权或通常目的租约。部长认为授予采矿权的条件合理时，应批准授予探矿权人在权证范围内的全部或任一土地上的一个到多个采矿权。可以说，西澳大利亚州赋予探矿权人的权利接近于取得采矿权的绝对权。⑤

（二）开发权

所谓开发权，又称为开采权，是指权利人依据相应的程序合法有效地开发

① 《国家土地管理局关于印发 <石油天然气行业划拨用地项目目录（试行）>的通知》，http：//www. 110. com/fagui/law_ 354000. html，2015 年 5 月 10 访问。

② 崔建远：《准物权研究》，法律出版社 2012 年版，第 276 – 277 页。

③ 参见《矿产资源法》第 6 条的规定。

④ 参见《探矿权采矿权招标拍卖挂牌办法（试行）》第 10 条的规定；《矿业权出让转让管理暂行规定》第 12 条的规定。

⑤ s (a), s48 (b), s48 (d), s111, s66 (a), s66 (b), s66 (c), s71, 74 (1) (ca), s85 (1) (a) (b), s85 (1) (c), s85 (1) (d), s85 (2), s110, 111, s85 (3), s78 (1) (a) (b), s87 (1), s49, s67, The Mining Act of Western Australia.

（开采）能源资源的权利。这是能源财产权利的核心内容，是能源财产权利人经济利益的集中体现。

1. 特定区域占有和使用权

能源资源无论其赋存于地上或是地下，以何种形式存在，对其的开发都必然要涉及对能源资源特定开发区域的占有和使用。结合我国土地与能源资源权属相分离的政策，笔者认为，能源财产权利人在取得对特定开发区域的开发权的同时，亦自然取得该特定开发区域的地上或地下的占有或使用权，但是对于特定区域地表的占有则应当另行取得。此时，权利人可以通过合法程序依法获得对特定区域土地的使用权。比如根据《煤炭法》的规定，煤炭建设使用土地，应当依照有关法律、行政法规的规定办理；征收土地的，应当依法支付土地补偿费和安置补偿费，做好迁移居民的安置工作。[①] 另外，还可以效仿国外的经验对能源财产权利进行区分，采取区分占有的方式解决能源财产权利人对土地使用的需求。比如美国立法规定，矿区可以从垂直方向进行分割，泰国和印度尼西亚等国家的立法和实务也是如此。[②]

2. 能源资源开发权

开发权利人的核心权利，是指允许权利人按照许可证的规定，在特定的区域对特定的能源资源进行开发（开采）的权利。能源资源开发权的性质为附有期限的准物权，权利人应当按照许可证所规定的范围、期限、方式等要求行使权利；跨区开发、逾期开发、不当开发等行为都需要承担相应的法律责任。我国《矿产资源法实施细则》规定，采矿权人按照采矿许可证规定的开采范围和期限从事开采活动。[③]《可再生能源发电有关管理规定》规定，依照法律和国务院规定取得行政许可的可再生能源并网发电项目和电网尚未覆盖地区的可再生能源独立发电项目，发电企业取得行政许可后应在规定的期限内开工和建成发电。[④]《海上风电开发建设管理暂行办法》规定，企业通过投标或申请等程序获得有关部分的许可之后，获得海上风电项目的开发权，经过核准并取得海域使用权后，在一定的期限内开工建设，进行发电。[⑤]

---

① 参见《煤炭法》第 20 条的规定。

② 江平主编：《中国矿业权法律制度研究》，中国政法大学出版社 1991 年 7 月版，第 286 页。查全衡、李荣先、于福忠：《泰国、印度尼西亚石油天然气矿权管理考察报告》，能源部油气资源管理办公室编印，1992 年 12 月，第 28 页。

③ 参见《矿产资源法实施细则》第 30 条的规定。

④ 参见《可再生能源发电有关管理规定》第 3 条、第 16 条的规定。

⑤ 参见《海上风电开发建设管理暂行办法》第 14 条、第 18 条的规定。

3. 取得和销售能源产品权

取得和销售能源产品权是权利人开发能源资源的最终目的。权利人主要是通过开发（开采），对蕴藏的能源资源进行初步的粗加工或者精加工从而形成能源产品；权利人通过开发行为取得对能源产品的所有权，并有权对该能源产品进行处分即销售。权利人通过行使能源资源开发权，直接取得相应能源产品的所有权，是能源财产权利法律效果的当然体现，也是最佳的资源配置方式。根据《矿产资源法实施细则》的规定，采矿权人享有自行销售矿产品的权利，但是国务院规定由指定的单位统一收购的矿产品除外。[①]《煤炭法》规定，依法取得煤炭生产许可证的煤矿企业，有条件的企业有权销售本企业生产的煤炭。[②]《电力法》规定，电力投资者对其投资形成的电力，享有法定权益，并网运行的电力投资者有优先使用权；未并网的自备电厂，电力投资者自行支配使用。[③]

（三）排污权

排污权，是指排放能源污染物的权利，即权利人依法享有的对基于环境自净能力而产生的环境容量进行使用、收益的权利。也就是说，排放者在环境保护监督管理部门分配的额度内，并在确保该权利的行使不损害其他公众环境权益的前提下，依法享有的向环境排放污染物的权利。在进行排污权的制度设计时，离不开对环境容量的考量。环境容量是描述环境要素纳污能力的自然科学术语，目前国内外通常将环境容量理解为："在人类生存和自然生态不致受害的前提下，某一环境所能容纳的污染物的最大负荷量。"[④]

对于环境容量在排污权问题上的具体适用，可以从以下几个方面进行考虑。首先，环境容量具有稀缺性，其有限性决定了能源污染物排放额的有限性。环境容量的补偿、再生、增值需要时间，很多时候并不能满足人类生产、生活中排放污染物的需要。因此，排污权必然是限制的，需要衡量环境净化功能与排放能源污染物的匹配度。其次，环境容量具有有用性，是一种功能性资源。环境容量在一定期限内可以重复使用，但一旦超过一定容量限度和使用频率，这种功能就会降低、退化甚至彻底丧失。环境容量资源的有用性，使人类对其加以利用成为可能和必要。再次，对于环境容量来说，它是一种有价值却没有价值体现的经济资

---

① 参见《矿产资源法实施细则》第 30 条的规定。

② 参见《煤炭法》第 42 条的规定。

③ 参见《电力法》第 13 条的规定。

④ 邓海峰：《环境容量的准物权化及其权利构成》，载《中国法学》，2005 年第 4 期，第 60 页。

源。维持自然生态系统正常功能来辅助生产过程也是有价值的，所以又叫环境容量资源，这就解释了排污权的经济意义，使排污权成为了一种特殊的能源资源延伸的财产权利。

排污权利人应当在环境保护部门许可的范围和期限内，行使排放能源污染物的权利。我国《环境保护法》规定，我国实行排污许可制度，企事业单位和其他生产经营者应当按照许可证的要求排放污染物。①《水污染防治法》规定，国家实行污水排污许可制度，企业、事业单位通过申报登记制度取得排污许可证，即可按排污许可证的规定向水体排放废水、污水。②《大气污染防治法》规定，企业、事业单位和其他生产经营者应当遵守重点大气污染物排放总量控制要求，按照环境保护部门所规定的排放标准向大气排放污染物。③

三、能源财产权利的性质

（一）能源财产权利属于准用益物权

传统民法对于公权与私权的区分有多种标准，曾经出现过“目的说”“效力说”“主体说”“统治关系说”“统治主体说”等多种学说。④“目的说”以法律所保护的目的不同来区分公法和私法，以保护公益为目的的为公法，以保护私益为目的的为私法。“效力说”认为公法下产生的是权力关系，而私法下产生的是平等对立的关系。“主体说”主张规定国家或公共团体至少为一方主体时的关系的为公法，规定私人相互之间的关系的为私法。“统治关系说”以是否规定国家或其他公共团体的统治关系区分公法和私法，公法规定的是统治主体的生活关系，包括统治主体相互间的关系，统治者与被统治者间的关系，国民以统治权者的资格对于国家及其公共团体的关系，私法规定非统治主体的生活关系，包括非统治关系，社会生活乃至人类生活的关系。

笔者认为，目前逐渐成为主流学说的“新主体说”，更加具有说服力。“新主体说”认为，依据规范该行为的法规，并非任何一般人皆可成为该行为的权利或者义务主体，该法规为公法法规，依该法规所为的行为为公法行为；反之，依据规范该行为的法规，一般人亦可成为该行为的权利或者义务主体，并不以统治

① 参见《环境保护法》第45条的规定。

② 参见《水污染防治法》第20条的规定。

③ 参见《大气污染防治法》第18条的规定。

④ 史尚宽：《民法总论》，中国政法大学出版社2000年版，第4-5页。

权主体或者行政官署为限的，该法规为私法法规，依据该法规所为的行为就是私法行为。[①] 参照此种学说，再来看我国能源法学领域的相关规定。《物权法》规定集体所有或使用的自然资源，单位、个人可以依法占有、使用和收益。[②]《矿产资源法》允许一般人通过合法的程序成为矿业权的主体。[③]《煤炭法》和《电力市场运营基本规则》亦明确了私人通过特殊许可可以成为能源生产的主体。[④]与此同时，我国目前已经对废气和废水实施许可制度，即单位和个人按照一定的程序有偿地取得排污权。基于此，笔者认为，能源财产权利在本质上来说属于一种私权性质的财产权利。

盖尤斯的《法学阶梯》中将物划分为"有体物"和"无体物"，即罗马法通过法律拟制的方法将"权利"拟制成物。对物的范围的扩张是现代民法的趋势，《意大利民法典》《韩国民法典》和《阿根廷民法典》都在一定程度上将电气等自然力拟制成物，德国民法学者也将光、热、电等无体物作为"有体物的延伸"纳入民法物权体系之内。随着商品经济的发展，所有权制度已经不能充分适应社会对各种财产利益的需求。一方面，作为社会财富的能源资源具有极强的稀缺性，不可能满足每个民事主体的需求；另一方面拥有权利的所有人并不一定需要用特定的财产来实现其实际的利益，社会的巨大需求导致了所有权的权能发生了分离，产生了以实用收益为目的的用益物权。基于此，从所有权中分离出来的诸如矿业权、发电权等能源财产权利，也就属于用益物权的范畴。然而，能源财产权利作为物权有其特殊性，决定了能源财产权利可以经过法律拟制为特定的物权意义上的"物"，但是又与其他"物"在法律的规制上有所不同，应当采取准用相关的物权规定的做法。简而言之，能源财产权利的本质属于准用益物权。在能源财产权利中，以矿业权和排污权为典型。因此，下文将分别对矿业权和排污权的法律性质做具体的分析。

（二）矿业权的法律性质

在传统能源行业中，矿业权是最为重要的一项权利。矿业权指的是矿产资源的使用权，包括探矿权和采矿权，这两种权利均属于能源上游领域的能源财产权利。我国《物权法》将探矿权和采矿权规定于第三编第十章，即用益物权的一

① 崔建远：《关于渔业权的探讨》，载《吉林大学社会科学学报》，2003年第3期，第39页。

② 参见《物权法》第118条的规定。

③ 参见《矿产资源法》第6条的规定。

④ 参见《煤炭法》第13条的规定；《电力市场运营基本规则》第5条的规定。

般规定之下，可见，从我国现行法律体系的角度讲，是将矿业权作为用益物权来看待的。[①] 但对于矿业权的法律性质，在《物权法》颁布前后，学界均存在争议。且笔者也认为，矿业权与普通的用益物权存在差别，更适宜将矿业权的法律性质界定为准用益物权加以保护。除此之外，还有学者持知识产权说、债权说、准物权说的观点。以下将逐一讨论。

1. 知识产权说

有地质学家认为，矿业权在实用性、价值性、时间性、独占性、排他性、可转让性和权利取得的方式和保护期限上，与科学发现等知识产权存在共性，[②] 因此可以将矿业权认定为一种知识产权。但笔者认为，该学说存在不妥之处。其一，矿业权的对象是特定范围的地质资源或能源资源，他们均具有有体性的特点，而知识产权作用的对象是智力成果，属于无形财产。其二，矿业权赋予的是权利人的一种排他的行为方式，权利人可以进行勘探或开采，此种行为可能会产生一定成果，如勘探出特定的矿区或开采到特定的矿产资源。但这种成果的取得不特定，且成果的取得是以已经享有矿业权为基础的。与此相反，知识产权是对智力成果的保护，智力成果是产生知识产权的前提。因此，矿业权和知识产权相对于成果的地位是不同的，前者是成果获得的基础，后者是基于成果而享有的权利。从这两个角度来说，矿业权与知识产权的性质相差较远，不宜将其界定为知识产权。

2. 债权说

该学说认为，矿产资源被开发利用时，开发利用人需要支付对价。有偿探矿实际上是以矿产资源为对象的承揽合同，而有偿采矿属于加工承揽合同。因此，矿业权是一种被物权化了的债权。[③] 该学说将矿业权人和国家看作是债权关系的双方，国家作为债权人可以请求矿业权人为开发利用矿产资源支付对价。债权关系具有相对性，但在矿业权法律关系中，矿业权人实际上是基于申请获得的矿业权而享有对特定的区域进行勘探，对特定的矿区进行矿业开采的权利，这种权利经国家授权后受到矿业权人的完全支配，可以排除其他任何人的干涉。矿业权人获得矿业权是通过行政机关的授权，这种授权属于行政行为，是矿业权取得的方式，而非矿业权的具体内容。矿业权人得以支配矿区和矿产资源的行为是一种对世权，具有绝对性，因而具有明显的物权性质。此外，债权关系一般经双方当事

---

① 参见《物权法》第 123 条的规定。

② 房绍坤主编：《矿业权法律制度研究》，中国法制出版社 2013 年版，第 23 页。

③ 参见江平主编：《中国矿业权法律制度研究》，中国政法大学出版社 1991 年版，第 56 页。

人合意即可形成，而物权需要经公示公信才能设定。矿业权的设立除在申请人和国家之间达成合意外，还需要经过行政机关的登记程序才能实现，这点更符合物权设定的规定。因此，从权利的设立角度讲，矿业权也不属于债权性质。

3. 准物权说

该学说认为，按照《矿产资源法》的规定及解释，矿业权是直接支配特定矿区或工作区内的矿产资源及相关地下部分并排除他人干涉的权利，具有排他效力、优先效力以及个别情况下的追及效力。因此，矿业权并非债权而是物权。[①] 但典型物权的客体具有特定性，而矿业权的客体不特定。矿产资源具有隐蔽性，“在矿业权的标的物是存在于矿区内的未具体特定的矿物这点上，与普通的物权不同”。[②] 探矿权人登记的探矿区域下可能并不存在矿产资源，采矿权人开采的矿产资源的数量也并非特定。因而该学说基于客体的不特定性与普通物权相区分，认为矿业权属于准物权。以该学说的观点，矿业权、水权、渔业权和狩猎权等均属于准物权的范畴。准物权作为一个开放的概念体系，接纳应当受到物权法待遇保护的权利类型，但在认定权利性质上，应当对各种权利更加细化。笼统的将矿业权、水权、渔业权和狩猎权等归为准物权，将模糊这些权利之间的不同。且在物权之下，对所有权、用益物权和担保物权的保护也存在差异，只有将各种准物权细化到准所有权、准用益物权和准担保物权的范畴，才能为权利的保护寻找到适当的保护机制。因此，笔者不否认矿业权的准物权性质，但认为应在准物权下将其性质细化。

4. 用益物权说

物权的本质在于支配性、排他性和优先性[③]，因此矿业权作为一种具有支配性、排他性和优先性的权利，属于一种物权。用益物权说认为，由于矿业权派生于矿产资源的国家所有权，因而矿业权属于他物权中的用益物权，我国物权法也对此做了确认。[④] 矿业权的支配性在于权利人可以在其获得的行政机关授权的范围内，勘探和开采能源资源，勘探开采的方式、对开采出的能源资源的处分，权利人均享有直接支配的权利。矿业权的排他性使得矿业权人可以独立地、自由地行使矿业权，不受他人的阻挠和干涉。矿业权的优先性在于基于探矿权人发现的矿区，探矿权经申请，可以先于其他人享有采矿权；基于采矿权开采出的矿产资

① 崔建远：《准物权研究》，法律出版社 2012 年第 2 版，第 238 页。
② ［日］我妻荣，丰岛升：《矿业法》，有斐阁 1958 年版，第 18 页。
③ 王利明：《物权法研究》第三版（上卷），中国人民大学出版社 2013 年版，第 8 页。
④ 参见《物权法》第 123 条的规定。

源，采矿权人也直接对开采出的矿产资源享有所有权。此外，矿业权的优先性也相对于矿业权行使区域的其他权利而言，主要指的是该区域内的其他土地相关权利。矿业权的存在，使得国家对土地享有的所有权和对自然资源享有的所有权要让位于矿业权。当矿业权与其他用益物权，如建设用地使用权、宅基地使用权、土地承包经营权等相冲突时，获得行政机关授权的矿业权具有行使上的优先性。值得注意的是，矿业权又有不同于一般用益物权之处，因而适宜将矿业权作为准用益物权处理。具体内容会在准用益物权说部分加以论述。

5. 准用益物权说

笔者认为，不能将矿业权简单地认定为用益物权的原因在于，其与一般用益物权在客体上的不同。用益物权的客体都指向特定的土地，是对土地的利用，而矿业权虽然是在特定的土地上才得以行使，但其指向的客体并非土地，而是土地下可能存在的矿产资源。探矿权的行使是针对未知矿产资源、未知矿区而进行的勘探工作，该权利行使过程表现为在特定土地范围内工作，但与建设用地使用权或宅基地使用权等普通用益物权不同，探矿权并非直接对土地的利用，土地不是权利的客体，而只是权利行使不可缺少的对象之一。同样，采矿权的客体更是直接指向特定范围内的矿产资源，也并非为该区域的土地。此外，一般用益物权的客体都具有明确性，即对于作为客体的土地范围的大小、面积是可以进行精确的测量记录在册的，但对于矿业权而言，虽然作为工作区域的土地范围可以明确，作为矿业权客体的矿产资源却是不明确的，甚至于在探矿权行使中，还存在特定区域并不存在矿产资源的风险。因此，矿业权在取得方式、权利行使、权利保护上均具有用益物权的特征，但由于权利客体上存在的差异，矿业权的法律性质被界定为准用益物权更符合其本质特征。

（三）排污权的法律性质

排污权是排放人在环境保护监督管理部门分配的份额内，向环境排放污染物的权利。经过申请人的申请，满足环境保护监督管理部门的审查条件，任何人都可以成为排污权的主体，根据公权和私权划分的“新主体说”，排污权即是一种私权而非公权，并非只有特殊职能的公权力部门才能享有。在私权下，又可进一步区分为财产权和人身权。财产权是具有经济利益的私权，与具有经济价值的财产相关联；人身权依附于特定的人存在，包含有人格利益与人格尊严。排污权的客体指向环境容量，而环境容量对于人类的生存、生产、生活都有特定的价值，但与人格利益和人格尊严不相关。所以，排污权属于一种财产权。财产权又可分为债权和物权，债权具有相对性，债权法律关系发生在特定的当事人之间，双方的权利、义务关系无法对抗债权关系之外的人。物权具有绝对性，权利人可以基于物权排除他人的干涉，独立自主地支配对物享有的权利。

排污权由环境保护监督管理部门授权取得的方式，不应当被认定为是排污权人和国家之间形成债权、债务关系。在债权关系下，债权人可以要求债务人根据债权、债务关系的内容作出一定的给付，该给付是债权的客体。虽然国家在向排污权人分配排污权时，可以要求排污权人支付一定的对价，但该对价不是排污权的内容。国家向排污权人分配排污份额，排污权人缴纳了相应的费用后，排污权即设立，此后排污权的客体，即向环境排放污染物的行为，并不针对国家进行。从绝对性和相对性的角度讲，排污权的行使不受他人的干涉，任何人都有义务尊重权利人在合法的范围内行使排污权的权利，因而排污权属于物权，而非债权。根据物权法定原则，物权的种类和内容只能由法律规定设立，而在我国《物权法》中，并没有对排污权的规定。且在物权之下，还有所有权、用益物权和担保物权的区分。因此，如何在现有法律体系下，对排污权的性质做合适的界定，成为学界争议的问题。目前学界持有的观点包括新型财产权说、准物权说、用益物权说与准用益物权说。

1. 新型财产权说

该学说认为，排污权是具有经济价值，且在现实中可以进行交易的财产权利，但又由于财产权利的客体一般都指向有形财产，而排污权的经济价值并不在有形财产上体现。目前学界均承认具有经济价值的无体物同样应当作为财产权利的客体加以保护，例如知识产权。需要注意的是，知识产权所保护的智力成果具有一定的经济价值，它可以通过智力成果的运用实现权利人的经济收益；对于排污权而言，其经济价值并不通过使用环境容量即可直接获得。排污权人获得收益的方式主要有两种：一种是排污权人通过排污行为来满足自己的生产需要，再通过生产间接获得收益；一种是排污权人通过污染治理将节余的环境容量转移给他人获得的经济收益。[①] 这种经济价值的间接体现，使得排污权与普通的财产权利有所区分，因而被部分学者认定为新型财产权。[②] 不过，此种观点的最大缺陷在于，基于此种性质界定的排污权，无法得到法律的有效保护。在我国法律体系中，对财产权的保护均被分担在债权、物权、知识产权等的保护之中，如果仅将排污权认定为一种新型财产权，而不具体说明其属于债权、物权抑或是知识产

① 王小龙：《排污权交易研究：一个环境法学的视角》，法律出版社2008年版，第58页。

② 王清军：《排污权法律属性研究》，载《武汉大学学报》，2010年9月第5期，第754页。

权，将造成无法适用具体法律的困境。而摆脱此种困境正是为排污权定性的目的所在。

2. 准物权说

准物权说认为：一方面，排污权具有的支配且排他的特点符合物权的基本权利属性，但另一方面，排污权的客体为环境容量，环境容量可拟制为法律上的“物”，但其与普通物权对象的有体性依旧有所区别。此外，排污权不具有严格意义上的占有权能，它的成立不以占有环境容量及其物质载体为必要，在一个环境容量上可以形成多个不同的排污权。① 因此，排污权具有物权的本质特性，但又区别于普通物权，因此应当将排污权的性质认定为准物权。和将矿业权认定为准物权的缺陷相同，笼统的将排污权归入准物权，将使得排污权得不到区别于其他准物权，如水权、渔业权、狩猎权等的细化保护。准物权的保护适用物权法的相关规定，但具体到特定的权利上，对自物权和他物权的保护还是有所区别。仅将排污权认定为准物权，而不做自物权还是他物权，甚至于不做所有权、用益物权抑或是担保物权的区分，在运用法律规范对排污权进行保护和规制上都会显得底气不足。

3. 用益物权说

用益物权说的主张者认为，排污权在被认定为用益物权上存在两个障碍，一是有关物权法定原则的挑战，二是排污权的客体如何被认定为民法上的“物”的问题。但即使存在这样两个障碍，鉴于我国已有的行政法规对排污权的规定，排污权许可制度在我国已经设立，物权法定原则的障碍可以被消除。排污权所指向的“物”可以构成民法上的“物”，则被用益物权的支持者认为属于观念问题，② 而在现有的法律观念体系下，环境容量可以被拟制为“物”来看待。该学说认为解决了这两个障碍，排污权在设立、行使以及保护上，均和用益物权相符合，因此应当将排污权认定为用益物权。但用益物权说依旧存在缺陷，该缺陷将在准用益物权说中加以讨论。

4. 准用益物权说

准用益物权说承认用益物权说中对排污权具有用益物权特征的认定，但不同之处在于，其认为用益物权说存在三个缺陷。其一，有关物权法定的问题并没有得到解决。物权法定的原则要求，由法律明确规定为物权的，权利才能成为物权的一种类型。虽然在我国的行政法规中已经有对排污权的规定，但并非有规定就

① 邓海峰：《排污权：一种基于私法语境下的解读》，北京大学出版社 2008 年版，第 90 – 91 页。

② 高利红、余耀军：《论排污权的法律性质》，载《郑州大学学报》，2003 年 5 月第 3 期，第 85 页。

一定可以被认定为物权。只有法律明确到排污权是物权，更严格地来说，只有排污权被规定于《物权法》中，排污权才能满足物权法定的要求。其二，排污权的客体是作为无体物的环境容量，而用益物权的权利客体主要是有形的不动产。其三，排污权不具有占有的权能，属于观念上的支配，而用益物权以占有为必要。也正是基于客体和占有权能上的不同，排污权的物权请求权中也不包括返还请求权，而以排除妨害为主要手段。[①] 基于上述排污权所表现出的特殊性，笔者认为，将排污权的法律性质认定为准用益物权更为适宜。

① 王小龙：《排污权交易研究：一个环境法学的视角》，法律出版社 2008 年版，第 67－68 页。

第四章　能源财产权属制度

第一节　国内外的权属模式及建构

所谓能源权属制度，是指能源与能源产品的权利归属，即能源资源归谁所有，能源产品由谁经营，归谁使用。[①] 能源权属制度是研究能源财产交易主体的重要问题，直接影响到交易主体的资质和准入，以及能源财产利用和交易的合法性等。在能源权属制度的阐述过程中，需要通过划分一次能源和二次能源的方法，分别讨论我国现行的能源权属制度，并结合国外的相关规定，探讨我国能源权属制度存在的问题。

有学者认为，能源是自然资源的子概念。[②] 笔者并不赞同这种观点。因为虽然处于自然状态的“一次能源”属于自然资源，但是当该自然资源被加工、转换成为能源产品后，实际上已经超越了自然的范畴，比如成品油、液化石油气等，属于“二次能源”。因此，法律意义上的“能源”不仅仅指某一种自然资源，还应当包括“二次能源”以及由某种资源转化而成的产品。这一观点亦得到了国内学者的支持。能源的外延不仅包括煤炭、原油等“一次能源”，还包括通过加工、转换而得到的各种终端能源产品。

一、国外能源权属的立法模式

国外有关能源权属制度的立法大致上有三种模式。[③]

立法模式一：水权、油气矿业权、固体矿的矿业权作为土地所有权的一部分。（1）1880 年《不列颠采矿条例》规定：除金、银以外，土地所有权人拥有其他矿产资源的所有权。（2）日本《民法典》第 207 条规定：土地所有权，于法令限制内，及于其土地的上下；但河川水资源作为公有财产。（3）在美国，

---

① 黄振中、赵秋雁、谭柏平：《中国能源法学》，法律出版社 2009 年版，第 104 页。

② 赵爽：《能源法律制度生态化研究》，法律出版社 2010 年版，第 35 页。

③ 清华大学环境资源与能源法研究中心课题组：《中国能源法（草案）专家建议稿与说明》，清华大学出版社 2008 年版，第 79－81 页。

土地所有权人即为矿产资源所有人。由于美国的土地分别为联邦、州或个人所有，因此矿产资源也就分别为联邦、州和个人所有。美国联邦政府所有的矿产资源主要在美国的西部，而在美国东部，大部分的自然资源都属于私人所有，此外，尚有少量的矿产资源在州政府所有之下，属各州政府所有。

立法模式二：土地所有权、水资源所有权、矿产资源所有权分立；水资源所有权与（用）水权、矿产资源所有权与矿业权分离。（1）英格兰、威尔士《水资源法》《水法》规定水资源归国家所有。（2）英国1998年《石油法》规定，碳氢能源的所有权属于国家，在英国领域内的地层中处于自然状态的所有石油的所有权都归于王室，以及勘探、钻探和获得石油的排他权利。（3）日本明治23年《矿业条例》规定：矿物，未采掘者，归国家所有。（4）巴西《宪法》第176条规定：矿产属于国家所有，无论其是已开发的或未开发的，但开发者根据法律对开发出的产品被赋予所有权；土地所有权者对于矿产的开发产品依法律规定的方式享有一定比例的所有权。

立法模式三：区分不同矿产资源种类，部分属于土地所有权范畴，部分与土地所有权相分离。德国即采取此种立法模式。德国的《联邦矿业法》对矿业资源进行了分类。Bergfrei包括铅、铁、铜、汞、硬煤和褐煤，煤炭开采中的天然气、石岩和其他盐矿等，而且这一分类还包括所有的大陆架和沿海海水中的矿产资源，以及因为开采矿产资源释放出来的热能。而Grungeigen则是在土地中的资源，玄武岩的火山熔岩、板岩、特定种类石英、黏土以及所有Bergfrei之外的矿产。前者的矿藏属于国家，即使埋藏于他人土地下，不取得国家的同意，土地所有人也无权自行开采，除非他取得开采许可；而后者属于土地所有者的财产，不在联邦矿业法的调整范围，而属于其他调整范围。

二、我国能源财产权利的归属

我国现行的能源权属制度主要由宪法、物权法等现行法律所规定。根据相关法律规定，自然资源等归国家所有，包括但不限于矿藏、水流、海域，这里的国家所有指的是全民所有，该所有权由国务院代表行使。[①] 相应的能源法律法规也对能源财产所有权做了规定，主要体现在以下几部法律。《矿产资源法》第3条规定："矿产资源属于国家所有，由国务院行使国家对矿产资源的所有权。地表或者地下的矿产资源的国家所有权，不因其所依附的土地的所有权或者使用权的

① 参见《宪法》第9条的规定；《物权法》第45条、第46条的规定。

不同而改变。”《煤炭法》第3条规定：“煤炭资源属于国家所有。地表或者地下的煤炭资源的国家所有权，不因其所依附的土地的所有权或者使用权的不同而改变。”《对外合作开采海洋石油资源条例》第2条规定：“中华人民共和国的内海、领海、大陆架以及其他属于中华人民共和国海洋资源管辖领域的石油资源，都属于中华人民共和国国家所有。”《对外合作开采陆上石油资源条例》第3条规定：“中华人民共和国境内的石油资源属于中华人民共和国国家所有。”

当今能源市场主要有两种市场模式：第一种是以美国、日本为代表的，完全是以自然资源的私有制为基础构建的、资源要素市场完全自由的市场模式；第二种是以英联邦国家及我国香港地区为典型的，以自然资源国有制为基础的在国家有效调控下的市场模式。目前大多数国家和地区实行的是第二种模式。在这种市场模式中，资源的所有权属于国家，国家把由所有权定限产生的以对资源的用益为目的的各种权利形态，依照法律规定的条件和方式投入市场进行交易。① 即便是在采取完全自由市场模式的美国，在应对20世纪70年代的能源危机之后，其联邦政府也掌握着相当的能源资源所有权，以实现对市场的有效监管，并且给予大型的、高技术的、资本密集的、一体化的和集约化的能源生产商以政策支持。②

随着物权法从“归属”到“利用”的发展，他物权的利益更受到法律的重视，出现了他物权优位与所有权虚化的倾向，用益物权逐步取代所有权成为物权法的中心。③ 在能源行业，能源资源的国家所有权即为母权，而能源资源的使用权为子权，一旦子权产生，能源资源的国家所有权的权能得到分离，即呈现“虚化”的现象。“母权”的概念是相对于“子权”而言的，一般“母权”即指所有权，而“子权”指的是定限物权。所有权乃定限物权的母权，完整的表述为：“定限物权必然产生于所有权，所有权是定限物权的母权；无母权则无定限物权。”④ 区分“母权”与“子权”的概念，实际上就是为了阐述所有权权能分离的原理。所有权的占有、使用、收益、处分诸项权能，可以基于一定的法律事实分离出去，由他人享有，大多形成定限物权，有时形成租赁权、借用权等债权。

---

① 张璐：《环境产业的法律调整——市场化渐进与环境资源法转型》，科学出版社2005年版，第153－154页。

② 约瑟夫·P·托梅因，理查德·D·卡达西著：《美国能源法》，万少廷译，法律出版社2008年版，第56页。胡德胜编著：《美国能源法律与政策》，郑州大学出版社2010年版，第71页。

③ 张璐：《环境产业的法律调整——市场化渐进与环境资源法转型》，科学出版社2005年版，第160页。

④ 崔建远：《母权——子权结构的理论及其价值》，载《河南财经政法大学学报》，2012年第2期，第9页。

这种状态的所有权缺少若干权能，呈现“虚化”。我国资源要素市场的不断发展对能源资源的国家所有权有一定的削弱。有时甚至在自然资源所有权已创设出来后，才去为它们寻找一个理论上的“母权”，似乎能源资源国家所有权的存在的主要目的，就是为了创设各种市场化的所有权，使用权一旦创造出来，就几乎不受母权的制约。

我国虽然逐步建立了能源资源一级市场，建立了能源资源的有偿使用制度，但是能源资源使用费和相应的补偿费的费率相对于其他国家来说较低，出让权利之后也没有进行必要的监督，以及地方出于财政需要等不合理地出让能源资源的开发权，导致国家能源资源所有权的“虚化”，引发了诸多的问题。以油气田的开采为例。全国有油气田的18个省份中，7个省、区、市不同程度地存在非法开采石油、天然气的情况。一些地方政府甚至发放所谓的“开采许可证”，使滥开滥采行为合法化，助长了非法开采的势头。抢占油井、抢占油田和储量、侵占区块现象给石油企业造成了巨大的经济损失，妨碍了石油工业的长远发展。[①] 由此可见，确立清晰有序的能源财产权利的归属制度是保障能源经济发展的重要基础。能源资源不同于一般的财产，设立合理的能源权属制度才能保障其价值的实现。西方经济学出于对自然资源产权安排和自然资源可持续利用和环境恶化的影响，建立了“公地悲剧”[②] “集体行动的逻辑”[③] 等模型。奥尔森的“集体行动的逻辑”揭示，任何时候只要许多人构成一个集体共同使用一种稀缺的资源，资源便会发生耗竭性退化。[④] 因此，鉴于我国正处于能源资源市场改革阶段，市场经济体制本来就不健全，有必要对能源财产权利的归属制度进行健全和完善，满足我国能源财产权利交易之价值和使用效率的要求。

三、我国能源财产权利归属制度的合理构建

笔者认为，可以从一次能源（初始能源）与二次能源（次级能源）的角度

---

① 莫神星：《探讨我国能源法的基本原则》，http：//www. riel. whu. edu. cn/article. asp？ id = 28501，2015年3月18日访问。

② 公地悲剧是指这样一种现象：将尚未耕种的土地作为牧场（“公地”）无偿向牧民开放，每个牧民都放养尽可能多的牛羊。随着牛羊数量无节制地增加，牧场最终因超出生态负荷而成为不毛之地，牧民的牛羊也最终全部饿死。一般认为，产生“公地悲剧”的主要原因是土地资源权属不明确。

③ 集体行动的逻辑来源于曼瑟尔·奥尔森的观点，他发现，社会学家假设的“一个具有共同利益的群体，一定会为实现这个共同利益采取集体行动”的现象往往并不会发生，原因在于集体行动的成果具有公共性，所有集体的成员都能从中受益，包括那些没有分担集体行动成本的成员。相反地，个人自发的自利行为往往导致对集体不利，甚至产生极其有害的结果。

④ 曼瑟尔·奥尔森：《集体行动的逻辑》，陈郁等译，上海人民出版社2014年版，第25页。

来探讨我国的能源权属制度。一次能源的产生依据为国家主权，其对象主要为涉及主权利益的能源资源，因而具有强制性和非市场化的特征。二次能源的产生依据主要为市场主体的交易行为，虽然在很多情况下，二次能源的产生或转让需要受到一定程度上的行政管制，但这并不影响其属于私法行为的本质特征。

通过上文对我国现行有关能源权属的法律的解读，可以发现我国的法律主要是对一次能源的权属问题作了规定，即将着眼点定位于“能源资源”上。国家对能源资源享有绝对的所有权。而一次能源的概念要大于能源资源。一次能源是指天然能源，是指在自然界现成存在的能源，如煤炭、石油、天然气、风能、水能、太阳能、潮汐能等。是否属于“能源资源”的区分标准在于可否无需通过转化即进行开发利用。在一次能源领域，只有那些能够直接进入流通领域的，如煤炭、原油等经过开采和适当的加工处理后可以成为能源产品的，属于能源资源。相反，风能、太阳能等则很难作为有形的产品在市场上进行流通，只有经过转化才能够加以利用，此类一次能源不属于能源资源。

在将一次能源区分为能源资源和非能源资源的基础上，探讨一次能源的权属也应分别进行。能源资源的权属，据上文所述，属于国家所有，自不待言。而非能源资源属于公共物品，其上不存在所有权。所有权存在的意义在于为人实际享有、控制，诸如风、太阳、潮汐等，目前无法为人所占有控制，其上具有的生态环境的意义，为人在该环境下生存所带来的价值，远大于其作为一次能源带来的动力价值。因而，非能源资源不得为特定的人享有，其必须要发挥生态环境意义，作为公共物品存在。当非能源资源作为一次能源为人利用时，与之相关的为能源财产权利中的能源资源利用权，其中，开发权源自于能源资源所有权，而转化权为一种特许经营权。如此，对于风能、太阳能、潮汐能的利用，作为特许经营权就不需要以所有权为基础，否则也无法解释为何定限物权之上不存在所有权的问题。

需要注意的是，在能源资源上的“所有权”却并不是传统民法意义的所有权，其具有非典型的私法特征。据此，有的学者认为国家所有权与集体所有权均属于公有权，需要与传统的民法权利相区分。[①] 笔者同意这种观点，并且认为其具体与传统民法意义上的所有权的外在特征区别有如下两个：第一，国家所有权的权利依据是国家主权，[②] 而并非私权，这决定了国家能源所有权必备的公法特征。私法所有权设立之目的在于排除他人支配的可能性。而设立国家所有权的初

① 王利民：《我国公有权制度的物权法构建》，载《当代法学》，2006 年第 2 期，第 153 – 154 页。

② 梅夏英：《物权法 · 所有权》，中国法制出版社 2005 年版，第 110 页。

衷则是为了突破这种排他性支配的状态，使对能源资源的所有保持社会化的状态。第二，私法意义上的所有权的主体必须是一个具体的、实在的法律上的人以实际享有权利、承担责任。然而国家却是一个虚无的所有权主体，无法享有私法上具体的所有权。[①] 虽然相关法律赋予了国务院代表国家行使权力的身份，然而代表人并不是实际主体，依然无法解决国家能源所有权主体虚无的问题。

一次能源中能源资源的所有权虽然归国家所有，非能源资源属公共物品，但是经过企业开采、加工和转换而来的二次能源和后续的能源产品却不必然归国家所有。与对一次能源所有权进行国家垄断的趋势相比，世界上越来越多的国家开始对能源开发利用企业进行市场化的管理，也就是二次能源的市场化。获取二次能源所有权的方式，主要有以下两种：

第一，原始取得能源产品的所有权。自罗马法以来，所有权被演化成一种高度抽象的权利，其实质是特定主体对特定物的排他的、独占的支配关系。[②] 国家、集体和个人依法取得能源产品的所有权即取得对能源产品的完全的、排他的、独占的支配关系。从民法物权的角度来看，取得对能源产品的所有权后，所有权人取得对能源产品的占有、使用、收益、处分以及排除他人干涉的权益。具体来说，即取得对能源产品的完全占有；取得对能源产品的使用权能，即利用能源产品特殊的有用性完成某种目的；取得能源产品的天然孳息和法定孳息，如进行出租获取租金等；依法进行处分的权利，如对能源产品的抛弃、买卖、设置抵押等。原始取得能源产品的所有权主要分为两种方式：

通过对前手能源的加工而创造出新的能源产品，其权利基础为能源开发权，即权利人依法对初级能源进行加工从而获得能源产品及其他利益。在取得相关的行政许可和审批后，能源开发权利人对初级能源进行加工、炼制或转换，通过劳动创造全新的可直接利用的能源，并依此劳动享有对该能源产品的所有权。

通过设备和工程对可再生能源进行转换，创造出可直接为人所用的能源产品。正如前文所述，对可再生能源的转换依然属于原始取得能源所有权的范畴。针对可再生能源的最普遍的转换方式即是利用自然力发电，依发电的转化来源不同可以将其分为火电、水电、核电以及风电等。权利人（电力企业）在取得相关许可后，在规定的范围内可以建造设备和工程进行发电，并获得对该电力的所有权。权利人（电力企业）向经营范围内的用户进行输电并收取相应电力费用即是行使其所有权的表现。

---

① 梅夏英：《物权法 · 所有权》，中国法制出版社 2005 年版，第 102 页。

② 孙宪忠：《物权法》，社会科学文献出版社 2011 年版，第 193 页。

第二，从交易市场中获得能源财产权利所有权。根据获取能源财产权利所有权的来源不同，可以分为从“一级市场”取得的能源财产权利所有权和从“二级市场”取得的能源财产权利所有权。

能源财产权利交易的“一级市场”，指的是国家对自己所有的一次能源所有权进行初次分配的市场。实现此种分配方式的重要媒介即是行政许可。能源开发企业通过向相关部门申请行政许可的方式获取开发能源资源的权利，从而获得能源财产。从民事法律关系的角度来分析这个过程，国家作为权利所有者，企业作为权利受让方，其间存在一个权利转移的意思表示，而这个意思表示则通过行政许可的方式体现出来。也就是说，在行政许可的背后还蕴含着一个民事上的许可，即转移民事法上权利的意思，“只不过这个许可多借助于行政许可的形式得以表征，如寄托于探矿权证和采矿权证上”。①

能源财产权利交易的“二级市场”，是指能源财产交易主体对能源财产权利的流转，通过能源财产权利的转让、出资、抵押、出租的过程，从中获得收益。其中，从其他次级能源财产权利所有者处受让权利，被称为能源财产权利的转让。“二级市场”是能源财产权利重要的流通环节，其交易制度决定了能源市场的活跃性和能源财产权利的价值实现。虽然，对于能源财产权利的转让，也可以进行“点源”和“点源”之间的传统交易，但是为节约交易成本、增加交易机会，提高交易速度，有形市场的建立尤为重要。一般在实践中，通常是通过设立能源财产权利交易所这一“中介机构”的形式完成。

第二节　能源财产权利的行使

能源财产权利依附于一定的能源资源，在市场经济中具有稀缺性和有用性等财产性质的经济价值。因而，为维护社会公共利益与经济市场的稳定，在行使能源财产权利时，相较于一般性的权利会受到更多的限制，诸如缴纳使用费，具有使用期限，行使需符合环境保护要求等。能源财产权利人在行使其权利时，应当遵守法律的规定，按照相应的条件和程序行使自己的权利、履行自己的义务。这是对能源财产权利人利用能源财产权利进行经济活动的规范要求和操作标准。

一、依法缴纳相应的费用

我国实行能源财产权利有偿取得制度。所谓能源财产权利有偿取得制度，是

① 张忠民：《能源开发契约初探》，载《环境资源法论丛》，2010 年第 8 卷，第 80 页。

在能源资源和环境资源所有权和使用权分离的情况下，国家凭借对能源资源和环境资源的所有者的主体地位，授予通过能源财产权利并向权利人收取相关费用的制度。我国矿产资源有偿使用制度最早可以追溯到1982年《对外合作开采海洋石油资源条例》的颁布实施，该条例第9条规定对外开采海洋石油应当缴纳矿区使用费，从此结束了我国长期以来资源无偿开采的历史[①]。《矿产资源法》第5条亦规定："国家实行探矿权、采矿权有偿取得制度。"

目前，我国对能源财产权利的有偿取得，主要实行缴纳使用费的制度。以矿业权为例。根据《矿产资源补偿费征收管理规定》《矿产资源勘查区块登记管理办法》和《矿产资源开采登记管理办法》等多部规章的规定，矿业权人（包括探矿权人、采矿权人）应当按照法律的规定，缴纳使用费用；违反法律规定不按期缴纳应予缴纳的费用，由相关部门责令限期缴纳、加收滞纳金、吊销许可证。我国现行对矿产资源征收的费用主要有资源税、矿产资源补偿费、矿区使用费、探矿权采矿权使用费、探矿权采矿权价款、石油特别收益金等。而能源财产权利的有偿使用所需缴纳的费用主要指探矿权采矿权使用费和探矿权采矿权价款。在探矿权采矿权使用费上，我国采取逐年缴纳的方式，其中在采矿权使用费上，还根据其矿区的面积进行计算。[②] 除缴纳探矿权采矿权使用费外，申请国家出资勘查并且已探明矿产地区块的探矿权采矿权的，还需要缴纳国家出资勘查形成的相应的探矿权、采矿权价款。2014年国务院修改《矿产资源勘查区块登记管理办法》，探矿权的价款不再需要经评估确认，国家出资勘查形成的探矿权价款，由具有矿业权评估资质的评估机构进行评估；评估报告报登记管理机关备案即可。[③] 相较于探矿权而言，采矿权人还可以提出减缴、免缴采矿权使用费和采矿权价款的申请，申请的条件包括：（1）开采边远贫困地区的矿产资源的；（2）开采国家紧缺的矿种的；（3）因自然灾害等不可抗力的原因，造成矿山企业严重亏损或停产的；（4）国务院地质矿产主管部门和国务院财政部门规定的其他情形。[④] 除此之外，与矿产资源相关的还有行政性收费和基金性质的收费，诸如

---

① 刘欣：《矿业权解析与规制》，法律出版社2011年版，第157页。

② 《矿产资源勘查区块登记管理办法》第12条："国家实行探矿权有偿取得的制度。探矿权使用费以勘查年度计算，逐年缴纳。"《矿产资源开采登记管理办法》第9条："国家实行采矿权有偿取得的制度。采矿权使用费，按照矿区范围的面积逐年缴纳，标准为每平方公里每年1 000元。"

③ 参见《矿产资源勘查区块登记管理办法》第13条；《矿产资源开采登记管理办法》第10条的规定。

④ 参见《矿产资源开采登记管理办法》第12条的规定。

矿产资源勘查登记费、采矿登记费、育林基金、林业建设基金、价格调节基金等。[①]

相比单一的缴纳使用费制度，采用征收税款与使用费并存的做法，对于调节能源财产权利的使用更为合理。[②] 这样可以全面、公平地考虑能源财产权利的行使情况、技术水平、使用效能、资源消耗等问题，较之单一的使用费的计算比例也更为灵活。美国对于能源资源应缴纳的税收，通过对能源损耗以及成本损耗等扣除进行计算。另外，美国煤炭企业还需要交纳三种费用：一是土地使用费，即土地的出租费；二是权利金，即矿产资源费，按坑口价格的百分比计算，露天矿交12.5%，井工矿交8%；三是红利，即相对资源地租。资源条件好的多交一些，差的不交或者少交。[③] 俄罗斯的矿产开采税在税法典中有明确规定，税率为17%。地下资源使用费由矿产资源法规定，另外还要缴纳五种费用：一是出现许可证约定的某种事件时一次性地下资源使用费，付费后即可勘查、开采矿产资源；二是定期地下资源使用费，即租金；三是地下资源地质信息费；四是投标（拍卖）参加费；五是许可证颁发费，即发证手续费、工本费等。[④]

与国外相关制度相比，我国对矿业权征收使用费和价款，被视为是对国家出资勘查矿产资源的回报，但由于使用费和价款偏低，导致国家的财产权益受到损害。矿业企业缴纳矿业权价款，不但取得了矿产资源区块的开采权，对于开采出的矿产资源也直接享有出售获利的权利。而被开采出的矿产资源的价值在矿业权价款中却无法体现。通过招标、拍卖、挂牌的方式出让矿业权，通过市场调控矿业权价款，则可以最大化地实现国家财产权益。

再来看一下排污权的取得，亦是采取了征收排污费的做法。我国区分大气排放物的种类和数量征收排污费，其标准的制定参照大气污染防治的要求和国家的经济、技术条件。具体办法和实施步骤由国务院制定。[⑤] 同样地，向水体排放污染物的企业和个体工商户，根据排放水污染物的种类、数量和其征收标准缴纳排污费。[⑥] 当前我国正逐步探索实行排污权交易制度，相比于排污收费制度，前者

---

① 施文泼，贾康：《中国矿产资源税费制度的整体配套改革：国际比较视野》，载《改革》，2011年第1期，第15页。

② 我国目前已在部分能源领域进行了税款与使用费的并存方式的尝试。比如：在矿产资源领域，《矿产资源法》第5条规定，“开采矿产资源，必须按照国家有关规定缴纳资源税和资源补偿费”。

③ 黄清：《我国煤炭资源地质勘探存在的问题及对策》，载《煤炭经济研究》，2005年第1期，第17页。

④ 王昕然：《试论矿产资源法律体系之完善》，中国政法大学硕士学位论文2006年，第12页。

⑤ 参见《大气污染防治法》第9条的规定。

⑥ 参见《水污染防治法》第24条的规定。

更有利于激励企业减少污染排放。因为在我国排污收费征收率比较低的情况下，排污费常低于企业治理污染所要花费的成本，因而企业不愿意购买昂贵的治污设备或加大对生产设备的技术改造以减少污染物的排放。而排污权交易的价格由市场调节形成，当排污权价格上涨时，企业可以通过向市场投放排污权指标获利，这就促使企业主动节约排污权指标，减少污染物的排放。①

二、在规定的期限内行使权利

能源财产权利是附有期限的准物权，这是能源利用的效益原则所要求的，鼓励那些有能力的权利人取代无能力或能力不足者，符合市场经济的要求，有利于提高能源资源开采效率。以矿产权为例。探矿权、采矿权作为能源财产权利，同为有期限的准物权，在批准的期限内进行矿区的勘探、矿山建设和开采，是落实矿业发展规划的需要，可以取得较好的经济效益。② 因而在勘查许可证和采矿许可证批准的期限内进行勘查、建设和开采，是探矿权人和采矿权人应尽的义务。在期限前或在期限届满后勘查、开采的，都会构成探矿权、采矿权的滥用，属于侵权行为。

我国《矿产资源法实施细则》规定，矿业权人必须在勘查许可证所规定的期限进行勘查和开采工作。③ 矿产资源的勘查许可证有效期最长为 3 年；但石油、天然气勘查许可证有效期最长为 7 年。勘查工作时间可以延长 2 次，每次延续时间不超过 2 年。需要延长的，探矿权人需要在勘查许可证到期前办理延续登记的手续。石油、天然气滚动勘探开发的采矿许可证有效期最长为 15 年。④ 对于石油、天然气等流质矿产资源，勘探和开采一般相伴进行，因而其探矿权与采矿权也统一行使。在此期间，探矿权和采矿权相伴而存，期限也较短。《矿产资源勘查区块登记管理办法》第 20 条规定：探矿权人在勘查石油、天然气等流体矿产期间，需要试采的，应当向登记管理机关提交试采申请，经批准后可以试采 1 年，需要延长试采时间的，必须办理登记手续。

相比之下，采矿权时间一般都较长，采矿许可证的有效期一般根据矿山建设规模有所不同。大型以上的矿山建设，采矿许可证有效期最长为 30 年；中型的矿山建设，采矿许可证有效期最长为 20 年；小型的矿山建设，采矿许可证有效

① 王美霞，雷振斌：《我国排污权交易制度与排污收费制度比较研究》，载《经济纵横》，2011 年第 12 期，第 27 页。

② 崔建远：《准物权研究》，法律出版社 2012 年版，第 284 页。

③ 参见《矿产资源法实施细则》第 16 条、第 30 条的规定。

④ 参见《矿产资源勘查区块登记管理办法》第 10 条的规定。

期最长为10年。同样，在许可证有效期到期之前，如果需要续采的，需要办理延长登记手续。[①] 石油、天然气滚动勘探开发中，对探明储量的区块，需要申请办理采矿许可证。[②]

除了对权利人的权利行使期间做出明确规定之外，为了促进能源财产权利的有效利用，笔者认为，还应当对权利人首次行使权利的期限进行限定。能源财产权利依附于能源资源存在，而能源资源的勘探开发都要基于一定的地理空间。以矿产权为例，矿产资源作为埋藏于地下的能源，其勘探开采除了要获得探矿权与采矿权外，还必然要利用到相应的土地资源。对于一般性的权利而言，权利人拥有行使权利或者不行使权利的自由，但对于探矿权与采矿权而言，权利的不行使将造成土地资源的浪费，不利于国家财产性权益的实现。在探矿权的行使上，我国目前已经有首次行使权利期限的规定，探矿权人自领取勘查许可证之日起6个月内开始施工。已经领取勘查许可证的勘查项目，满6个月未开始施工，或施工后无故停止勘查工作满6个月的，将被责令限期改正；逾期不改正的将处以罚款；情节严重的还可能被吊销勘查许可证。[③] 此种做法在他国的立法上亦有例可循。在原油和天然气、石油开采方面，美国1987年《联邦陆地石油和天然气租赁改革法》规定，对通过竞标出租的土地，租期为5年。如果5年内没有从出租地下开采石油或者天然气，租赁合同则到期结束。如果5年内从出租地下发现了石油或者天然气，但是来不及开采的，在钻探开始之后和开始生产之前，租赁合同可以展期2年。[④] 基于此，笔者认为，对于与矿业权相似、具有稀缺性的其他能源财产权利，同样应当设定其首次行使的期限，即自获得能源财产权利之日起一定时间内行使权利，否则国家相关机关可以依法收回能源财产权利。

三、保护环境、节能减排

能源的利用不能忽略对外部性的要求。尽管能源是现代经济发展的重要动力，但能源污染物的排放也同时损害了环境利益，并造成巨大的经济损失。据统计，2000年至2010年之间，中国环境污染的成本接近每年国内生产总值（GDP）的10%。这一比例比韩国和日本高出了数倍，也远高于美国的水平。其

① 参见《矿产资源开采登记管理办法》第7条的规定。
② 参见《矿产资源勘查区块登记管理办法》第10条的规定。
③ 参见《矿产资源勘查区块登记管理办法》第18条和第29条的规定。
④ 胡德胜编著：《美国能源法律与政策》，郑州大学出版社2010年版，第102页。

中，空气污染成本占到 GDP 的 6.5%，水污染占 2.1%，土壤污染退化占 1.1%。[①] 能源财产权利的合理行使对经济的可持续发展具有重要的意义。保护环境、节能减排是我国的一项重要国策，也是能源财产权利人在行使权利时不得不解决的重要问题。从能源生产到能源消费的各个环节，能源财产权利人都应当降低消耗、制止浪费，有效、合理地利用能源，依照有关法律法规，坚持节约生产、清洁生产、安全生产，降低资源消耗，控制和防治污染，保护生态环境。

具体来说，能源财产权利人应当优先使用高效能源和节能产品，节俭、适度、科学用能；推进节能技术进步，采用节能新技术、新工艺、新设备、新材料，加强资源综合利用，提高能源节约利用水平；加强节能管理，建立节能组织机构和设置节能专业岗位，明确节能目标和各级机构的节能责任；与当地人民政府签订环境保护目标责任书，或者与当地居民签订环境保护协议，定期向环境保护行政主管部门报告环境保护绩效，并向社会公布；承担污染治理和生态保护的责任，对生态环境和公共健康造成损害时，应当承担停止侵害、排除妨碍和赔偿损失等责任。[②]

以矿业权为例。在能源资源的勘探开采过程中，就可能发生对环境的破坏。矿业权人在享有勘查开采矿产资源权利的同时，也负有保护生态的义务，应当遵守国家有关劳动安全、水土保持、土地复垦和环境保护的法律法规。勘查行为不得损害航运、灌溉和防洪等设施，勘查结束后也应当采取有效的措施来防止水土流失，维护生态环境。2005 年国务院发文《关于全面整顿和规范矿产资源开发秩序的通知》，其中要求地方各级政府应对本地矿区生态环境进行监督管理，按照“谁破坏、谁恢复”的原则，明确治理责任，保证治理资金和治理措施落实到位。对废弃的矿山和老矿山，按照“谁投资、谁受益”的原则进行生态环境的恢复与治理，探索通过市场机制、多渠道的融资方式来加快恢复和治理的进程。对于新建设和已投入生产的矿山企业，要求企业制定矿山生态环境保护和综合治理方案，报经主管部门批准后实施。同时也要求财政部、国土资源部等部门制定矿山生态环境恢复的经济政策，积极推进矿山生态环境恢复保证金制度等生态环境恢复补偿机制。

目前，我国《节约能源法》《清洁生产促进法》《矿产资源法》《煤炭法》等都在一定程度上明确了能源财产权利人与环境之间的关系。无论是开发利用能源资源，还是排放污染物，都应当遵守有关环境保护的法律，自觉防治污染和环

① 曾宇：《美国智库：中国过去 10 年治理污染成本近年 GDP 的 10%》，参见 http://finance.sina.com.cn/china/20150119/154221332103.shtml，最后一次访问于 2015 年 7 月 15 日。

② 黄振中，赵秋雁，谭柏平：《中国能源法学》，法律出版社 2009 年版，第 152 页。

境公害，节能减排，保护生态环境。[①] 涉及能源财产权利行使时保护环境、节能减排限制的主要法律制度有：环境影响评价制度要求对规划和建设项目实施后可能造成的环境影响进行分析、预测和评估，提出预防或者减轻不良环境影响的对策和措施，进行跟踪监测。“三同时”制度，指基本建设项目、技术改造项目、自然资源开发利用项目以及其他可能对环境造成损害的建设项目，其防治环境污染和破坏的设施与主体工程同时设计、同时施工、同时投产使用的一整套措施。限期治理制度是对现已存在的危害环境的污染源，由法定机关做出决定，令其在一定期限内治理并达到规定的要求。环境保护许可制度，指环境法主体在从事对环境造成或者可能造成不良影响的活动前，依法向有关管理机关提出申请，经管理机关进行审查、批准并发放相应的许可文件后，方可从事该活动的一整套措施。除此之外，还有排污收费制度、环境应急处理制度等环境法基本制度。不过，需要注意的是，虽然我国已经建立相关制度，但是在具体制度效力、制度衔接程度等方面，还有待提高。如在石油、天然气环境保护制度方面，大多数具有较强可操作性的法律规则主要以石油公司内部管理规程形式出现，如《中国海洋石油总公司安全管理体系原则及文件编制指南》《中国石油化工集团公司安全、环境与健康管理体系》等，并没有以更高位阶的立法形式体现。[②]

与此同时，有关控制环境污染的国际规则正在逐步形成，如《联合国海洋法公约》《联合国气候变化框架公约》以及《京都议定书》等，对各国的能源法律和政策产生了重要的影响。国外的能源立法对能源财产权利人在行使权利时有关环境保护方面的经验，值得借鉴。俄罗斯《环境保护法》第 30 条规定：“（1）能源项目的布局、设计建设和运营，依照本联邦法第 34 条至 39 条的要求进行。（2）对热电站的设计和建设，应当规定装备高效能的污染物排放净化装置，利用生态上安全的能源，并安全处置生产废物。（3）对水电站的布局、设计、建设、改建、投产和运营，应当考虑有关地区对电力的实际需要及地形地貌特点。”克罗地亚《能源法》第 12 条规定：“（1）有效的能源利用符合克罗地亚共和国利益。（2）克罗地亚政府必须依照国家能源战略和计划制定能源效率计划，当地、地区政府或自治政府则依照地方战略和计划制定能源效率计划。……（4）能源企业必须至少每年为消费者提供一次有关能源利用趋势和特征的信息，必须提供激励并引导消费者有效利用能源和发挥节约潜力。”

---

① 参见《节约能源法》第 3 条的规定；《清洁生产促进法》第 28 条的规定；《矿产资源法》第 32 条的规定；《煤炭法》第 11 条的规定。

② 于文轩：《石油天然气法研究——以应对气候变化为背景》，中国政法大学出版社 2014 年版，第 240－241 页。

四、接受监督、适时报告

能源财产权利关系到社会公共利益，该权利的滥用可能导致能源资源与社会资源的浪费。从维护社会安全、保护稀缺性能源的角度来看，能源财产权利人在行使能源财产权利时，有必要受到国家与社会的监督，适时报告能源财产权利的行使情况。

我国《矿产资源勘查区块登记管理办法》要求探矿权人向勘查登记管理部门报告开工等情况。登记管理机关需要调查勘查投入、勘查工作进展情况，探矿权人应该如实报告并提供有关的资料，不得虚报或者瞒报，不得拒绝检查。① 探矿权人在查明主要矿种的同时，也应当对共生、伴生的矿产资源进行综合勘查及评价。在某一阶段的勘查完毕后，探矿权人还应当编写矿产资源勘查报告，提交有关部门，该报告是判断是否继续探矿或者采矿的重要依据，编写勘查报告是探矿权人应尽的义务。相应地，采矿权人也应当接受有关部门的监督管理，按照规定填报矿产储量表和矿产资源开发利用情况统计报告。

2002 年实施的《地质资料管理条例》规定，在中国领域及管辖的其他海域从事矿产资源勘查的探矿权人和采矿权人，是地质资料汇交人。②《地质资料管理条例》附件《地质资料汇交范围》规定的地质资料，即石油、天然气、煤层气和放射性矿产的地质资料，海洋地质资料，以及国务院地质矿产主管部门规定应当向其汇交的其他地质资料，由地质资料汇交人向国务院地质矿产主管部门汇交；除此以外的地质资料，由地质资料汇交人向地质工作项目所在地的省、自治区、直辖市人民政府地质矿产主管部门汇交。③ 探矿权人应当在勘查许可证有效期届满的 30 日前汇交地质资料。因不可抗力，探矿权人不能按照规定的期限汇交地质资料的，应当向负责接收地质资料的地质矿产主管部门提出延期汇交申请，经批准后，方可延期汇交，延长期限最长不得超过 180 日。采矿权人应当在采矿许可证有效期届满的 90 日前汇交地质资料，但属于阶段性关闭矿井的，自关闭之日起 180 日内汇交；采矿权人开发矿产资源时，发现新矿体、新矿种或矿产资源储量发生重大变化的，自开发勘探工作结束之日起 180 日内汇交。④ 地质资料馆或地质资料的保管单位要在矿业许可证有效期届满的 30 天之内，公开矿业权人交汇的地质资料；许可证获准延期的，也应当在延续期届满起 30 日之内

① 参见《矿产资源勘查区块登记管理办法》第 25 条的规定。
② 参见《地质资料管理条例》第 7 条的规定。
③ 参见《地质资料管理条例》第 9 条的规定。
④ 参见《地质资料管理条例》第 10 条、第 11 条的规定。

予以公开。[①]

第三节 能源财产权利冲突及解决机制

能源财产权利所包含的权利类型较广，加之其所具有的外部性，决定了在行使权利的过程中必然会牵涉其他财产权利，需要其他财产权利的“配合”。然而，由于资源的有限性和人类行为的多样性，权利的冲突客观存在，而且是人的理性所无法避免的。再加上我国能源法律制度处于起步阶段，很多问题都没有得到妥善解决，因此，能源财产权利在实际利用过程中的权利冲突，呈现出愈演愈烈的状态。比如，在陕北、大庆等地油气资源开发中，经常出现地方政府不予办理开发性用地、地方政府要价过高、地方村民阻挠生产作业等情况。[②] 故而，对能源财产权利冲突的研究也就成为能源财产权利交易之不可回避的问题。

一、能源财产权利冲突概述

（一）能源财产权利冲突的界定

对于何为权利冲突，学界有不同的看法。[③] 笔者赞同权利冲突为合法的、有正当性的权利冲突的观点。[④] 首先，法律是有局限性的；其次，并非一切权利都产生真正意义上的冲突，不合法、不正当的权利之间的冲突可以用已有的法律基于侵权等规定进行调整。正如韦尔曼教授所言，“各种权利冲突在经过道德和实践推理后，都将得出以下三种结果：一是，某一项所谓的权利不是真实的权利，此即表面的权利冲突；二是，虽然两项权利都是真实的权利，但是某一项或者两项权利都是受到限制的，从而它们是不冲突的，此即虚假的权利冲突；三是，两

---

① 参见《地质资料管理条例》第 15 条的规定。

② 胡健，吴文洁：《油气资源矿权与土地产权的冲突——以陕北油气资源开发为例的分析》，载《资源科学》，2007 年第 3 期，第 8 页。

③ 有观点认为，权利冲突是道德权利间的冲突，法定权利间不可能发生冲突。（［英］A · JM · 米尔恩：《人的权利与人的多样性：人权哲学》，夏勇、张志铭译，中国大百科全书出版社 1995 年版，第 148 页。）有观点认为，权利冲突就是权利的相对性，即只要保护一种权利，实际上必然会侵害另一种权利，认为权利冲突几乎在所有权利中都存在。（苏力：《秋菊打官司案、邱氏鼠药案和言论自由》，载《法学研究》，1996 年第 3 期，第 68 页。）有观点认为，权力冲突是一个伪命题，任何权利都有自己的边界，只要不越过边界，就不会产生权利冲突，权利的边界是有立法者所明确的。（李常青：《权利冲突之辨析》，载《现代法学》，2005 年第 3 期，第 40 页。）

④ 刘作翔：《权利冲突的几个理论问题》，载《中国法学》，2002 年第 2 期，第 57 页。

项权利都是真实的权利，它们也的确存在冲突，此即真正的权利冲突。”①

笔者在上述观点的基础上，结合能源财产权利的特征，对能源财产权利冲突做出如下简单的界定。第一，能源财产权利冲突所涉及之权利是指法律上的权利，不是应然权利、习惯权利或现实的权利；第二，能源财产权利冲突所涉及之权利具有合法性和正当性；第三，相互冲突的权利之间具有排斥性，不可能在统一法律框架内融合。

能源财产权利法律关系是一个较为庞大的“关系网”，这个“关系网”绝非是一个平面的、二维的，而是一个立体的，具有高度空间感的“关系网”。在内部关系中，从横向来看，不同的能源财产权利之间由于界限的模糊，在特定情形下可能会产生权利冲突；基于同样的理由，在纵向方面，相同的能源财产权利也会产生权利冲突。除此之外，能源财产权利具有高度的外部性，而且这个庞大的“关系网”的边缘必然会与其他权利相接触。因此，能源资源从开发到消费的整个过程中，都必须依存于对外部权利的利用，而这种利用又当然会产生积极和消极之分，这就决定了能源财产权利与外部其他权利之间会产生权利冲突。这种权利冲突主要集中在能源财产权利与其他用益物权和环境权之间的冲突。

（二）能源财产权利内部权利之间的冲突

第一，不同类型能源财产权利之间的权利冲突。能源勘探权和能源开发权在实践中往往会产生权利冲突。不同类型能源财产权利之间冲突的焦点，主要涉及某种具体的能源资源之上存在着两种不同的能源财产权利，而在权利的受益方面产生了冲突。这是由能源利用的基本规律决定的。某种具体的能源资源之上，存在着能源勘探权和能源开发权两种不同类型的能源财产权利，而根据我国现有的能源法律制度，这两种不同类型的能源财产权利可能会分属于不同的主体。也就是说，在同一时期，在同一区域以及该区域所蕴含的能源资源之上，并存着两个主体的勘探权和开发权。虽然，根据我国《矿产资源开采登记管理办法》的规定，对能源探矿权和采矿权的取得实行分别管理制度，但是不同类型能源财产权利之间的权利冲突仍然不可避免。

一方面，由于能源资源的开发利用的行业特性，能源开发必须在能源勘探的基础上进行。因此，实现在先的勘探权利人，应当尽到善良管理人的注意和保护等义务，不得给开发权的行使造成阻碍；同样，开发权利人也应当予以配合，不

① Carl Wellman: Real Rights, Oxford University Press, 1995, p242.

得损害勘探权利人的利益。[①] 另一方面，由于我国能源财产权利登记制度的不完善和能源法律存在的立法漏洞，还可能导致勘探权和开发权的许可范围、许可时间产生抵触，当二者作用于同一矿时，将导致探采活动无法正常进行。[②]

第二，同一类型能源财产权利之间的权利冲突。这种权利冲突主要表现在能源财产权利“关系网”的纵向方面，主要集中于以土地为依存的同一类型的能源财产权利之间的冲突。也就是说，同一区块内，针对不同的能源资源，设立了两种具有独立法律地位的同一类型的能源财产权利（如：同为勘探权或同为开发权），而且法律对其权利的归属又采取分离的立法原则，使得这两种财产权利可能归属于不同的主体。

造成这种冲突的原因比较复杂。(1) 有法律规则的原因。比如：我国《矿产资源法实施细则》《矿产资源勘查登记管理办法》《矿产资源登记管理办法》都明确了同一区域内可能存在两种以上同一类型的能源财产权利，并且二者是相互独立的。[③] 这样的制度设计非常容易导致两种同一类型的能源财产权利发生重合，从而引发权利的冲突。(2) 有资源配置的原因。比如：有些国家（如美国、泰国等）对能源资源采用区分底层、垂直划分矿区的配置方法，即在同一区域只存在一种能源资源，根据底层的不同而区分能源财产权利。垂直划分资源配置方式旨在更好地对能源资源进行精细化的开发利用，但是缺点在于再精准化的数据，也不能完全区分同一类型权利之间的界限，而界限的模糊导致了权利的冲突。(3) 还有技术开发的原因。比如：煤层气与煤炭具有伴生的天然物理属性，按照目前的技术水平，采煤一定要动气，采气也要动煤。山西潘庄的煤气之争为最典型的案例。2006 年以来，从事煤层气开发的山西晋煤集团不断被中石油和中联煤层气公司投诉，原因在于煤炭矿权在晋煤手中，煤层气矿权却在中石油、中联手中，由于技术上的原因，双方的利益冲突在所难免。[④]

---

① 秦杨，胡实，张小龙：《论我国石油天然气矿权权利冲突及解决机制》，载《生态经济》，2012 年第 1 期，第 70 页。

② 秦杨，胡实，张小龙：《论我国石油天然气矿权权利冲突及解决机制》，载《生态经济》，2012 年第 1 期，第 70 页。

③ 参见《矿产资源法实施细则》第 2 条的规定；《矿产资源勘查区块登记管理办法》第 4 条的规定；《矿产资源开采登记管理办法》第 3 条的规定。

④ 胡海容：《煤炭与煤层气矿业权争议的成因及对策研究》，载《华东经济管理》，2008 年第 7 期，第 71 页。张宇芳：《对我国煤、气矿业权分置的思考——基于山西潘庄的煤气之争案例》，载《技术与市场》，2010 年第 10 期，第 51 页。

（三）能源财产权利与外部权利的冲突

第一，能源财产权利与其他用益物权之间的冲突。能源财产权利的依附性决定了对其勘探、开发和利用会涉及对其他用益物权的利用。诸如海上风能、潮汐能的开发可能涉及海域使用权；风能、煤炭、石油、天然气的开发可能要利用到土地的使用权；水电的开发和排污权的利用可能会涉及取水权等。故而，能源财产权利与其他用益物权之间的冲突就十分可能产生。

能源财产权利与其他用益物权冲突主要是由于二者的权利客体存在上下排列的结构。当二者不存在上下排列结构时，二者之间的关系则为一般的物权关系或为相邻关系。能源财产权利与其他用益物权的冲突主要表现为以下几种形式：

首先，权利内容的冲突。该种权利冲突主要表现于能源财产权利与土地承包经营权之间。从本质上说，行使能源财产权利时对于土地的占有和使用主要是为了开发和利用能源资源；而土地承包经营权主要是单纯地利用土地进行收益。[①]依据《土地管理法》等相关规定，能源财产权利人若要取得土地使用权就得经国家将集体土地征收，然后再将土地使用权转让于能源财产权利人。但是依据《宪法》《物权法》的规定，征收必须是为“公共利益”[②]。因此，权利人在取得能源财产权利后并非必然地取得集体土地的使用权，从而产生权利冲突。

其次，权利流转的冲突。能源财产权利和其他用益物权在一定的条件下是可以自由流转的。能源财产权利与诸多其他用益物权是相依存的。在理论上，能源财产权利的流转要求其所依存的相应用益物权亦随之移转。而在我国的法律制度中，二者是相互独立的，实际操作中其他用益物权的转移可能滞后于能源财产权利的转移，甚至能源财产权利的转移并非一定带来与之相关的用益物权的转移。

再次，权利期限的冲突。能源财产权利和其他用益物权均为有期限的权利。而能源财产权利的行使需要其他用益物权的配合，当二者的期限出现不一致时，冲突就会发生。比如：《矿产资源开采登记管理办法》第7条规定，采矿权许可证有效期最长为30年；而根据《土地管理法》的相关规定，建设用地使用权的

---

① 罗玮琦：《矿业权与土地产权间的冲突解决方式研究》，西南石油大学硕士学位论文2011年，第2页。

② 何为“公共利益”？我国立法并未给出明确的界定。美国《布莱克法律答辞典》对公共利益作了如下定义：公共利益是公众和社团普遍享有的包含没有金钱利益，或者公共或者社团的权利和义务因之受到影响的某种利益。公共利益并不意味着狭隘的如某种稀见之物，或者像处于争议中的事情印象的特定地区的利益。由此可见，公共利益至少具有非营利性和共同福利性两个基本特征。

期限一般为50年（工业用地、综合用地）。[①] 期限的不同，将会导致权利的冲突，甚至引起资源的浪费。

第二，能源财产权利与环境权之间的冲突。能源财产权利的行使必然依赖于对环境的利用，并反作用于环境，特别是其所引起的消极的外部性因素主要是对外部环境的影响。虽然“环境权人有忍受一定限度的环境污染或破坏的义务”，但是这种“容忍义务”是有限度的。[②] 同时，正如前文所述，环境容量也是有限度的，一旦整个生态环境被破坏，就有可能出现无法逆转的损害。在能源财产权利的行使上，虽然法律规定了严格的权利行使程序和精确的能源污染物的排放指标，但是，法定的程序和指标却无法替代权利间的模糊性，法定程序和指标不能完全保证是否符合真正的依自然规律所存在的一定区域内、一定时期的环境容量。加之，同一地区的不同时期抑或是同一时期的不同区域都会因种种因素的变动而导致环境容量的突变，这就更加加剧了能源利用对外部环境影响的不确定。因此，固然能源财产权利和环境权均具有合法性和正当性，然而两者的权利冲突却真实存在。

二、具体冲突类型及协调方式

能源财产权利中，生产型能源财产权利的冲突以矿业权和取水权较为典型。与矿业权和取水权发生冲突的主要是有关土地利用的权利。在功能型能源财产权利中，以排污权为代表，冲突主要是各个排污权之间因其基于的目的不同，当可能超出排污控制总量时，在实现顺序上的冲突。

（一）矿业权的权利冲突协调

在地权合一的国家，土地中的矿产资源所有权当然属于土地的所有人。但是由于矿产资源的稀缺性和不可再生性，其具有重要的国家战略意义与价值，与社会公共利益息息相关，因而许多国家包括我国都将矿产资源规定为国家所有。根据我国现行的矿产资源相关的法律法规，矿产资源开发中的相关矿业权与土地所有权是相分离的，即权利人无需取得土地所有权，即可以取得矿产资源的探矿权和采矿权。但实际上，矿产资源的权利行使往往与土地所有权产生冲突。当矿产资源的开发过程中，当需要利用国家所有的土地时，此时的矿产资源和土地都属于国家所有，因而权利人只需要办理国有土地使用权出让登记手续，并且缴纳相

---

① 参见《城镇国有土地使用权出让和转让暂行条例》第12条的规定。

② 汪劲：《环境法学》（第三版），北京大学出版社2014年版，第67页。

应的使用费即可。[①] 而当矿产资源的勘探开发需要占用集体土地时，矿业权人想要取得矿产资源的探矿权和采矿权，除了需要向国家申请矿业权外，还要从集体组织处取得集体土地的使用权。实践中多采用两种方式[②]：一种是矿业权人与集体经济组织协商，通过合同租用取得集体土地的使用权；另一种方式是由国家征用该集体土地，将集体土地转化为国有土地，再将该土地的使用权出让给矿业权人。

我国《物权法》第156条规定，"地役权人有权按照合同约定，利用他人的不动产以提高自己不动产的效益。"因而在矿产资源勘探开发过程中，只有取得了不相邻的土地的地役权，才可以在该不相邻的土地上进行施工、通行或者架设管道等行为。在未取得相应土地的地役权时，矿业权人在他人土地上所进行的勘探、通行、施工、架设管道等行为，都属于侵权行为，造成损害的，都还应当进行赔偿。因此，矿业权人在超过相邻关系范围的土地上进行勘探开发的，需要签订地役权合同，以取得地役权。[③]

矿产资源的开发区域与其他土地相连，其探矿权采矿权的行使往往会对相连土地产生影响，产生相邻通行、相邻施工等的相邻关系。例如在天然气开采中，需要架设管道等相关设施，其所开发的区域与相连土地间就会产生相邻管线设置等关系。根据我国《物权法》的规定，矿业权人因建造、修缮建筑物以及铺设电线、电缆、水管、暖气和燃气管线等必须利用相邻土地、建筑物的，该土地、建筑物的权利人应提供必要的便利；矿业权人因用水、排水、通行、铺设管线等利用相邻不动产的，若对相邻的不动产权利人造成损失，需要对该损失进行赔偿。[④]

（二）取水权的权利冲突协调

水上的所有权包括两类，一是水资源所有权，二是水所有权。取水权实际上与水的所有权不存在权利的冲突，但有必要在此说明这三者概念上的差异，从而阐明三者间的关系。我国《水法》中规定，水资源属于国家，水资源的所有权由国务院代表国家行使。[⑤] 取水权属于能源资源利用权的一种，因而，取水权与

---

① 参见《土地管理法》第55条、第56条的规定。

② 王明远：《天然气开发与土地利用：法律权利的冲突和协调》，载《清华法学》，2010年第1期，第142页。

③ 崔建远：《土地上的权利群研究》，法律出版社2004年版，第348页。

④ 参见《物权法》第88条和第92条的规定。

⑤ 参见《水法》第3条的规定。

水资源所有权属于子权与母权的关系。在我国，取水权与矿业权一样，是一种通过行政机关授权赋予权利人利用水资源的权利，因此，取水权具有水资源所有权的部分权能，权利人取水权的获得不消灭国家对于水资源享有的所有权，因而二者可以共存，不存在权利冲突。而水所有权与水资源所有权为两种不同的概念，前者指的是对业已引入企业等市场主体的储水设施、家庭水容器中的水所享有的所有权，水所有权的主体可以是自然人、法人或其他组织。此概念中的水与水资源的不同之处在于，“水资源”是指自然储备的水，即没有凝结人类劳动，属于自然资源范畴。而凝结了一定人类劳动的水，包括通过取水工程、设备提取的水，人们肩挑手提打回家中之水，人工水塘、堰、水库拦蓄之水，则脱离了水资源的范畴，而成了“产品水”，其所有权的归属则另当别论。① 因而，总的来说，取水权的存在是水所有权存在的前提，水所有权的取得和行使是取水权存在的目的。也因此，水所有权在行使上要受到取水权的限制，水所有权人只能在取水权限定的取水目的范围内行使，不得随意改变其使用目的。

水和土地的紧密结合，使得取水权和土地使用权间的关系也变得复杂。一般情况下，由于水资源的缺乏，在获得水资源的利用权后，不得将水域进行填埋，做土地加以利用。但为取水而建的工程设施，可以利用水下的土地或相邻的土地。同样，土地使用权人也并非当然享有土地范围内水资源的取水权。从客观上讲，水资源依附于土地而存在，但从法律的角度上讲，取水权和土地使用权属于两种不同权利，作为权利客体的水资源和土地，是可以分开对待的。获得取水权和土地使用权，也需要依照相关的水法和土地法规范分别办理。对于农业灌溉、家庭用水等非行政许可的水资源的利用，为无偿的，属广义的取水权。此种类型的取水权被包含在相邻权中，其与土地使用权的冲突，依照相邻权和土地使用权之间的关系解决即可。

（三）排污权之间的冲突协调

基于不同目的而产生的排污权有民用排污权、农用排污权、工业排污权、市政排污权以及休闲排污权。由于环境的自身承载能力有限，因而不同目的的排污权的实现有时会发生冲突，而协调其冲突的原则在于按照其目的排出顺位，使目的顺位优先的排污权先于行使。② 以水体排污权为例。其优先顺位有三种立法例可以参考：其一为我国2002年制定的《水法》，其中第21条将优先顺位规定为

---

① 李社永：《取水权问题研究》，西南政法大学硕士学位论文2009年，第15页。

② 邓海峰：《排污权——一种基于私法语境下的解读》，北京大学出版社2008年版，第157页。

家庭用水、农业用水、工业用水、生态环境用水以及航运用水。其二是我国台湾地区《水利法》规定，优先顺位依次为家庭用水及公共用水、农业用水、水力用水、工业用水、水运及其他用途。[①] 其三是美国堪萨斯州的优先顺位，为家庭用水、市政用水、灌溉用水、工业用水、娱乐用水、水力用水。[②] 三种立法例基本都遵循先民用后工业使用的原则。据此，笔者认为可以推导出排污权冲突的优先顺位，即当不同目的的排污权发生冲突时，应按照如下顺位优先行使，即民用排污权、市政排污权、农用排污权、工业排污权、休闲排污权，当排污权行使可能超出控制总量时，应该优先行使顺位在前的排污权。

三、能源财产权利冲突的化解机制

笔者一再强调，能源财产权利冲突是合法、有正当性的权利冲突。既然是一种狭义上的理解，那么在理论上，权利的冲突应当是十分有限的。然而在实践中，我国因为能源财产权利所产生的权利冲突层出不穷，这主要是由于我国能源立法较为落后，未形成完整的能源立法体系，在诸多领域存在立法上的空白。这就使得原本在理论上并不合理的行为，在我国现行法律框架之内变得“合理”，为能源财产权利冲突提供了适宜生存的土壤。除此之外，我国能源立法的技术水平不高也是产生权利冲突的原因。我国的能源立法体系较为混乱，法律的规定并不精细、与实践活动脱节等问题，使得能源财产权利间的界限更加模糊和混乱。

化解权利冲突有两类不同的方法，一是预防式的事前缓解，二是补救式的事后权衡。[③] 笔者认为，能源财产权利冲突涉及的并非仅仅是权利本身，而是整个复杂的权利“关系网”之间的矛盾。故而，化解能源财产权利冲突的方式应当是确认基本的原则和价值理念，通过价值理念之间的相互配合、相互补充，引导立法和司法对能源财产权利冲突进行化解。

（一）冲突化解的原则

1. 勘探权优先原则

拉伦次在他的《法学方法论》中认为：一旦冲突发生，为重建法律和平状态，或者一种权利必须向另一种权利（或有关的利益）让步，或者两者在某种

① 参见我国台湾地区《水力法》第 18 条的规定。

② 崔建远：《水权与民法理论及物权法典的制定》，载《法学研究》，2002 年第 3 期，第 55 页。

③ 王社坤：《对环境权与相关权利冲突之追问》，载《法学论坛》，2011 年第 6 期，第 124 页。

程度上必须各自让步。[①] 就能源财产权利中的勘探权而言，其本身的技术性质决定了化解其与其他权利冲突的方式较为简单，即勘探权优先。从本质上讲，勘探权是一种公益属性的能源财产权利。勘探权的行使主要是以获取特定区域内的能源资源信息为目标，推动勘探权的行使有利于整个社会充分掌握能源资源信息。一般来说，勘探权本身并没有对能源资源进行利用，加之其权利期限较短，对其他权利的影响也较小，并具有恢复的可能性。故而，笔者认为当能源财产权利与其他权利冲突时应当遵循勘探权优先原则进行冲突的化解。

2. 不得损害在先权利原则[②]

能源财产权利与其他权利发生冲突时，应当根据先后顺序进行区别对待。当能源财产权利成立在先时，笔者认为可以产生其他权利，但是前提是应当给予能源财产权利行使之必要的便利，即该权利不得妨碍在先成立的能源财产权利的行使。而若能源财产权利成立在其他权利之后，涉及对其他权利的利用时，笔者认为，应当由权利人进行协商决定，协商达成时其他权利人有权要求能源财产权利人给予适当赔偿。但是法律对此种协商亦有限制。非经国务院授权的有关主管部门批准，在港口、机场、国防工程设施圈定的区域，重要工业区、大型水利工程设施、城镇市政工程设施附近一定距离以内的区域，铁路、重要公路两侧一定距离以内的区域，重要河流、堤坝两侧一定距离以内的区域等，能源财产权利人不得获取与上述区域在先权利相冲突的权利。[③]

3. 价值衡量原则

笔者此处所指“价值衡量”是一个综合性的衡量标准，并非简单意义上的价值标准。尤其是在能源财产权利与其他用益物权和环境权发生冲突时，如何化解这种冲突更是一个复杂问题。有观点认为，当对能源财产权利的利用事关国计民生和国家战略利益的时候，能源财产权利优先。[④] 笔者不太赞同这种观点，笔者认为，对于此种情形下的权利冲突应当进行具体分析，而不能以国家的经济利益为意图，以“一刀切”的方式去解决。

如若相冲突的权利均为财产性的权利，无疑可以通过定量的分析去确定价值的大小，从而做出价值抉择，即价值较大的权利优先。这也是科斯在其《社会成

---

① ［德］卡尔·拉伦茨：《法学方法论》，陈爱娥译，商务印书馆2003年版，第35页。

② 《中国能源法（草案）专家建议稿与说明》第25条规定：“能源资源的勘探、开发与利用，不得损害已设立的建设用地使用权、土地承包经营权、宅基地使用权以及其他用益物权。因行使能源资源勘探和开发与利用等权利而损害其他用益物权的，应当予以合理补偿。”

③ 参见《矿产资源法》第20条的规定。

④ 王丽媛：《采矿权与林权的冲突与协调》，载《法制与社会》，2011年第5期，第268页。

本问题》中的观点，科斯认为应当按照增加社会财富的原则来解决类似的权利冲突。[①] 换言之，更能增进社会财富最大化的能源财产权利优先于较低的其他权利。如若能源财产权利与环境权等具有人格权性质的权利[②]相冲突，单纯的社会财富最大化就不是唯一的衡量标准了。要言之，具有人格权性质的环境权的价值是无法通过简单的货币来量化的。在此种权利冲突下，环境权应当优先于能源财产权利，即使是涉及国家的经济战略利益，也不应当例外。因为经济利益可以通过其他方式进行填补，而生态利益和社会公众的环境人格权是无法弥补的，这符合伦理和道德的基本价值标准。

4. 协调利用、相互促进原则

能源财产权利的冲突是可以通过协调利用、相互促进的方式解决的。毕竟能源财产权利亦是社会生活中的一项经济权利，只要规制得当，完全可以与其他权利实现和平共存。比如：在德国能源法律中，就规定了协调利用、相互促进的原则，国家行政许可开发矿产资源的，如果矿产所有权与土地所有权分属于不同的主体，土地所有权人必须容忍矿产所有权的存在。矿产所有权人需要利用土地的，产生法定的地上权，具体土地所有使用事宜可以通过合同的方式协调解决。[③] 该原则在我国实践中也具备法律上的操作空间。比如：《土地管理法》第57条规定，"因探矿活动需要临时使用国有土地或者农民集体所有土地的，探矿权人经有关城市规划行政主管部门同意，根据土地权属，与有关土地行政主管部门或者农村集体经济组织、村民委员会签订临时土地合同，并按照合同的约定支付临时使用土地补偿费。在探矿活动结束后或合同约定期限届满之后，由探矿权人将土地所有权交还于原土地使用权人。"

（二）冲突解决机制

1. 建立健全法规体系

目前我国能源领域的相关法规、政策十分零散，缺乏体系。不同的法律法规间还存在着相互重叠甚至相互矛盾之处，因此建立健全完善的能源财产权利法律体系，是解决能源财产权利冲突的必要举措。可以采取的措施有：建立健全能源

① 曹刚：《权利冲突的伦理学解决方案——以排污权和环境权的冲突为线索》，载《中国人民大学学报》，2011年第6期，第117页。

② 环境权涉及的范围较广，其中包括生命权、健康权以及以环境要素为中介的清洁空气权和清洁水权等人格权的内容。环境权所保护的主要法益为生态利益，此为人类社会赖以生存的最主要的利益。

③ 万俊：《构建矿业权与土地物权的冲突解决机制》，载《云南地理环境研究》，2005年第6期，第89页。

财产权利登记管理的行政制度体系；明确界定国家、地方和企业之间的权属关系；确定能源财产权利的性质，及其相互之间的优先顺位；明确地方的管理权限，建立约束地方政府的行政法规体系。

2. 加强社会力量的参与和监督

能源财产涉及重大的社会公共利益，公众对能源财产权利的行使具有参与和监督的权利。能源财产权利的行使往往规模巨大，仅依靠政府的力量很难完成对行使过程的监督。建立和完善公众的参与制度，确定公众参与的权利范围与责任所在，尤其是让公众对涉及其切身利益的项目享有完全的知情权。要激发社会各界的参与意识，就需要完善信息公开制度，建立公众参与环境保护的法律制度，提供多渠道的社会监督方式，鼓励公众对能源财产权利行使过程中的侵权行为提起诉讼。

3. 建立补偿金制度

在能源资源的开发过程中，易对土壤、水资源等生态环境造成破坏，并且破坏后的恢复成本巨大。而往往能源资源的开采都会占用农田、宅基地、其他建设用地等，这会给土地相关权利人造成一定的损失。建立补偿金制度，就是在能源财产权利人对环境造成影响时，要求其缴纳补偿金用以补偿被侵权人、恢复生态环境。该制度的建立有利于促使能源财产权利人在行使能源财产权利时就主动地降低对环境的破坏程度，以对环境损害最小的方式进行资源的勘探开发。补偿金的标准应当结合各地的经济发展状况、侵权行为造成的损害大小、对环境的影响程度、恢复成本等综合考量，使之切实可行。①

4. 引入预防机制

在能源资源开发过程中，对于某些特定的能源所在地可以事先收归国有，单独作为能源资源的开发区块。根据我国《矿产资源法》第 17 条的规定，“国家规划矿区，对国民经济具有重要价值的矿区等，不得成为集体矿山企业、个人采矿者的矿区。”矿业权人可以对此类土地办理土地使用权出让登记手续，取得该土地的使用权，从而避免在勘探开采矿产资源时，与集体或个人的土地使用权产生冲突。该土地使用权和矿业权虽分别取得，但可同时终止。两权的权利主体归于一人时，行使纠纷就不至于产生。②

① 秦扬，胡实，张小龙：《论我国石油天然气矿权权利冲突及解决机制》，载《生态经济》，2012 年第 1 期，第 72 页。

② 万俊：《构建矿业权与土地物权的冲突解决机制》，载《云南地理环境研究》，2005 年第 6 期，第 90 页。

第五章　能源财产交易市场

第一节　能源财产交易所

一、能源产品交易市场

（一）能源产品交易市场的构建

我国能源产品的市场化交易起步较晚。由于“能源可能是世界上最善变和具有政治色彩的产品”①，我国长期对能源产品交易采取的是计划经济体制下的行政化管理模式。随着市场经济的发展，能源经济的发展也在一定程度上突破了计划经济的枷锁，但是，我国目前的能源产品交易仍然很单一，市场化程度也极其有限，能源产品的价格更是受到国家政策、国家价格等因素的非市场化制约。在这种情况下，从宏观交易的角度培育能源产品交易市场就显得十分重要了。

首先，能源产品交易市场是能源产品交易的平台，是能源行业发展的“催化剂”。只有通过能源产品交易市场合理地反映市场的供求关系，才能对能源资源进行合理配置。国家有关部门也可以通过市场去把握能源经济的宏观态势，从而对能源经济进行必要的调整，以期实现能源产品结构的优化。其次，从我国目前的能源产品交易市场来看，存在缺乏市场动力、市场化的程度有限等诸多问题。其中关键一点在于，作为调节供求关系杠杆的价格制度没有突破计划经济体制下的“双轨制”的定价机制。这些对于能源产品交易市场的发展是非常不利的。综上所述，能源产品交易市场的构建成了深化能源行业市场化改革必须重视的问题。毕竟财产只有在真正自由流通的市场中才能实现其价值的最大化，而不是形式上的自由主义。

在这种背景下，近年来我国加大了对能源行业市场化改革的力度，在借鉴发达国家相关经验的基础上，建立了一系列能源交易所。在石油领域，我国在上

---

① 陈静美：《能源交易的场内场外》，载《首席财务官》，2007 年第 10 期，第 68 页。

海、北京、广州等建立了石油交易所（中心）。2007 年 8 月 25 日，燃料期货成功在上海期货交易所上市交易。在新能源方面，在浙江建立了中国国际新能源市场，是全球首个包括了太阳能、风能、生物质能、海洋能等多种新能源产品的推广和贸易平台。在煤炭行业，也相继成立了上海煤炭交易所和沈阳煤炭交易所。

结合我国能源产品宏观交易的实际情况，将我国能源产品交易市场涉及的主要制度介绍如下：（1）各能源产品交易所均主要从事现货交易。交易所一般对现货交易采取三种交易方式，即挂牌交易、竞价交易和协议交易。其中，以竞价交易方式为主导。竞价交易即现货竞买交易，是指通过交易所电子交易系统，卖方交易商先公布商品信息及卖出底价，买方交易商自主报价竞买，在规定的交易时间内以“价格优先、时间优先”的原则成交并自动生成电子交易合同的现货商品买卖行为。[①]（2）各能源产品交易所仅为交易会员提供服务。目前我国能源产品交易所（中心）都规定，能源产品买卖双方必须成为交易所会员才能进入交易所交易。成为交易所会员之后，缴纳一定的费用即可获得相应的会员服务。交易所开展的会员业务主要有提供交易、结算、信息服务和融资服务等[②]，由会员根据具体情况自行选择服务内容。（3）能源产品交易所作为第三方平台为会员提供融资服务。能源产品为大宗产品，能源产品交易必然需要大量的资金支持，而交易商一般很难能够在有限的时间内筹措充足的资金，因而产生了能源产品交易所与金融机构之间合作开展的金融服务，为交易商提供资金支持。交易所作为第三方平台，为了推动交易的顺利完成，在交易中进行资金的管理和提供结算服务。（4）能源产品交易所主要服务于区域内的市场。我国目前所建立的一系列能源产品交易所，大多数服务于区域内的市场，其服务和影响的范围较小。部分市场是在政府的主导下建立的，其目的在于推动地方经济的发展。

（二）能源产品交易市场存在的问题及解决途径

虽然，我国已经在逐步尝试建立各级能源产品交易市场，但是由于以往经济体制的影响我国的能源产品交易市场，并没有实现真正的完全市场化，甚至在一定程度上反而成了阻碍能源经济进一步发展的“绊脚石”。以我国煤炭市场为例，虽然自 1992 年上海煤炭交易所挂牌成立以来，已成立了近 20 家煤炭交易市

---

① 参见《北京石油交易所现货交易规则》第 8 条、第 9 条的规定；《内蒙古东部煤炭交易中心竞价交易规则》第 2 条、18 条的规定。

② 参见《北京石油交易所会员管理办法（试行）》第 1 条、第 2 条、第 3 条、第 4 条、第 10 条的规定；《上海石油交易所现货竞买交易商管理办法（暂行）》。

场。但是，由于煤炭交易市场的建立不符合市场要求，或是出于地方政策，或是出于政府主导，出现了煤炭交易市场有“场”无“市”的现象。① 为此，我国能源产品交易市场应当突破现有瓶颈，采取创新模式，为能源产品的市场化改革寻求解决途径。

1. 打破能源“玻璃门”，鼓励能源产品交易市场自由竞争

我国能源行业就像一扇“玻璃门”，虽然法律没有明文禁止民营企业进入能源产品市场，但是民营能源企业想要打开这扇门是极其困难的。能源领域的自然垄断性是其基本特征之一，如果不通过合理的制度设计去遏制这种垄断，那么真正的能源市场是很难形成的。能源“玻璃门”的现象具体体现在两个方面：

第一，国有能源企业市场集中度过高。我国能源行业的垄断是十分明显的，尤其在石油行业表现得更加严重。中国石油产业主要是由中石油、中石化和中海油三大企业垄断，三大石油公司原油生产量占全国的93.40%，天然气生产量占全国的99.83%；而中石油和中石化原油加工量占全国的82.35%。其中，中石油在中国东北、华北、西北、西南地区从事油气勘探和加工业务，中石化油气区块主要位于中国东部、西部和南部地区，中海油主要从事海上原油生产，所以从整体布局来看，石油行业实质上形成了一种分割分治和垄断经营的市场结构。②我国大多数能源行业均存在此类问题，这种分割分治和垄断经营的市场结构导致了能源市场的高度集中，市场份额主要集中在国有能源企业手中。

中国石油天然气产业总体市场集中度分析如表5-1所示（2010年）③

我国能源行业形成高度垄断的局面，不仅仅是因为能源行业具有天然垄断性，政府的行政行为在很多时候也是垄断产生的“帮手”，比如对能源行业实行不必要的准入限制，对公共资源实行垄断，用行政手段实行地区间的封锁等限制竞争的方法。能源行业的生产与经营，特别是上游能源领域，高度集中于国有能源企业手中，不可避免地导致国有能源企业利用自己的垄断地位，取得了实际的定价权，排挤下游竞争者，维持垄断高价，获取高额垄断利润。④

① 李光辉，郭宪蓉：《我国煤炭交易市场发展现状与对策》，载《中国煤炭》，2012年第5期，第7页。

② 杨艳玲：《我国自然垄断行业——石油行业的研究》，载《企业导报》，2010年第4期，第110页。

③ 图表中关于2010年全国天然气总产量，笔者并未采纳国家统计局所给出的数据，而是采用了将全国石油、天然气生产公司的产量总和相加进行计算。图表信息来源：中国石油天然气集团公司官网、中国石油化工集团公司2010年度报告、中国海洋石油总公司2010年度报告、中国石油和化学工业联合会官网。

④ 李治国：《论中国成品油市场中的行政垄断》，载《中国石油大学学报（社会科学版）》，2008年第6期，第15页。

表 5-1　中国石油天然气产业总体市场集中度分析表

集团公司	原油生产		天然气生产		原油加工	
	产量/万吨	占全国比重/%	产量/亿立方米	占全国比重/%	产量/万吨	占全国比重/%
中石油	10 541.41	51.92	725.30	76.18	13 529.00	31.99
中石化	4 253.58	20.95	123.59	12.98	21 296.59	50.36
中海油	4 167.73	20.53	101.64	10.67	—	—
三大公司合计	18 962.72	93.40	950.53	99.83	—	—
全国	20 301.4	100	952.14	100	42 286.93	100

第二，对民营能源企业实行差别待遇。从能源产品的批发零售，到能源产品的进出口贸易、产品定价，都存在着事实上的国有能源企业与民营能源企业之间的差别待遇。这种差别待遇往往是由国有能源企业在能源行业中的绝对垄断地位决定的。近年来阻碍民营能源企业发展的主要障碍之一，便是国有能源企业对能源资源的控制，使得民营企业无法获得充足的加工原料进行能源产品的生产。以石油行业为例，国有能源企业享有垄断的进口权，原油进口权掌握在中石油和中石化两大集团公司，民营能源企业进口原油必须经过这两家国有能源企业。

除此之外，国家对民营能源企业的一些政策性规定也间接推动了差别待遇的加剧，使多数民营企业无法推开能源行业的这扇“玻璃门”。比如：能源下游产业本身并不具备自然垄断性，但是国家不合理的政策管制却带来了能源产品交易市场的虚化。1999 年由国务院办公厅转发的《关于清理整顿小炼油厂和规范原油成品油流通秩序的意见》虽然是为了规范能源市场，但是却导致石油行业多数民营零售企业消失，通过不公平的待遇间接扩大了国有能源企业的垄断。[①]

综上所述，我国能源产品交易市场仍处于高度垄断状态，并没有形成真正意义上的市场，没有形成自由竞争的市场环境。笔者认为，实行多元化主体准入制度，是我国能源产品交易市场的发展方向。因为能源产品的发行价格和自由交易的实现都必须依赖于市场的完全竞争和开放。只有能源产品交易市场能够充分为交易主体提供真实可靠的信息，不存在不公正的准入限制和严重的市场垄断，才能真正带动能源产品交易市场的活跃性。2012 年 6 月 18 日，由国家能源局发布的《国家能源局关于鼓励和引导民间资本进一步扩大能源领域投资的实施意见》

---

① 赵文雯：《寡头垄断市场中的垄断和竞争——以中国石油寡头垄断市场为例》，载《魅力中国》，2010 年第 12 期，第 49 页。

提出进一步扩大民营资本对能源行业的投资范围，鼓励、引导民营资本在石油、天然气等传统能源和太阳能、风能以及核能等领域的投资参股。虽然《实施意见》只是一个原则性的规定，具体如何实施仍需落实，但这表明了国家准备打破我国能源行业“玻璃门”的决心。

能源产品交易是一个较为复杂的涉及工业、商业、金融、法律及政策等问题的系统工程，这就要求在构建能源产品交易市场时，必须进行科学的规划，使得能源产品交易市场能够在最大限度内发挥其积极效用。进行科学规划具体涉及能源产品交易所的布局以及定价机制的确立和完善。能源产品交易所的布局必须要考虑宏观经济，而不能狭隘的只是为了促进区域经济的发展；定价机制则要符合市场规律，打破垄断对定价机制的束缚。

2. 完善能源产品交易立法，加强对交易风险的管理

关于能源产品交易，我国目前没有形成一套自上而下的合理的法律体系，形成的只是“点状式”抑或是“平面式”的法律体系，缺乏层次性和空间性。换言之，现有的法律制度没有从一个全面的角度去审视能源产品交易，阻碍了能源产品交易市场化改革的步伐。另外，虽然能源产品在总体特性上差异不大，但是具体能源资源的蕴藏量、分布区域以及对国家经济意义的不同，都会导致能源产品背后所隐含的价值考量的不同。对于那些对国家有重要战略意义的能源产品，自当有更为严格的要求，比如风险管理、供需调整以及战略储备等。故而，对于能源产品交易制度的法律体系构建，不仅应从整个交易制度上进行必要规制，更重要的是还需加强能源部门立法的进程。

任何一个市场都不仅仅只有买方与卖方二者之间简单的交易，交易市场主体还应当包含市场管理者和服务者，这样才能够保证在减少交易成本的同时，维护市场的正常运行秩序。能源产品交易更是如此。能源产品这个特殊的交易客体，其内部所蕴含的是能源资源这一较为敏感的物质，因此，市场的管理和风险的规避是十分重要的内容。首先，能源主管部门应当提供多种交易方式和金融工具，以便能源企业根据自身的经营状况选择合理的交易方式。能源主管部门应当与其他相关部门进行协调，在市场规律的范围之内，对能源产品交易发挥市场监管职能。其次，能源企业应当根据交易目标和约束条件确定相应的风险控制策略，进行风险评估并制定交易计划。① 以电力市场为例，由于电能不能大规模存储，加之运输也受限于输电线路极限和电力系统的运行状态，从而导致电价波动的幅度

① 刘敏，吴复立：《电力市场环境下发电公司风险管理框架》，载《电力系统自动化》，2004 年第 13 期，第 3 页。

较大，因此，需要进行风险控制和风险评估来保证电能交易的安全。比如实务中一般通过金融衍生品来抵消商品价值的资金流动，运用多元化的交易途径（现货市场、双边合同市场、期货合约、期权合约等）来完成电力交易。①

二、能源财产权利交易所的基本情况

（一）能源财产权利交易所的优越性

法律制度的设计应当考虑经济效益，一个毫无经济价值和效率的法律制度必然为市场经济所抛弃。市场制度的建设和完善是我国能源财产权利交易市场的建立与发展的关键。能源财产权利的转让或抵押，当然可以进行“点源”和“点源”之间的交易，即传统的私下单独自由交易，但是这种传统的交易方式并不符合市场经济的要求。因此，笔者认为，应当为能源财产权利的流转设计一个有形的市场，能源财产权利交易所是不二之选。

首先，由于有形市场的存在，能源财产权利交易所将成为能源财产权利流转的中介机构。大量的剩余能源财产权利集中到能源财产权利交易所，可以随时进行交易，保证能源财产权利的持续流通，同时也减少了权利人盲目寻找交易方、信息不对称以及交易违约等边际成本，增加交易机会，提高交易速度，增强交易信用。

其次，能源财产权利交易所可以促进较为公平的流转价格的形成。由于能源财产权利的稀缺性，能源财产权利的价格成了市场交易的核心问题。能源财产权利交易所一般采取集中、公开的多边竞价的方式达成交易，并会及时向社会公告，可以有效地规制能源市场的有序发展，防止某些主体通过对能源财产权利价格的控制恶意获取暴利。

最后，能源财产权利不同于一般的财产权利，需要专门的机构对其交易进行引导。尤其是其中的功能性权利排污权。对于排污权交易来说，存在较大的区域性，传统的自寻交易方的途径无法有效地控制各个区域的排污总量，并且容易增加社会监管的成本。因此，通过能源财产权利交易所这一“中介机构”可以有效地组织交易，维持最基本的交易价值，保障能源财产权利自由地进入各个市场的流通领域。

① 黄海伦，严正：《电力市场环境下电力交易风险管理研究综述》，载《现代电力》，2010 年第 1 期，第 86－88 页。刘敏，吴复立：《电力市场环境下发电公司风险管理框架》，载《电力系统自动化》，2004 年第 13 期，第 1 页。

（二）能源财产权利交易所的设置

1. 生产性能源财产权利交易所

在我国，通过能源财产权利交易所为生产性能源财产权利提供高效的交易市场，在实践中已经被普遍采用，其中最为典型的是矿业权交易所。矿业权交易所的兴起，源于国土资源部2010年发布实施的《关于建立健全矿业权有形市场的通知》。该通知一方面总结了部分省（区、市）在矿业权有形市场建设方面进行的有益探索；另一方面又提出了一些亟待完善和规范的问题，如有的省（区、市）还没有建立矿业权有形市场，矿业权转让行为不够规范，矿业权属纠纷时有发生等。该通知要求各省份要加快建立和完善矿业权有形市场，设置矿业权交易机构，制定配套的规章制度和法规，推进矿业权转让市场公开，从而保障矿业权市场的健康有序发展。① 根据该《通知》的精神，地方各级国土资源部门分别出台文件，并启动了矿业权交易所的建设工作。如北京市国土资源局发布实施的《北京市矿业权出让和转让管理办法（试行）》，明确指出了矿业权的转让公开交易场所设在北京交易所。

截至今天，我国已经在全国范围内建立了以北京国际矿业权交易所、天津矿业权交易所、广州产权交易所、深圳联合产权交易所等为代表的能源财产权利交易所，他们以公共服务机构的形式，为能源财产交易主体之间进行能源财产权利的流转提供服务。虽然，目前我国能源财产权利交易所的调整范围还比较单一，涉及领域还不完善，但是应当说，我国能源财产权利交易的有形市场已经形成，各个交易所在实践中总结的规则亦为我国能源财产权利市场的交易提供了一定的经验和基础。

2. 功能性能源财产权利交易所

正如前文所述，排污权属于功能性能源财产权利，有自己特有的交易制度。我国在排污权交易所方面的实践，主要借鉴了美国和欧盟等国家和地区的相关制度。自1997年起，在原国家环保总局的大力支持下，北京环境与发展研究会与美国环境保护协会开始了在总量控制条件下，中国实施排污权交易的可行性论证，并在本溪和南通两个城市进行了试点，取得了一定的成功。2001年，天生港发电有限公司与另一家大型化工有限公司完成了我国第一例真正意义上的二氧化硫排污权交易，在中国开创了以“排污权”形式交易的先河。2003年江苏省

① 参见《关于建立健全矿业权有形市场的通知》的规定。

太仓港环保发电有限公司以每年 170 万的价格，跨市向南京市下关发电厂购买了 1 700 吨二氧化硫排污权，这是我国首例成交的异地二氧化硫排污权交易。[①]

随着排污权这一功能性能源财产权利的正当性越来越被理论界和实务界所认可，在我国逐渐成立了一系列的环境交易所、碳排放交易所等有形中介机构。2012 年年初，国家发改委批准了北京市、天津市、上海市、重庆市、湖北省、广东省及深圳市开展碳排放交易试点。其中，北京市于 2012 年 3 月 28 日启动排污权试点工作，将 600 余家企业强制纳入北京市碳排放交易之中；同时，在碳排放交易的产品类型上也有所突破，包括直接二氧化碳排放权、间接二氧化碳排放权和中国温室气体自愿减排交易活动产生的中国核证减排量（CER）。[②] 在排污权交易立法方面，2000 年颁布实施的《大气污染防治法》第一次在法律层面上对大气污染物排放总量控制和排污许可证制度进行了规定。随后，各地也相应制定了有关排污权交易的法律规范，诸如《本溪大气污染排放总量控制管理条例》和《江苏省二氧化硫排污权交易管理暂行办法》等。然而，目前的法律规范仅仅是为排污权交易的合法性提供了一个原则上的法律支持，在排污权交易所的建立、交易所的管理、排污权交易的具体流程上仍缺乏明确而细致的考量。

（三）能源财产权利交易所的职能

1. 在“一级市场”负责初始分配

能源财产权利交易市场分为“一级市场”和“二级市场”，“一级市场”指的是通过行政手段，从国家手中获得能源财产权利的市场；而“二级市场”是平等主体之间对能源财产权利进行流转交易的市场。生产性能源财产权利在“一级市场”上的获得，通过两种方式进行，一是行政许可，对于符合条件的申请主体，由行政管理部门赋予其能源财产权利；二是“招、拍、挂”，通过一定的竞争方式，由行政管理部门授予其能源财产权利。上述两种方式都属于对能源财产权利的初始分配，前者为非竞争性的，后者为竞争性的分配方式。在生产性能源财产权利交易的“一级市场”中，能源财产权利交易所承担对竞争性交易方式

---

① 曹明德：《排污权交易制度探析》，载《法律科学（西北政法学院学报）》，2004 年第 4 期，第 104 页。

② 参见《国内碳交易所将限制总量》，载 http：//www.cbeex.com.cn/article//zxdt/hbxw/201204/2012040003705
8.shtml，最后一次访问于 2015 年 7 月 1 日。《北京启动碳排放权交易试点工作》，载《北京日报》2012 年 3 月 29 日，可参见 http：//finance.chinanews.com/ny/2012/03－29/3781960.shtml，最后一次访问于 2015 年 7 月 1 日。

的分配任务。在功能性能源财产交易的“一级市场”中，能源财产权利交易所负责排污权的初始分配。由申购人向交易所申报需要的配额，交易所将需求上报，结合当地的排污总量和申购人的申报派发排污权的初始配额。在此，能源财产交易所实际上扮演了行政主体的角色，因而必须要有法律法规的明确授权，且交易所进行的能源财产权利的初始分配需要有详细的程序性规定。能源财产权利交易所进行的“一级市场”的初始分配，提供平台和服务，发挥了一部分行政职能，但其行政授权中不包括行政许可的事项。①

2. 为“二级市场”搭建交易平台

在能源财产权利交易的“一级市场”中，涉及行政主体和相对人的不平等关系，而在“二级市场”中，完全是平等主体间的相互交易，能源财产权利交易所在此就只扮演市场媒介的作用。交易所为双方提供交易平台，由双方自愿达成交易协议，交易所不做干涉。从民事法律关系的角度来看，交易所与双方的关系属于民事居间，交易所作为居间人，其职能在于促使交易双方达成交易，可以按照双方达成交易的金额的一定的比例收取居间费用。

3. 在两级市场进行信息发布

对于市场交易而言，信息的快速及时传递是交易效率提升的重要条件之一。而作为两级市场的交易平台，做好信息发布工作是交易所重要的服务职能。对于“一级市场”的交易而言，能源财产权利交易所承担了一部分的行政职能，而在其作为行政主体进行行政行为时，信息的公开是行政主体所要履行的重大义务。“一级市场”的信息公开，有助于保障利益相关人对行政行为的监督，有助于市场交易主体间的公平竞争。对于“二级市场”而言，交易所作为一个居间服务主体，提供及时的信息共享有助于促进交易的达成，维护市场中公平有序的竞争关系。在两级市场中进行信息发布的职能，也为目前进行试点的能源财产权利交易所的实施办法所认可。例如《无锡市主要污染物排污权有偿使用和交易实施细则》第七条规定“交易管理中心应当为排污权交易提供场所、设施和信息等服务。交易管理中心应当建立排污权交易信息发布网络平台，形成可供网上查询的信息网站和数据库系统，及时提供排污权交易的信息、管理制度、交易规则和相关的法律、法规、规章及政策规定。市环境保护行政主管部门应当与交易管理中心有关排污许可证变更、登记、管理等信息平台联网，实现信息共享与交换。”

① 许嘉：《环境资源交易所相关法律问题研究》，湖南师范大学硕士学位论文 2010 年，第 10 - 11 页。

三、能源财产权利交易所的交易制度

能源财产权利交易所在“一级市场”的交易活动主要受行政性法律规范的规制，在接下来介绍能源财产交易“一级市场”的交易方式时会有详细的阐述。能源财产权利交易所的主要职能集中于“二级市场”，其交易虽然是由交易双方自愿协商达成，但为提高交易效率，以交易所作为平台进行的交易遵循其自身的交易制度。与双方自行达成交易的不同之处在于，交易所的交易按照一定的流程进行，且要遵循交易所的特殊交易制度。

（一）交易所运行原则

能源财产权利交易所的运行原则，为能源财产权利的交易提供指导，贯穿于整个交易过程。在有原则指导的基础上，制定具体的操作规范和流程，就能保证其不偏离能源财产权利交易的核心理念与追求。交易所的运行原则包括如下方面：

其一，依程序进行原则。能源财产权利交易所涉及的资金数额巨大，因而要求交易所能提供安全可靠的交易服务保障，首要的就是要维护交易的正常秩序。依程序进行的原则就是要求每项交易严格按照交易所的交易流程规范进行，不得省略交易步骤或进行暗箱操作。该原则就要求交易所制定详细的交易规范程序，各地区间需对该交易程序做尽可能的统一，从而提高跨地区交易的效率。

其二，禁止场外交易原则。该原则指的是要求能源财产权利的交易必须在交易所内进行，不得未经交易所的平台擅自进行交易。该原则不违背交易自由的目标，原因在于，交易的自由也是有限度的。能源财产权利作为对国家、社会安全有重大战略意义的特殊交易对象，其交易应当受到国家和社会的监管，只有通过交易所的平台进行交易，才能防止有违国家和社会利益的交易发生，才能监督交易以正常合理的价格进行。该原则已经被能源财产交易试点认可。①

其三，公平公正原则。在能源财产权利交易“二级市场”中，通过交易双方的意思自治达成共识，通过双方的信息互通达到公平；而在“一级市场”中，行政主体与相对人之间达成交易，行政主体掌握着交易的主动权，因而公平公正

---

① 参见《浙江省排污权有偿使用和交易试点工作暂行办法实施细则》第 14 条的规定：“排污权交易必须通过排污权交易机构的平台进行，法律、法规和规章另有规定的除外。”《河南省主要污染物排污权有偿使用和交易管理暂行办法》第十七条的规定：“排污权交易必须通过排污权交易平台实施，收取排污权交易服务费。”

原则主要是针对“一级市场”而言，但并非“二级市场”中就不需要公平公正原则的指导。行政主体在对能源财产权利交易主体进行能源财产权利的授予时，应当秉持公平公正的态度，来维护市场良好的交易秩序，促进能源财产权利交易的健康发展。

其四，公开原则。公开原则在交易所的交易制度中处于十分重要的地位，原因在于信息的公开透明是交易的先决条件，只有在信息公开的情况下，交易双方才有可能达成公平的交易。通过交易所及时提供有效的交易信息，交易的效率也得以提高，交易也可以以能够体现市场供求状况的对价进行下去。此外，能源财产权利作为具有战略意义的交易对象，其交易的进行应当受到全社会的监督，因而公开原则也是交易所的交易行为所必须遵循的。①

（二）“二级市场”交易所的基本交易流程

“二级市场”交易是能源财产权利进行流转的最主要的交易模式，具有较高的经济效益和环境效益，而交易流程则是整个“二级市场”交易制度的核心，是能源财产权利实现其市场价值的有力保障。因此，合理规制我国“二级市场”交易所的交易流程就成了一个十分重要的问题。

下文从北京国际矿业交易所的交易流程入手，对我国“二级市场”交易所的一般交易流程进行简单介绍。需要注意的是，对于“二级市场”交易而言，无论是生产性能源财产权利，还是功能性能源财产权利，在基本流程上没有太大的区别。

以北京国际矿业交易所的矿业权转让流程为例。首先，由转让方和意向受让方向国土资源行政主管部门提交相关资料，对欲转让的能源财产权利和意向受让方的资质进行审批。然后，转让方向交易所提交转让申请，并进行信息公布；意向受让方在信息公布后向交易所提交申请资料，交易所对意向受让方的资料审核后，进入下一个流程。接下来，转让方通过“招、拍、挂”的形式或协议转让的形式，确定受让方。最后，转让方与受让方签订能源财产权利转让交易合同，并由国土资源行政主管部门办理转让变更手续，最终受让方获得相应能源财产权利的行政许可。

北京国际矿业交易所的矿业权转让的具体流程如图 5 - 1 所示：

① 许嘉：《环境资源交易所相关法律问题研究》，湖南师范大学硕士学位论文 2010 年，第 38 页。

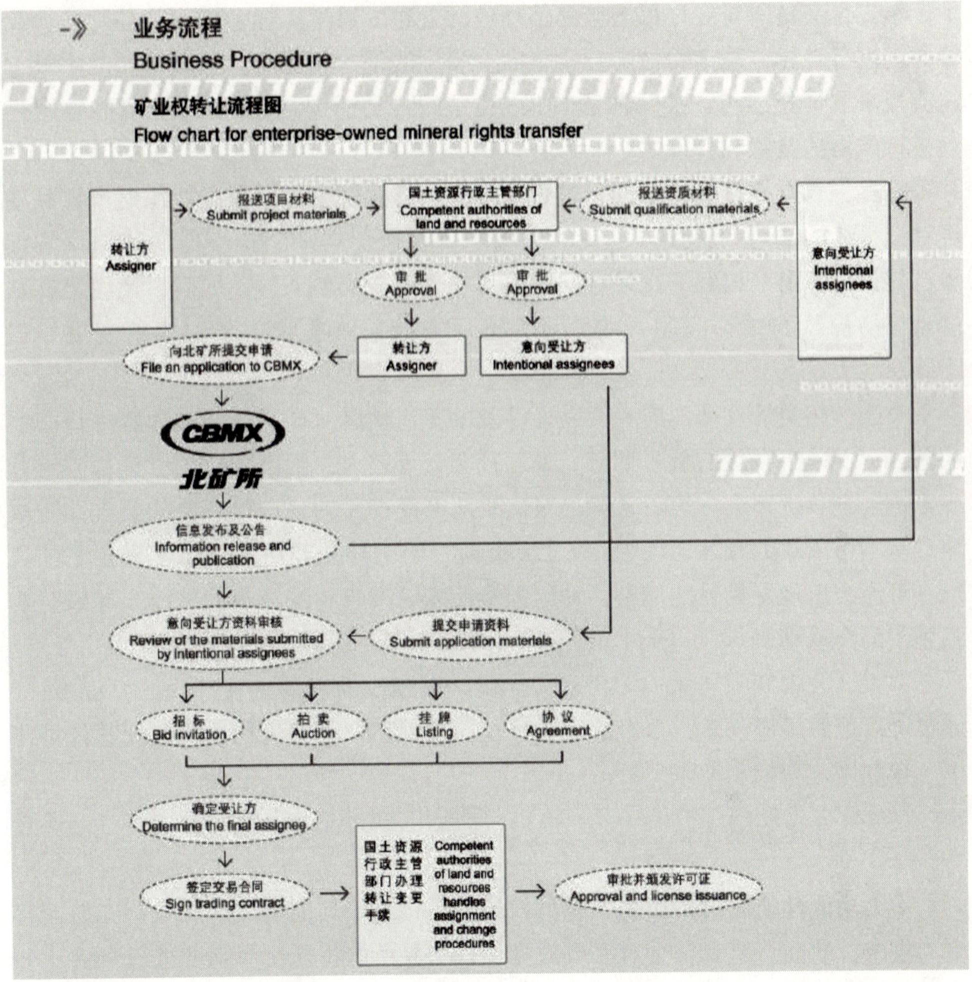

（资料来源：北京国际矿业权交易所官网 http://www.cbmx.com.cn/article/xmtd/jyzn/201203/20120300036594.shtml）

图 5－1　矿业权转让流程

参照上述矿业权转让的交易流程，结合“二级市场”交易中遇到的一些实际问题，我国能源财产权利交易所的基本交易流程可以做如下梳理：

第一，转让方和受让方向交易所提出申请，由交易所和相关能源主管部门对该交易项目进行审核，确定该能源财产权利是否可以进入“二级市场”。笔者认为，在前置审核过程中，能源主管部门的介入十分必要，因为交易所很难掌握关于整体能源资源和交易主体资质的详细信息。并且，交易所和能源主管部门的审核应当联合进行，以避免分离审核可能带来的信息不对称、时间差等技术问题。

第二，交易所对经许可的交易信息进行公布，通过招标、拍卖、挂牌、协议等方式进行转让，确定受让方。这里需要强调的是，能源财产权利流转的主要方式应当采取“招、拍、挂”的竞价模式。另外，交易所应当对此环节的整个过程进行严格的监督和管理。

第三，双方签订交易合同，进行结算，向有关管理部门提出能源财产权利变更登记手续的申请。转让方和受让方应当严格按照“招、拍、挂”或协议的结果，签订能源财产权利的交易合同，不得任意改变交易条件。同时，还应当特别注意交易价款的结算问题，在结算完毕后方能向有关管理部门申请变更登记手续。

第四，相关管理部门应在交易所涉及的相应地区对交易的详细内容进行必要的公告，并确定合理的公告期限。如若社会异议较大，则由相应的管理部门召开专家论证会和听证会。笔者认为，对交易双方的交易内容进行必要的公告并听取意见是不可或缺的程序。因为，“二级市场”的交易并非一定能够实现预定的目标，可能会出现交易目的偏差，片面强调能源财产权利的经济性可能会导致企业不正常的交易动机。

第五，公告期限届满，无合理的异议，由相应的能源主管部门颁发许可证。涉及许可证时还应注意，未经法定程序，能源财产权利的流转不能改变其许可范围、权利用途和权利期限。

（三）排污权交易所的特殊交易制度

作为功能性能源财产权利，排污权的交易相对于其他能源财产权利交易而言更为复杂。故而，笔者认为有必要对排污权交易所的特殊交易制度进行介绍。

第一，排污权交易所的设置应当打破区域限制，创建提供多元选择的联合交易市场。尽管在进行“二级市场”交易前，相关管理部门已经根据“总量控制”理论对排污权进行了区域划分，但这一划分的依据、合理性十分模糊。特别是当不同区域污染企业之间进行交易，尽管这种污染不会超过区域排污的上限，但仍会增加该地区的污染。[①] 这里可以参照美国芝加哥气候交易所（以下简称 CCX）的做法。CCX 是北美规模最大、运行时间最长的温室气体减排交易所。2011 年 CCX 在一整套既定协议的基础上发起了芝加哥气候交易所补偿登记计划来核实登

---

① 曹明德：《排污权交易制度探析》，载《法律科学（西北政法学院学报）》，2004 年第 4 期，第 104 页。

记的减排。[①] 其特殊之处在于 CCX 是一个可供选择的联合市场，其成员可以在排放额超过分配额时，通过 CCX 综合的交易体系进行购买。CCX 旗下有芝加哥气候期货交易所（CCFE）、欧洲气候交易所（EXC）、蒙特利尔气候交易所（MCeX）和天津排放权交易所（TCX）等子公司。[②]

第二，排污权的交易程序应当考虑“环境容量”等问题，定期调整排污权的分配额和交易额，鼓励节能减排。CCX 的交易流程中，有一年一次的调整期，CCX 将会核算前一年的碳排放量是否与每个成员手中的碳排放许可相匹配，如果一个成员的碳排放量超过了其所拥有的碳排放许可，那么市场就会给他一次购买多余碳排放许可的机会。[③] 欧盟碳排放交易系统（以下简称 EU ETS）被认为是世界上最大的碳排放交易计划，以期帮助欧盟和其他成员国履行他们在联合国气候变化公约框架——“京都议定书”中所承担的义务和以成本效益方式“负担分摊义务”（CEC2000）。[④] EU ETS 的特点主要是：减排计划是逐步推进的，逐步增加了排放气体的数量和拍卖配额，实现其所承诺的减排目标；采取限额交易的方式，在一定的时间内对排放总额进行限定。

第三，排污权交易所的运营管理，应当结合成员的自律行为和政府的监管行为为一体。目前，西方的排污权交易所主要是依靠内部成员的资源维持排污权交易所的运行。比如，CCX 自称其为一个自愿的北美温室气体排放减少和交易的机构，其中核心机构——芝加哥气候期货交易所（CCFE）是一家商品期货交易子公司，提供标准化的碳排放额和其他环境产品。[⑤] EU ETS 则于 2005 年 6 月提出了与欧盟排放权挂钩的期权交易，促进了金融衍生品的发展，不断吸引投资银行、对冲基金、私募基金以及证券公司等私人投资主体的加入。[⑥] 然而，完全依靠交易所成员的内部资源，而不依靠政府和公众力量的加入，也会导致一些无法

---

① 参见 http://www.chicagoclimatex.com/，最后一次访问于 2015 年 7 月 15 日。

② 胡荣，徐岭：《浅析美国碳排放权制度及其交易体系》，载《内蒙古大学学报（哲学社会科学版）》，2010 年第 3 期，第 20 页。

③ Tseming Yang, *The Problem of Maintaining Emission "Caps" in Carbon Trading Programs Without Federal Government Involvement: A Brief Examination of the Chicago Climate Exchange and the Northeast Regional Greenhouse Gas Initiative*, Fordham Environmental Law Journal, Sept. 2006, p. 8.

④ Joachim Schleich, Regina Betz, *Incentives for energy efficiency and innovation in the European Emission Trading System*, Energy Efficiency, Feb., 2009, p. 1495.

⑤ Tseming Yang, *The Problem of Maintaining Emission "Caps" in Carbon Trading Programs Without Federal Government Involvement: A Brief Examination of the Chicago Climate Exchange and the Northeast Regional Greenhouse Gas Initiative*, Fordham Environmental Law Journal, Sept. 2006, pp. 5–6.

⑥ 李布：《欧盟碳排放交易体系的特征、绩效与启示》，载《重庆理工大学学报（社会科学）》，2010 年第 3 期，第 3 页。

解决的问题。比如：一旦交易所无法限制二氧化碳排放，甚至拒绝二氧化碳排放额的交易，其内部规则很难有效约束其成员。① 因此，排污权交易市场还应当拥有一个可信的政府监管安排，通过政府的有效干预促进交易所的健康运行。

第四，排污权交易所的交易程序应当引入公众的适当参与。排污权交易设计的初衷是使能源资源和相应的生态环境得到有效的利用，从而实现经济、社会和环境效益的协调发展。能源企业可以通过生产获得的经济效益，填补购买能源财产权利而付出的经济代价，但是，公民的环境权很多时候是无法通过经济杠杆进行补偿的，即公民享有在不被污染和破坏的环境下生存即利用环境资源的权利。② 排污权的交易始终无法绕过对公民环境权等基本权利的保护，因此，在排污权交易的过程中，交易所通过公告交易流程引入公众的参与和监督是十分必要的。

第二节　能源财产交易“一级市场”

能源财产权利交易“一级市场”的健康发展，是以能源财产权利的合理取得为前提的。能源财产权利的取得可以使有限的能源资源得到重新安排，从而达到能源资源利用效率的最大化。然而，能源资源的有限性决定了能源财产权利取得过程的复杂性，地方保护主义争抢能源资源，能源企业粗放经营、盲目生产，个别企业和个人非法开采、越界开采等现象，严重扰乱了我国能源财产权利在“一级市场”中的正常交易，甚至导致能源资源的滥用和浪费。因此，只有通过对“一级市场”能源财产权利的交易方式进行规制，针对我国实际问题提出应对方案，才能实现我国能源财产权利交易的有序运行。

一、“一级市场”的交易方式——创设取得

国家虽然拥有对一次能源的所有权，但国家并不是能源的实际开发和利用者。“如果个人不能通过法律机制分享使用权或经营权，那么社会的经济自由就受到限制，相应的其他方面的自由也会受到限制。”③ 而财产权利设置上的不确定性，会影响所有者对他所投入的资产的使用预期，也会影响资产对所有者及其

① Tseming Yang, *The Problem of Maintaining Emission "Caps" in Carbon Trading Programs Without Federal Government Involvement: A Brief Examination of the Chicago Climate Exchange and the Northeast Regional Greenhouse Gas Initiative*, Fordham Environmental Law Journal, Sept. 2006, p. 18.

② 吕忠梅：《再论公民环境权》，载《法学研究》，2000 年第 6 期，第 129 页。

③ 陈瑞洪：《行政许可与个人自由》，载《法学研究》，2004 年第 5 期，第 33 页。

他人的价值，以及作为其结果的交易形式。因此，我国法律应当明确能源资源的开发利用问题，采取适当的财产权利的取得方式，明确能源财产权利交易主体的法律地位，实现高效率的对能源资源的合理配置。换句话说，为了使能源资源能够更好地发挥作用，国家应当采取适当的途径将能源财产权利合法地让渡到民事主体的手中。

有关能源财产权利的取得与能源财产交易市场之间的联系，可以运用产权经济学的观点进行解析。德姆塞茨认为："产权包括一个人或者他人收益的权利。……产权是一种社会工具，意义在于能给交易双方提供可持有的合理预期"。布莱克斯通认为产权就是产权所有者控制所有的资源，并且把这种自由控制物质资料的权利看作"其他所有权利的保卫者"①。法学意义上的"产权"概念，是以经济学意义上的概念为基础的，认为产权主要是指主体对资源所能行使的符合法律规范的权利，产权可以为权利人带来收益，也可以在市场上进行自由交易。产权经济学派认为，产权制度对一个社会的资源配置起着决定性的作用，产权的产生正是为了解决资源的有限性与需求的无限性之间的矛盾。美国经济学家科斯 1960 年在《社会成本问题》一文中通过大量的案例指出，在产权界定明确且可以自由交易的前提下，如果交易费用为零，那么无论法律制度如何判决最初产权的归属都不会影响资源配置，资源配置将会达到最优，这就是著名的"科斯定理"。针对现实生活中交易成本确实存在的事实，科斯进而提出，在存在交易费用，即交易费用为正的情况下，不同的权利界定会带来不同效率的资源配置。② 也就是说，根据产权经济学的分析，明晰的产权界定是权利交易的前提条件，也是资源进行合理配置的基础。具体到能源财产权利的交易，虽然法律规定一次能源的所有权归属于国家，但是在现实操作上，国家很难实现民法意义上所有权的权能，如果能源资源无法充分发挥其市场价值，就无法满足相应的市场需求和资源合理配置的需要。"一个经济理性的社会将会把资源法的规则从公共进入转变为私人所有。"③ 基于此，笔者认为，国家应当在保留一次能源所有权的前提下，开放能源财产权利的"一级市场"，将能源财产权利通过出让的方式，传递至企业、自然人等市场主体手中。

① ［美］R·H·科斯等：《财产权利与制度变迁》，刘守英等译，上海三联书店 1994 年版，第 206 页。

② ［美］罗伯特·D·考特，托马斯·S·尤伦：《法和经济学》，史晋川、董雪兵等译，格致出版社 2012 年版，第 77 页。

③ ［美］罗伯特·D·考特，托马斯·S·尤伦：《法和经济学》，史晋川、董雪兵等译，格致出版社 2012，第 94 页。

能源财产权利的取得分为原始取得和继受取得。能源财产权利的原始取得主要是通过相关能源主管部门许可的形成。所谓许可，简单地说，是指解除特定人的不作为义务，使其回复本来的自由；比较全面地说，是指这样的现象："原本禁止一般人所为的特定行为，但对于特定人或者关于特定事件则解除禁止，允许特定人实施此类行为"。[①] 能源财产权利交易主体通过法定的行政许可，获得对某项能源资源进行勘探、开发、利用、运输和销售的权利。能源财产权利的继受取得，依取得的方式不同，又可分为创设的继受取得和移转的继受取得。能源财产权利交易"一级市场"，解决的是能源财产权利创设取得的问题，这也是"一级市场"的交易方式，即能源财产权利交易主体基于行政许可（申请——批准——登记发证），按照与国家之间的出让合同（招、拍、挂等），从国家手中取得相应的能源财产权利。而能源财产权利的移转继受取得则发生在能源财产权利交易"二级市场"之中，笔者将在下节做详细的论述。

国外能源财产权利交易的"一级市场"中，能源财产权利常见的创设取得方式有：协议、委托、招标和拍卖，几种取得方式并存、各有侧重并互为补充，构成能源财产权利交易的"一级市场"的交易模式。例如，在法国，探矿权是以申请授予排他性勘探许可证的方式进行的，主要程序是申请人向省长申报后由地表权人或征得地表权人同意进行。采矿权则主要采用三种方式，按招标、拍卖方式出让的特许权，经申请由矿业部部长授予矿山开采许可证，最后是通过国家委托方式出让采矿权。在澳大利亚，一些大型矿业项目的矿业权出让主要是通过协议的方式。在葡萄牙，勘探和开采的特许权，是通过签订书面管理合同来取得的。在日本，矿业权的出让主要采取申请授予制，在审批时需要有关政府部门与地方政府广泛协商。[②] 在美国，1920 年通过的《矿藏土地租赁法》将石油资源定性为可租赁的矿藏，即联邦可以对公有土地上的石油和天然气资源通过租赁的方式进行出让；1987 年国会又通过了《联邦陆地石油和天然气租赁改革法》，规定除个别情况以外联邦所有的陆上石油通过竞标的方式出租。

---

① 何世全：《公害对渔业权造成侵权之民事救济》，台湾海洋大学海洋法律研究所硕士学位论文 1991 年，第 50 页。

② 李显冬编：《中国矿业立法研究》，中国人民公安大学出版社 2006 年版，第 311 页。

二、我国能源财产权利的创设取得

(一) 能源财产权利的创设取得

能源财产交易主体若想从“一级市场”取得某项能源财产权利，需要经过能源主管部门的同意，获得相应的行政许可，这是我国能源财产权利创设取得的必经程序。这个程序在实务操作中称为“申请——审批——登记发证”程序。也就是说，具有相应资质的能源财产交易主体，向有关能源主管部门提出取得相应的能源财产权利的申请，该能源主管机关予以审查，对符合要求者颁发相应的许可证。以矿产权为例，根据《矿产资源法》第16条第1款的规定，“开采下列矿产资源的，由国务院地质矿产主管部门审批，并颁发采矿许可证：（一）国家规划矿区和对国民经济具有重要价值的矿区内的矿产资源；（二）前项规定区域以外可供开采的矿产储量规模在大型以上的矿产资源；（三）国家规定实行保护性开采的特定矿种；（四）领海及中国管辖的其他海域的矿产资源；（五）国务院规定的其他矿产资源。”

“申请——审批——登记发证”程序中，最核心的一个问题就是能源财产权利的出让，如何选择适当的权利人，高效有序地开发利用能源资源，是实现能源财产权利创设取得的公平合法的重要环节。能源行业是涉及国计民生和战略安全的特殊行业，能源财产权利交易主体进入能源市场，必须符合相关的资质要求，经过严格的筛选，有偿取得附有一定期限的能源财产权利。在能源财产权利交易的“一级市场”中，这个筛选的出让环节往往通过“招、拍、挂”的方式得以进行。世界上许多国家和地区都运用这个模式进行能源财产权利的出让。例如美国能源资源的勘探、开发、利用、精炼、批发和营销都是由私人公司运作的，因此对于联邦政府和州政府所有的能源资源，私人公司通过参加公开招标租售程序，获得联邦所有能源资源的开发和生产权利。[①] 对于内务部和农业部森林服务管理局所管辖土地下的石油、天然气和其他矿藏的开采权，联邦土地管理局通过竞标和议标的方式出租。对于近海土地石油和天然气，美国《外部大陆架土地法》及其修正案确立了租赁体系，根据1978年《外大陆架土地法》，租赁权益包括勘探和开采，内务部长可以采用包括定额现金和使用费用在内的方法进行

① 清华大学环境资源与能源法研究中心课题组：《中国能源法（草案）专家建议稿与说明》，清华大学出版社2008年版，第92页。

招租。①

我国能源财产权利交易的“一级市场”已经初步形成，并获得一定的发展，市场对于能源财产权利的创设取得发挥着越来越重要的作用。笔者认为，我国能源财产权利交易的“一级市场”中，应当采取以“招、拍、挂”为主的出让模式，提高市场配置能源财产权利的比重，加快推进能源市场化改革的进程，保障能源财产权利创设取得的合法性、合理性和经济性。实际中，采用“招、拍、挂”的方式完成出让程序，已经逐步成为我国能源财产权利创设取得的主要的交易模式。据统计，2006 年至 2009 年，全国共出让探矿权 15 694 个，其中以“招、拍、挂”方式出让 2 137 个，占出让总数的 13.9%；出让采矿权 51 396 个，其中以“招、拍、挂”方式出让 22 164 个，占出让总数的 43.2%。分析表明，探矿权出让中，采用“招、拍、挂”方式所占的比例由 2006 年的 68.43% 增至 2008 年的 80.69%；采矿权出让中，采用“招、拍、挂”方式所占比例由 2006 年的 2.55% 增加到 2008 年的 4.18%，均呈逐年上升趋势。②

同时需要注意的是，能源财产权利不同于一般的财产权利，对国家、社会具有十分重要的意义，况且能源资源的开发利用过程涉及很多的外部因素，因此，不能只用金钱来衡量能源开发利用的水平和能力，更不能仅以此作为出让程序中确定权利人的唯一标准。美国 Calabresi 教授和 Melamed 先生在一篇论文中揭示了权利的设置应当追求的标准：（1）经济效率，要求选择可以优化资源配置的一系列权利，并且达到帕累托最优；（2）分配目的，权利分配的目的在某种程度上决定了社会利益的划分；（3）其他一些公正理由，强调公正的观念附着于效率和宽泛的分配优先以及其他更为特别的观念上。③ 由此可见，我国能源财产权利的创设取得应当严格限定其出让条件，除了出让金的数额之外，在“招、拍、挂”的程序中，还应考查能源财产权利交易主体的技术设备、开发经验等因素，以及开发利用方案是否能够高效利用能源资源、对环境是否造成损害等。同时，还应该注意维护能源财产权利交易的有序竞争，鼓励多元化能源市场主体的参与，防止大型能源企业凭借雄厚的资本恶意囤积能源财产权利，以达到排挤竞争对手，垄断能源财产权利交易的“一级市场”的目的。

---

① 43 U. S. C. § 1337（a）（1）.

② 刘欣：《矿业权解析与规制》，法律出版社 2011 年版，第 161 页。

③ Guido Calabresi and A. Douglas Melamed: *Property Rules, Liability Rules, and Inalienability: One View of the Cathedral*, Harvard Law Review, Vol. 85, No. 6, 1972), pp. 1089 – 1128.

（二）我国能源财产权利的出让

1. 能源财产权利的招标出让

招标出让能源财产权利，是指能源主管机关依其权限确定招标的能源财产权利，发布招标公告，提出投标要求和截止日期，登记管理部门按照招标的流程采取择优原则（价格因素只是其中的一部分）确定中标人，中标人依法缴纳一定的使用费，办理登记手续，领取许可证，成为能源财产权利人。择优原则不仅仅包括价格因素，还需考虑能源财产权利交易主体的整体竞争实力，在多个申请主体共同竞争投标中，实现市场对能源资源的合理配置。

1998 年颁布的《矿产资源开采登记管理办法》首次确定了招标出让的程序，根据该法第 13 条的规定，可以通过招标的方式有偿取得采矿权，有关能源主管机关须确定招标的矿区范围，发布招标公告。能源主管机关组织评标，采取择优原则确定中标人；中标人成为采矿权人后应当按照标书履行承诺的义务。我国在对外合作开采海洋石油资源中亦采用了招标出让的方式。《对外合作开采海洋石油资源条例》第 7 条规定，“中国海洋石油总公司就对外合作开采石油的海区、面积、区块，通过组织招标，采取签订石油合同或其他合作合同的方式，与外国企业合作开采石油资源。”

2. 能源财产权利的拍卖出让

拍卖出让能源财产权利，是指出卖人首先发布拍卖公告，对有意向者的资质进行审批，由竞买人在指定的时间、地点进行公开竞价，根据出价结果确定能源财产权利人的方式。拍卖出让能源财产权利的方式证明了能源财产权利在市场交易过程中的多样化，为民事主体取得能源财产权利提供了更多的合理的选择方式，该方式能够避免各个利益集团之间的争执，防止“暗箱操作”，体现公平、公正的原则。此外，拍卖还可以借助企业之间的竞争使能源财产权利的真实价值得以显现，拍卖通过“高价者得”的价格形成机制，将能源财产权利赋予最有潜力实现其价值者，节约信息的搜寻成本。

以矿业权为例。国土资源部 2000 年发布实施的《矿业权出让转让管理暂行规定》2003 年发布实施的《探矿权采矿权招标拍卖挂牌管理办法（试行）》和 2006 年发布实施的《关于进一步矿业权出让管理的通知》以及 2012 年颁布实施的《矿业权交易规则（试行）》，均对以拍卖方式进行出让的矿业权的出让范围、公告登记、交易流程以及最终的确认等进行了较为详尽的规定。

3. 能源财产权利的挂牌出让

挂牌出让能源财产权利，是指有关能源主管部门发布挂牌公告，在挂牌公告规定的期限和场所接受竞买人的报价并更新挂牌价格，根据挂牌期限截止时的出价结果确定能源财产权利人的一种出让方式。能源财产权利挂牌出让时，能源主管部门应当提前一定的期限发布挂牌公告；同时在挂牌起始日，将起始价、增加规则、增加幅度、挂牌时间等在挂牌公告指定的场所挂牌公布。若挂牌期限截止时的出价结果高于挂牌底价，出价结果有效，此时该竞买人按照相应的出价取得挂牌的能源财产权利。

挂牌出让是能源财产权利出让的基本方式之一，国土资源部发布实施的《关于进一步规范矿业权出让管理的通知》和《矿业权交易规则（试行）》都详细地规定了能够以挂牌的方式出让的矿产资源的种类以及相应的程序。采取挂牌的方式出让能源财产权利，一方面有利于信息的披露，即受让人通过法定渠道获取出让能源财产权利的真实信息；另一方面，挂牌出让的方式也方便相关主管部门，其他能源财产权利交易主体，以及社会群众对能源财产权利的出让进行有效的监督。

4. 能源财产权利的协议出让

协议出让能源财产权利，是指能源财产权利交易主体通过与有关能源主管部门或者其授权的代理人协商，依法确定主要权利义务后，报送审批登记机关审核，若符合要求，便予以批准、登记并颁发许可证。为了保证我国能源财产权利在“一级市场”的自由竞争，协议出让程序应当作为对“招、拍、挂”程序的补充，只能出现在特定情况下。比如，某项能源财产权利经过合法的“招、拍、挂”程序出现无人竞标、竞价、举牌时；又如在某些能源领域出于国家安全等因素的考虑，某项能源财产权利只能出让给特定的主体时。

国土资源部《关于进一步规范矿业权出让管理的通知》规定，经批准允许以协议的方式出让的情形有：国务院批准的重点矿产资源开发项目和为国务院批准的重点建设项目提供配套资源的矿产地；已设采矿权需要整合或利用原有生产系统扩大勘查开采范围的毗邻区域；经省（区、市）人民政府同意，并正式行文报国土资源部批准的大型矿产资源开发项目；国家出资为危机矿山寻找接替资源的找矿项目。[①] 浙江省国土资源厅2006年颁布实施的《关于进一步规范采矿权协议出让工作的通知》，在国土资源部文件的基础上，更加详细地明确了七类

① 参见国土资源部《关于进一步规范矿业权出让管理的通知》第1条的规定。

依法批准可采取协议方式出让采矿权的情形，特别强调了为矿产品深加工省重点项目配套的原料矿山，因政策调整必须关闭现有矿山而另选新址的，在工程建设红线范围内涉及开采矿产资源的，可以依法按照协议的方式取得采矿权。[①]

三、我国能源财产权利交易的“一级市场”之构建

如前所述，经过多年的努力，以及相关立法部门和业务部门的不断推进和尝试，我国目前已经基本形成了能源财产权利申请行政许可与以市场为主导的“招、拍、挂”竞价机制相结合的能源财产权利出让制度，即能源财产权利交易的“一级市场”。但是，从立法层级上看，有关“一级市场”的规定主要是通过部门规章、规范性文件的方式进行修补性的调整，法律的位阶并不高。而诸如《矿产资源法》《煤炭法》《电力法》等能源领域的法律仍带有浓厚的计划经济色彩，并没有实现根本性的转变，我国能源财产权利交易的“一级市场”的法律环境不容乐观。同时，从立法技术上看，我国当前能源财产权利交易的“一级市场”交易制度的法律体系还不尽完善。针对其核心问题——能源财产权利的创设出让，只有原则性的规定，缺乏充分的配套设施的保障，实务操作中容易出现很多问题。基于此，笔者概括总结了我国能源财产权利交易的“一级市场”存在的若干问题并进行分析，进而提出了相应的完善对策。

（一）“一级市场”立法与监管的缺失

虽然我国相继出台了《矿产资源法》《煤炭法》和《电力法》等与能源财产权利的创设取得相关的法律规范，为我国“一级市场”的交易提供了基础的法律依据，然而随着“一级市场”的不断发展，相关的立法出现了滞后，使能源财产权利的出让产生了一定的局限性。

在能源财产权利的创设取得方面，我国至今尚未出台一部关于对石油、天然气进行开发利用的综合法律，只能通过规章、规范性文件等层级较低的规范进行调整，而且其中还出现相互矛盾的地方。另外，在涉及通过水能、风能、核能等转化产生电力的开发利用方面，也仅有一部《电力法》对权利的创设进行了原则性的规定，况且该法的计划经济色彩浓重，一直属于修订革新的重点。对于任何能源资源来说，无论是生产型能源财产权利，还是功能型能源财产权利，“一级市场”的交易都是一项十分复杂的系统工程，只有通过大量的立法才能进行合

① 参见《关于进一步规范采矿权协议出让工作的通知》（浙土资发2006）的规定。

理的规制，同时还需协调能源主管部门、立法部门和其他相关部门之间的关系。以排污权的创设取得为例，涉及大量的立法工作（包括中央和地方立法）。从选定污染控制项目、确定参加单位，到确定许可证的总量、许可证的初始分配，一直到许可证的交易和年度审核，有一系列的工作要做，这就需要环境保护部门与政府其他有关部门紧密配合，进行充分细致的论证，并采取周密的保障措施。①

即便是在“一级市场”交易制度规定得比较完备的矿业权领域，亦存在着能源主管部门监管不力的现象，影响了创设取得相关制度发挥其应有的市场调节作用。一方面，在“招、拍、挂”的环节中，对申请人的资质认定、权利出让底价确定、评估机构市场准入以及相关的法律责任等问题，没有做出具体的可供操作的标准。其中，尤其缺乏对申请人综合实力的实质审查，在现实中很容易造成谁出价最高，矿业权就受让与谁的不合理的现象。例如，不能向申请人提供项目地质矿产的有关资料，没有足够的时间安排申请人实地考察；还有受让人虽然具备雄厚的资金，但由于缺乏开发技术和经验，大矿小开、采富弃贫，造成资源的严重浪费。这样一来，不但没有真正达到矿业权“招、拍、挂”的预期目的，反而导致资源配置不合理，扰乱矿业权的正常市场秩序。另一方面，矿业权出让以后，对受让人不按计划开采，以及开采过后的闭坑复垦等现象，缺乏相应的监管。这首先是由于能源主管部门的监督管理工作不到位造成的。我国的监督管理机制还不健全，现有的管理制度如月报、年检、通报、企业自检等，很多都流于形式，并不能真正满足“一级市场”对信息和监管的要求。② 其次，来自于地方保护主义的干扰。通过市场形式出让矿业权，会导致地方政府原有的一些隐性利益难以存在，因此一些地方政府对矿业权“一级市场”的运行加以种种干扰，设置重重障碍。目前，全国各类矿山企业明显过多，在 15 万多个矿山企业中，98% 的企业属于小型矿山企业，出现了布局不合理，浪费严重，安全没有保证，环境污染严重的状况，应当说地方保护主义是一个重要的原因。③

（二）我国能源财产权利的“一级市场”的平衡治理

1. 扩宽我国“一级市场”的适用范围

目前，我国能源财产权利交易“一级市场”的适用范围过于狭小。虽然，从理论上讲，“一级市场”交易应当涉及所有的生产型能源财产权利和功能型能

① 魏丹丹：《美国排污权交易对中国的启示》，载《知识经济》，2009 年 12 月，第 32 页。

② 岩盛兰：《我国排污权交易中的问题及对策》，载《经营管理者》，2011 年 2 月，第 312 页。

③ 李园：《矿业权流转法律问题研究》，重庆大学硕士学位论文 2010 年，第 19 页。

源财产权利，但是，在实务操作中，能源财产权利的创设取得的市场化程度并不高。在生产型能源财产权利领域，我国只在部分能源财产权利上实施了以“招、拍、挂”为主要模式的出让制度。比如国土资源部 2012 年 3 月 1 日实施的《矿业权交易规则（试行）》的第 45 条就明确规定，石油、天然气，以及不宜公开矿种的矿业权交易不适用于“招、拍、挂”的出让方式。而现实中关于石油、天然气的勘探和开发主要是由国有石油、天然气公司垄断经营的；一些贵重或有战略意义的有色金属的勘探和开发也仅允许国有能源企业涉足。在功能型能源财产权利领域，也就是排污权的交易，我国法律规范对于排污权的创设取得的规定过于简单，仅仅通过《大气污染防治法》和《水污染防治法》等确立了排污权的行政许可，而对具体的出让方式并没有进行详细的规定。

由此可见，我国能源财产权利的“一级市场”适用的范围非常有限，不利于“一级市场”的形成和发展，使能源财产权不能充分发挥其自身的价值，能源资源无法得到有效的市场配置，从而影响能源市场的持续健康发展。因此，我国应当在更大范围内开放“一级市场”，维护能源财产权利在“一级市场”的交易秩序，完善相关的配套措施，使市场化的能源财产权利出让制度深入到能源的各个领域。

此处，美国的能源财产权利交易的“一级市场”的经验值得借鉴。美国的能源财产权利的出让制度涉及各个主要能源领域，很多传统上认为应当由国家直接开发利用的能源领域，都在一定程度上对私人开放。例如在核能开发领域，美国 1954 年《原子能法》允许私人参与原子能的开发，对商业方面的核许可申请人的资质以及商业运营许可的期限进行了规定。截至 2007 年年底，核能监管委员会共颁发了 104 项商用核电反应堆许可，33 项研究和试验反应堆许可，大约 4 500 项反应堆运营许可，3 项初期场地许可等。① 由上述分析可见，美国能源财产权利交易的“一级市场”的开放程度远远超过我国。而从实践经验来看，市场化是能源财产权利交易的活力，美国无论在传统能源领域，还是新兴能源领域，都在利用上取得了显著成效。为此，我国应当通过立法积极拓宽能源财产权利交易的“一级市场”的适用范围，通过能源财产权利的出让使得各种能源资源得到有效的配置和高效率的利用。

2. 明确我国“一级市场”的交易主体资格

正如前文所述，我国已经对“一级市场”的能源财产权利交易主体做了资

① NRC, Strategic Plan: FY2008 - FY2013, 2008, p. 2.

质上的要求，根据《矿产资源法》《煤炭法》《电力法》等法律的规定，相关主管部门会依法对具备相应资质的企业颁发许可证。不过，目前对能源财产权利交易主体资质的审查，经常将交易主体的资质条件与能源企业的成立条件混淆。《矿产资源法》的规定是一个典型的代表。该法第 15 条规定，“设立矿山企业必须符合国家规定的资质条件，并依照法律和国家有关规定，由审批机关对其矿区范围、矿山设计或者开采方案、生产技术条件、安全措施和环境保护措施等进行审查，审查合格的，方予批准。”

笔者认为，应当对能源财产权利人的资质条件和能源企业的成立条件进行区别。第一，能源财产权利交易主体不应仅仅限于企业。在条件成熟的情况下，对于新能源等领域，能源财产权利的交易可以适当地向其他组织和个人开放。因此，不应将两者进行混淆。第二，能源财产权利交易主体与能源企业属于不同的法律主体。核准设立能源企业是确认企业拥有进入能源市场的资格；而授予能源财产权利是国家将某项具体的能源财产权利出让给权利人，与其建立物权关系。获得进入能源市场的准入资格，不代表就一定能获得某项具体的能源财产权利，这还需要履行严格的出让手续。第三，负责对两者的资质条件进行审查的主管机关不同。如果将两个资质条件合并为一处，在实际操作中不妥。能源企业的设立应当由工商管理部门予以批准，而能源财产权利的授予则应当由相应的能源主管部门予以批准。

另外，能源财产权利取得的主体资质与能源企业的设立标准在内容上并不完全一致，应当针对不同的能源财产权利，采取更为严格的审核标准，确保对资源的有效利用和对外部环境的合理保护。一般而言，资金充足、设备齐全、技术先进、规模较大的主体对能源资源的合理开发和利用程度要高一些，对能源开发过程中所产生的“三废”等再次收集利用要处理得好一些，对能源企业要付出的环境成本也更具有承受能力。所以，相应的能源主管部门在出让能源财产权利时，除了要求受让人应当具备相应的市场主体资质外，还应当根据具体的能源财产权利的类型、内容及其相应的特殊性，对受让人的资质进行系统的考察。包括但不限于受让人的资产状况，技术条件，从业年限，安全措施，以及以往获取能源财产权利的利用情况和有无不良生产经营记录等内容。这样才能促进我国能源经济的集约化、可持续发展。

3. 保障“一级市场”交易主体的平等性

民事主体地位平等是民商法的一项基本原则。在能源法领域，只要理论上符合能源财产权利交易主体的资质条件，就可以平等地在“一级市场”中取得相应的能源财产权利。然而，基于我国的社会性质和计划经济的长期影响，包括《物权法》在内的一系列的法律规范均采用所有制对主体进行划分。能源法领域也概莫能外，经常出现对国有企业和私人企业的分别规制。当然，采取所有制对能源财产权利交易主体进行划分，在一定程度上便于国家管理，但是这种划分在实际操作中很容易造成各主体之间的地位不平等，特别是使国有企业获得了对某些能源财产权利的创设取得的垄断，阻碍了我国能源财产权利交易的“一级市场”的有序竞争。例如：《对外合作开采海洋石油条例》第 6 条规定，“中华人民共和国对外合作开采海洋石油资源的业务，由中国海洋石油总公司全面负责。”《对外合作开采陆上石油资源条例》第 7 条规定，“中国石油天然气集团公司、中国石油化工集团公司负责对外合作开采陆上石油资源的经营业务。”也就是说，在我国，石油、天然气领域的开采权利完全被中石油、中石化、中海油等国有企业垄断。

民商事关系中，所有主体均具有平等的法律地位，不能因为所有制的不同而造成对财产权利的不平等保护。进入竞争的生产者应该处于平等的地位，他们只因规模的大小而不同，本身应该凭借自己的实力去击败对手，而不应是仰仗特殊的优惠政策来进行不正当竞争。在法律上规定出各种所有制的主体在同样的经济环境下处于不平等的地位，这是违背经济规律的，不利于创造各类市场主体平等使用生产要素的环境。[①] 这种具有明显歧视性质的立法以及实际操作中无法形成有效机制的市场竞争，无法保障能源财产权利价值的真正实现。

基于此，我国应当在立法层面和实际操作上改变计划经济时代遗留下来的观念，加快对国有企业的改革和市场经济体制的完善，在能源财产权利交易的“一级市场”中坚持主体地位平等，真正实现《宪法》所规定的“国家保护个体经济、私营经济等非公有制经济的合法权利和利益，国家鼓励、支持和引导非公有制经济的发展，并对非公有制经济依法实行监督和管理”的非歧视性原则。能源主管部门应当采取公平、公正、透明的出让方式使得各种所有制能源企业能够在市场中凭借自己的实力自由竞争，从而体现各主体在市场中平等的法律地位和权益保护的要求。尤其是要合理规范准入规则，以及推进能源财产权利交易的“一级市场”的交易规则，使符合资质的交易主体能够通过自由竞争公平地获取能源财产权利，促进我国能源市场高效有序发展。

---

① 李显冬主编：《矿业权法律实务问题及应对策略》，中国法制出版社 2012 年版，第 36 页。

四、我国“一级市场”特殊交易规则的建立

(一)“一级市场”的能源取得权利金制度

能源资源创设取得的收益（权利金）制度是“一级市场”中的重要交易规则之一，对“一级市场”的交易活动起着积极的调节作用。合理的能源资源取得收益的政策，能够促进能源产业的健康和良性发展，保障国家能源资产收益，维护能源财产权利交易主体的合法权益。目前我国能源财产权利交易的“一级市场”的收益制度采取的是能源资源开发税费制度，主要包括资源税和资源补偿费。经过实践的检验，我国“一级市场”能源资源开发税费制度存在以下两方面的问题。

一是现行的资源税没有实行“普遍征收、极差调节”的立税目的。我国的资源税对极差的确定过小，加之资源税的从量计增，造成大量的“采富弃贫”现象。例如矿产企业需要缴纳的资源税。2011 年 9 月 21 日修订通过的《资源税暂行条例》规定普通煤炭的税率是每吨 0. 3 元至 5 元，原油和天然气是销售额的 5% ~10%。对于煤炭、原油和天然气产品来说，税基过低、税率过于简单，根本起不到调节丰度差别的意图，也无法反映能源资源国家所有权的收益。[①] 二是在资源补偿费方面，根据《矿产资源补偿费征收管理规定》的规定，能源矿产资源的补偿费极低，通常为 1% ~4%；而对应的国外的权利金制度，权利金通常都在 2% ~8%，基本上是我国的两倍。这说明在能源财产权利交易的“一级市场”中，国家大量的能源资源在没有得到充分补偿和支付对价的情况下流失了。再者，能源资源开发税费应当纳入国家预算，实行专项管理，主要用于能源资源的勘查和维护。然而在我国的实践中，能源资源开发税费经常被用于各级相关部门的办公经费，真正用于对能源资源的开发利用的资金并不多。

综上所述，我国目前所实行的以能源资源开发税费为核心的“一级市场”收益制度不尽合理，在某种程度上不利于能源财产权利的创设取得的有效进行。为此，笔者建议，应当吸收国外优秀经验，合并和改进现有的资源税和资源补偿费制度，以能源资源的基础权利金代替。现有的资源税和资源补偿费，无论是征收标准、税费归属和用途都不能正确体现国家能源资源所有权的收益，不能正确体现国家作为行政权利和财产权利主体与能源财产权利人之间的经济关系，也不

① 李晓峰：《中国矿业法律制度与操作实务》，法律出版社 2007 年版，第 66 页。

符合国际惯例。这里可以借鉴发达国家采用的能源取得权利金的做法。发达国家一般将资源补偿费改为基础权利金，并提高至国际通行费率水平，为能源资源所有权收益；同时将资源税改为超额权利金，由目前的普遍征收和从量计征改为仅针对能源开发产生的超额利润进行征收，为不同禀赋的能源企业创造公平的竞争条件。①

将能源资源的开发税费转化为能源取得权利金，有助于以能源财产权利的价款来体现权利的真实价值，保障能源资源有偿取得的市场化运行。另外，能源取得权利金还可以作为能源主管部门的一个行政性收费项目，促进能源主管部门对权利人的管理和监督，以防止企业取得能源财产权利后不进行应有的勘查和开发。总之，建立以能源取得权利金为核心的能源资源有偿使用制度，使在能源财产权利交易的"一级市场"中获得的各项收益全面体现能源资源国家所有权的收益，同时也促进能源财产权利出让制度的完善，促进"一级市场"的不断发展，从而进一步促进能源产业的持续性发展。②

（二）勘探权人"一级市场"中的优先开采权

对于所有的能源资源的开发利用而言，有一项前置性的权利叫做勘探权。能源资源的勘探是一项高风险、高投入的产业，没有能源资源的勘探也就谈不上能源资源的开采。因此，如何保护勘探权人的利益，鼓励其投入资金、时间进行勘探活动，就成了能源财产权利交易的"一级市场"中一项重要的交易规则。一般来说，在处理能源资源的勘探与开采之间的关系时，会赋予勘探权人对勘探成功的能源资源以一定的优先开采权。以矿业权为例，《矿产资源法》第6条规定，"探矿权人有权优先取得勘查作业区内矿产资源的采矿权。"《矿产资源法实施细则》《探矿权采矿权招标拍卖挂牌管理办法（试行）》《矿业权出让转让管理暂行规定》《关于进一步规范矿业权出让管理的通知》都肯定了保护探矿权人优先权的宗旨。

有学者对勘探权人在"一级市场"中的优先开采权持反对意见，认为优先开采权"损害了公共利益，不利于开采权出让时的公平竞争，从而增加社会成

---

① 袭燕燕，李晓妹，李慧：《我国矿产资源税费制度体系存在的主要问题及改进方案》，载《中国国土资源经济》，2006年第8期，第14－15页。姜哲主编：《俄罗斯联邦矿产资源法律法规汇编》，地质出版社2010年版，第192页。

② 施文泼，贾康：《中国矿产资源税费制度的整体配套改革：国际比较视》，载《改革》，2011年第1期，第18页。蒋文军主编：《矿业权交易法律制度与实务操作》，中国法制出版社2011年版，第46页。

本，甚至导致国有资产的流失和浪费”①。笔者不赞同这种观点。笔者认为，勘探权人的开采优先权有利于鼓励勘探人认真进行勘探作业，同时还可以节约交易成本。在探矿权出让的程序中应当对受让方的资质进行合理审查，通过市场平等竞争的方式确定勘探权人；当勘探权人申请行使优先开采权时，应当审查其是否具有开采能力，要求其满足开采的相应条件和程序。在这种情况下，勘探权人通过“一级市场”优先取得开采权，并未损害到公众利益，反而还可以利用自身在勘探作业中掌握的详实的能源资源信息，对能源资源进行有效开采。另外，国家将能源资源的开采权优先受让给勘探权人，还可以简化相应的审批手续，节约“一级市场”的交易成本。

勘探权人优先开采权的性质是一个值得探讨的问题，目前在我国法律中还没有定论，极大地影响了优先开采权在实践中的运用。首先，对“优先”的理解存在歧义。一些规章将“优先”理解为同等条件下的优先②，所谓同等条件，在实践中又被狭义地理解为价格条件。这样就会导致在有偿出让中当勘探权人报价不能最高时，勘探权人对该能源资源取得开采权之优先权将被剥夺。其次，由于最近几年来我国在能源财产权利交易的“一级市场”的交易政策一直在发生变化，特别是外商投资能源资源行业的政策方面，导致勘探权人在勘探结束并发现具有经济性开采价值的能源资源后，申请开采权时却无法享有上述所谓的优先权。③

笔者认为，如果将优先开采权定位为同等条件下的优先权，不足以保护勘探权人的合法权益。现实中，经常出现有的地方政府以投入不足强行收回探矿权，或要求探矿权在申请转为采矿权时一律需进入“招、拍、挂”程序。这样一来，尽管明确了优先权，但如果不明确这是排他性的优先权，勘探权人的利益受到侵害时，其申诉于法院的救济行为就难保成功。④ 为了保护勘探权人的合法权益，我国能源财产权利交易的“一级市场”中勘探权的优先开采权应当被定义为一种排他性的优先权。只要勘探权人符合开采的资质条件，没有其他特殊因素的考虑，就应当被授予开采权；如果勘探权人确实不符合开采的资质，或政府出于资

① 参见康纪田：《关于取消采矿优先权制度的产权分析》，载《国土资源科技管理》，2007 年第 5 期，第 52 页。

② 《云南省探矿权采矿权管理办法》第 43 条规定：“探矿权人享有优先取得勘查作业区内新发现矿种的探矿权、采矿权的权利。”

③ 王清华：《澳大利亚矿业权授予和转让制度及对我国相关立法的借鉴意义》，载《河北法学》，2011 年第 6 期，第 160 页。

④ 李晓峰：《中国矿业法律制度与操作实务》，法律出版社 2007 年版，第 49 页。

源最优配置的考虑，也应当对勘探权人的勘探投入、勘探信息等给予合理的作价补偿。另外，还应当通过立法对优先开采权的内容、行使程序等做出具体的制度安排，以便于实际操作。

第三节 能源财产交易“二级市场”

一、能源产品的普遍服务制度

（一）普遍服务的理论基础

“普遍服务”一词最早由 AT&T 总裁威尔在 1907 年的年度报告中首次提出，但他提出的普遍服务与现代意义上的普遍服务概念有所区别，当时指的是“地域覆盖广、技术统一的服务，而不是每个人都可以享受到的服务”。现代意义上普遍服务的理念出现在美国 1934 年的《电信法》中，该法序言中要求政府“尽可能确保全体美国国民能够以合理的价格，通过充足的设施享受到快速、有效的国内、国际有线与无线通信服务”。[①] 此后，普遍服务理论逐步拓展到邮政、能源、供水等领域。《万国邮政公约》规定：“各成员国应使所有使用者（客户）都能享受普遍的邮政服务，即以可以负担得起的价格在领土的每一个角落提供经常、优质的基本邮政服务。”作为目前国际社会所广泛认可的理论，普遍服务的理论是什么，学者们存在不同的观点。

公共利益理论认为，邮政、电信、能源等的普遍服务的主要对象是高成本地区和低收入阶层的人群，此类供应商在利润最大化原则的驱动下，一般不会考虑在高成本地区和为低收入阶层提供基础服务，即无法通过市场这只“无形的手”来实现普遍服务的目标，普遍服务属于典型的市场失灵领域。为了保证所有公民的基本生存权，从公共利益的角度出发，政府必须干预普遍服务领域，以达到社会福利最大化的目的。[②]

反贫困理论认为，贫困的原因之一在于相对缺乏基础资源，基础资源在发达国家和发展中国家、发达地区和落后地区、富裕人口和贫穷人口等之间不平等分

---

① Jeong, Bun - Hee, South Korean universal service and Korean reunification: A poficy analysis, The University of Texas at Austin, 2004, 27.

② 李丹，米运生：《电信普遍服务理论综述》，载《重庆邮电大学学报（社会科学版）》，2008 年第 6 期，第 19 - 20 页。

布，这种状况又影响个体获得收入的能力，进一步扩大贫富差距，从而形成恶性循环。实施普遍服务的目的就在于使低收入者利用基础资源，进而摆脱贫困。①

人权理论从发展权和生存权的角度出发，对提供普遍服务的理由做出的解释，已经得到许多认可。如有观点认为，“供水服务的普遍接入要求，通常是基于人权这一概念的”，“全球普遍服务和接入的体制的正当性就是建立在人权法、贸易和电信法之上的”等。②

公民资格社会权利理论认为③，普遍服务是社会成员基于公民资格或身份而享有的服务。无论是理论上还是实践中，国家都是为其公民服务的，因此公民获得普遍服务只能基于公民资格。普遍服务确保社会成员“充分享有社会遗产并依据社会通行标准享受文明生活”④。

（二）能源产品的普遍服务

能源产品的交易必须重视市场的基础性调节作用。然而，除了具备一般商品的特点外，能源产品还存在于一个非竞争性能源市场领域。在非竞争性能源市场领域，能源产品的供应与服务与社会公众日常生活息息相关，直接关系到正常生产秩序和社会稳定，是对国民经济发展具有全局性、先导性影响的基础公益事业。由于市场规律更加看重的是经济效率和利益追求，因此，在非竞争性能源市场领域，不能完全由市场规律对能源产品的供应与服务进行调节。否则，无法保证强势的能源企业不会利用自己的垄断地位，去剥夺处于弱势的能源消费者的基本权利。有学者甚至认为，在非竞争性能源市场领域，“能源主要是作为一种公共服务，其次才是作为一种商品”⑤。

在非竞争性能源市场领域，能源产品的供应与服务可以被称作是“普遍服务”。普遍服务是国际通行的概念，属于政府公共政策目标范畴，其含义是国家

---

① 闫海：《普遍服务的法理与制度—发展权视域下的重构》，载《经济法论坛》，2006年第4卷，第464－465页。

② Esther Gerlac, and Richard Franceys, Standpipes and beyond — a universal water service dynamic, J. Int. Dev.（2009）. Guermazi, Boutheina, Bridging the digital divide: Beyond the Basic Telecommunications Agreement towards a global universal service and access regime. McGill University (Canada), 2002. 转引自李庆华：《普遍服务的理论基础——公民资格社会权利理论的视角》，载《中共贵州省委党校学报》，2010年第4期，第109页。

③ 李庆滑：《普遍服务的理论基础——公民资格社会权利理论的视角》，载《中共贵州省委党校学报》，2010年第4期，第109页。

④ 许正中，刘尧，王辉：《构建社会普遍服务体系完成现代化多元复合转型》，载《理论与现代化》，2006年第4期。第10页。

⑤ 马俊驹，龚向前：《论能源法的变革》，载《中国法学》，2007年第3期，第148页。

为了维护全体公民的基本权益，缩小贫富差距，通过制定法律和政策，使得全体公民都能以普遍可以接受的价格，获得某种能够满足基本生活需求和发展的需要，其实质是一种再分配机制。[①] 按照“普遍服务”的基本理念，能源企业在非竞争性市场领域必须承担普遍服务义务，按照法定的标准提供合格的产品或服务；而国家则应当给予那些承担能源普遍服务义务的能源企业适当的经济补偿。

如我国《行政许可法》第67条规定，“取得直接关系公共利益的特定行业的市场准入行政许可的被许可人，应当按照国家规定的服务标准、资费标准和行政机关依法规定的条件，向用户提供安全、方便、稳定和价格合理的服务，并履行普遍服务的义务；未经作出行政许可决定的行政机关批准，不得擅自停业、歇业。”保加利亚《能源法》第4条规定，“（1）向消费者输送或销售电力燃料和能源的企业，必须承担维持设备、装置和电网持续可靠地提供能源的能力的义务，并遵守有关约束力的质量规定。（2）输送和销售燃料和能源的企业，有义务根据以合同方式达成的条件向所有实体提供国内开采或生产燃料和能源输送服务，同时顾及技术和经济条件。”

（三）我国能源普遍服务的现状和问题

我国目前能源立法所确立的普遍服务主要集中于供电、供气和供热领域：（1）电力普遍服务。根据《电力法》第8条的规定，“国家帮助和扶持少数民族地区、边远地区和贫困地区发展电力事业。”2002年国务院在《关于印发电力体制改革方案的通知》中再次明确提出将监督电力普遍服务政策的实施作为国家一件大事来抓。除此之外，《电力供应和使用条例》《供电服务监管办法（试行）》《电力业务许可管理规定》等法律法规均对电力普遍服务进行了规制。（2）供气普遍服务。我国天然气立法进程较为缓慢，因此对于供气普遍服务的规定主要散见于一些法规和规章之中。如建设部制定的《市政公用事业特许经营管理办法》《城镇供热特许经营协议示范文本》，江苏省和安徽省等相继出台的《燃气管理条例》都明确规定了天然气的普遍服务制度。（3）供热普遍服务。供热普遍服务是我国能源普遍服务改革的试点，尝试以直接补贴的形式，改变原来由能源企业提供低价阶的供热服务的传统形式。

就整体而言，目前我国能源普遍服务的模式，以国有能源企业为实施主体，在能源价格上主要采用本属于政府社会职能的补贴方式。这种能源普遍服务机制

① 苏苗罕：《能源普遍服务的法理与制度研究》，载《法治研究》，2007年第10期，第13页。张勇：《能源基本法研究》，法律出版社2011年版，第155页。

导致了如下问题：第一，能源普遍服务区域不平衡。能源产品普遍服务所需的资金一般是由能源企业和国家及各级政府负担。由于我国经济区域差异较大，导致西部地区的能源普遍服务供应显著低于东部地区。第二，能源普遍服务水平不均衡。以农村为例，由于农村能源设施基础差，农村经济发展薄弱，导致当前农村能源普遍服务水平仍然很低。以供电普遍服务为例，表现在农村电网覆盖范围小、供电可靠率低，经常出现拉闸限电等现象。第三，能源普遍服务提供的效率低。能源主管部门缺乏对普遍服务的有效监管，能源企业缺乏提供优质的能源产品的经济动力，从而无法保证公民充分获得能源普遍服务的权利。

我国能源普遍服务所出现问题的症结，在于将企业的经济行为与政府的社会职能绑在一起，在非竞争性能源市场通过行政命令去指挥能源企业，这样极大地伤害了能源企业提供普遍服务的积极性，从而导致企业缺乏能动性去推进普遍服务的质量改善和技术革新。而且，传统的向能源企业提供补贴或资金帮助的模式，可能在一定程度上会引发不公平的市场竞争和权力腐败，导致无法实现提供优质能源普遍服务的目标。在这种情况下，我国能源普遍服务制度的改革势在必行。能源普遍服务改革的方向应当是区别对待，从向能源企业提供优惠政策，转变为直接向能源消费者提供补贴或者采用社会保障金的方式，为能源消费者提供可以承受的优质的能源普遍服务。2005 年以来，我国部分地区在供热普遍服务上，已经开始了能源普遍服务的体制改革，从“暗补”到“明补”，改由单位发放专项补贴，职工自行缴纳费用，解决居民供暖费用问题。北方城市针对低收入困难群众建立了城市供热保障金制度，对低收入群体按不同比例给予采暖补贴。

二、能源交易的市场化改革

我国能源行业的市场化改革经历从计划经济到市场经济的过程，由于能源作为支撑国民经济发展的战略性行业，关系国计民生，因而国家始终没有放松对能源市场的管控。随着经济的迅速发展，市场对能源的需求逐步扩大，而在国家严格管控下的能源交易呈现出较为僵化的态势。尤其在国际社会呼吁节能减排的今天，在能源的利用方面，已不仅仅是靠产量就能带动经济的发展，而更多的要靠技术的革新与新能源的开发。只有减少国家对能源财产交易的管控，将能源财产交易归还于市场进行调节，才能改变能源市场僵化的局面，为能源市场带来竞争性活力。

在我国计划经济时期，能源财产的价格完全由国家掌控。国家以发展重工业和稳定物价水平为该时期的主要目标。能源财产作为国家发展重工业所必需的原材料，其价格的高低会影响下游产品的价格和居民的生活成本，从而影响物价水平。能源财产对重工业的发展和物价水平的稳定都有重要的影响，因而在计划经济时期，国家对能源财产的价格实行严格的管控，且对居民生活用能的供应十分不足，原因是要优先保证生产用能。

自我国开始经济体制改革后，能源财产的定价才有所放开，首先从计划制转为双轨制，最后转为市场制。在双轨制下，能源财产的价格由单一的指令性价格向指令性价格与非指令性价格并存的模式转变。在国家计划之内的能源财产，按照国家的指令价格进行交易，在计划之外的，就可以随行就市，自定价格。随后，能源财产区别不同类型形成了不同方式的定价模式，例如煤炭，逐步以市场形成价格为主，而石油、电力价格还存在国家指导定价，目前处在市场定价的起步阶段。能源财产权利的价格则完全由国家掌控。[①] 除了在价格方面，国家对能源财产交易的管控还体现在对市场准入和进出口上的限制。能源产业基本由国有大型企业所垄断，能源进出口的许可证也多数集中在国企手中。

十八届三中全会明确了市场在资源配置中起决定性作用。2014 年6 月，习近平总书记在中央财经领导小组召开的会议上，提出能源生产和消费革命的五点要求。这一系列会议都表示：中国要加快能源的市场化改革步伐。[②] 我国进行能源市场化改革，要处理好能源市场化改革和能源安全之间的关系。市场化的完善会导致能源价格的波动，这样的波动可能造成对社会生产生活的影响。因此，在坚持市场化方向的前提下，还应当建立能源价格波动的预防机制，从而维护能源安全。同时，能源价格的形成机制始终是能源财产交易的重要组成部分，放开能源财产交易价格管控的同时，国家也可以通过适当的激励措施，来引导能源财产交易向着促进新能源利用的方向发展。此外，市场化改革的重要方面就是要开发市场，在市场中形成多元化主体的竞争状态。因此，要抑制能源市场的垄断，放松市场准入的限制，让民间资本得以参与能源财产交易，增加能源市场的活力与竞争力。[③]

能源市场化改革是国际市场的趋势，也是增强我国能源产业竞争力的必经之路。能源市场化改革靠国家政策的推动，但其稳定还要依靠立法的完善。只有在完善的法律规制体系下，能源市场化改革的成果才能得以维持，能源市场化才能有序进行。

---

① 何乔立：《能源市场化改革的路径与对策研究》，浙江工业大学硕士学位论文 2013 年，第 1 页。

② 范必：《能源市场化改革的路径和难点》，载《电器工业》，2014 年第 9 期，第 37 页。

③ 何乔立：《能源市场化改革的路径与对策研究》，浙江工业大学硕士学位论文 2013 年，第 46 页。

三、能源财产权利交易形式

根据经济学的原理，各生产要素只有在市场中得到充分、合理地流动才能实现增值并最大限度地发挥其功能。因此，能源财产权利只有在自由的市场和不同主体之间进行充分、公开透明的流转，才能实现市场机制和能源价值规律对其合理的配置。反之，如果将能源财产权利固化，就失去了其增值保值的可能性，亦不能使能源财产权利在市场中进行自由的流转从而实现其价值。此时，建立一套有效的资产运行机制就显得十分重要。

能源财产权利的转让制度是权利流转的核心环节，也是能源财产权利交易“二级市场”中主要的交易形式。能源财产权利作为特殊的交易对象，除遵守一般的交易规则外，还受到特殊的交易条件的限制。由于能源财产权利的主体受到法律法规的限制，不同的能源财产权利的主体需要具备特定的资质要求，获得行政主管部门颁发的许可证。因而在进行能源财产权利的流转时，受让主体的资质即属于交易的限制条件之一。此外，能源财产权利在转让时，还要受到权属无争议、权利可流转、权利未到期等限制，该部分内容会在能源财产权利转让章节具体论述。促进能源财产权利的转让，是活跃能源财产交易市场的重要任务。对能源财产权利的转让进行规制，也是维护能源财产交易市场的健康有序发展的重要方面。

能源财产权利抵押是能源财产权利流转的形式之一，是指能源财产权利人作为债务人依照相关的法律、法规以其拥有的能源财产权利在不转移占有的前提下提供担保的行为。以能源财产权利为抵押标的而设置抵押权，依其目的通常可分为三种：第一，能源财产权利人出于对能源财产权利的利用进行相关的经济活动融资的需要，将能源财产权利抵押给银行等金融机构或者其他市场主体以获得融资。第二，能源财产权利人以能源财产权利为其自身债务进行担保，能源财产权利人为抵押人，能源财产权利人的债权人为抵押权人。第三，能源财产权利人以能源财产权利为其他企业或者第三人的债务或者对外融资进行担保，抵押权人为其他企业或者第三人的债权人。①

能源财产权利的另一种交易方式为出租，即出租人将能源财产权利作为租赁物交由承租人占有、使用、收益，出租人收取租金作为出租对价。能源财产权利用作出租的价值与能源资源的价值密不可分，而能源资源消耗性的特点，使得能

① 许朋伟，胥莉：《浅议矿业权抵押》，载《法制与经济》，2010 年第 6 期，第 39 页。

源财产权利在出租后，无法得到完全的“原物返还”。能源财产权利的行使会使得能源资源的价值减少，因而能源财产权利的出租具有不同于一般财产出租的风险，在能源资源耗尽时，能源财产权利也会归于消灭。能源财产权利的出租为能源财产交易市场提供了更为丰富的交易形式，也使得闲置的能源财产权利可以得到充分的利用，但目前在能源财产权利出租上缺乏法律规范的支撑，不利于出租这一交易形式的实现与推广。鉴于能源财产权利出租的特殊性，有必要在进行试点的基础上，尽快出台相关的法律规范予以规制，鼓励各方参与此种交易形式，减少能源财产权利出租的风险。

第六章　能源财产的交易制度（一）

第一节　能源财产的转让

一、能源产品的买卖制度

从微观方面，能源财产交易涉及的主要是财产法领域的内容，具体来说也就是《物权法》和《合同法》等所体现的基本交易规则。能源产品交易主要涉及能源产品的买卖制度。那么首先要解决的问题就是能源产品是否是《物权法》意义上的“物”呢？

《德国民法典》对物的规定是限定在有体物范围之内的，学说上辅之以“空间占据性”“范围确定性”与“可支配性”等要件，对有体物的资质进行确定。所谓“空间占据性”，是指物必须占据一定的物理空间，是物之有体性的必然要求；“范围确定性”是指有体物所占据的空间，例如水库之水、氧气瓶中的氧气就为物；“可支配性”是指有体物需为人力所支配。① 按照该学说，对于能源产品是否为“物”，应当视其具体形态、特点等而定。对于一般所称的能源资源，由于其尚未经过加工或者不能被直接利用，而不能被认为是民法上的“物”；而对于经加工并加以固定形态的能源产品应当毫无争议地被认定为民法上的“物”，可以对其进行财产交易。我国学界目前的主流学说业已将“物”的范围扩展到能源产品。因此，针对能源产品进行交易，应当受到民商法律的规制，能源产品可以成为买卖关系的标的物。

能源产品作为买卖民事法律关系的标的物时，需要解决的一个问题是，能源产品属于动产还是不动产。针对这个问题，有学者从静态的角度提出，将电、气、能等直接规定为不动产并不十分妥当，认为如果已经和能源资源相分离、可以随意移动或直接利用的，即按动产处理；如果属于不可移动或尚未直接利用

---

① 张双根：《物的概念若干问题》，载《华东政法学院学报》，2006 年第 4 期，第 103－104 页。

的，则按照不动产的规则处理。[①] 笔者认为，结合上述观点，应当站在交易动态的角度去观察能源产品的属性，需要明确能源产品的定义与能源资源不同，在此基本框架下，通过加工和利用而产生的能源产品进入流通领域后，依照其性质自然可以自由移动，并且这种移动并不会对其经济价值产生毁损，故而应当视为动产，在买卖关系中，按照动产的规则进行处理。《合同法》与《物权法》中有关动产买卖的一般规定，包括动产交付、所有权转移、风险转移等，均可以适用于能源产品的买卖交易，即对于能源产品的买卖，在交付时所有权发生转移，风险也由出卖人承担转移为由买受人承担。

我国目前的能源产品交易所多数仅从事现货交易，交易的形式非常单一。我国的法律并不禁止能源产品交易所从事中远期期货交易，然而在实际交易活动中范围十分有限。以上海石油交易所为例，虽然在1993年成功推出了石油期货交易，但是其交易的范围很狭窄，仅仅限定于燃料油和甲醇。我国能源产品交易所改变单一的现货交易形式，大力发展期货交易，是能源产品交易市场化的大势所趋，也是未来我国能源法律和政策鼓励的对象。具体理由阐述如下：[②]

首先，从市场主体的需求来看，应当发展能源产品期货交易。随着能源市场化的不断推进，能源财产交易市场主体已向多元化的趋势发展，此时如果依然保持能源上游市场的垄断，就无法发挥能源交易主体多元化的功效。多元化的市场主体对能源产品的市场价格变化是相当敏感的，所以必须打破现有的价格垄断机制，建立一种可以由买卖双方共同定价的市场新机制。而能源产品期货交易能够很好地满足这种需求。

其次，从对市场主体的作用来看，应当发展能源产品期货交易。在成熟的能源市场体系之中，无论是能源开采企业，还是能源加工企业都需要能源产品期货交易。对能源开采企业而言，可以通过卖方保值锁定价格的方式保证稳定生产，从而将更大的精力与成本投入到技术与管理等方面，以提高生产效率。对于能源加工企业来说，则可以通过买方保值锁定成本，同样为企业的稳定生产提供保证。换言之，利用能源产品期货交易的“套期保值”[③] 功能，进行“风险采购”，

---

① 王明锁：《对物权客体——物的含义与种类的新解读——就物权立法的新建议》，载《河南省政法管理干部学院学报》，2005年第6期，第10页。

② 陈中涛：《我国急需发展石油期货市场》，载《中国能源》，2003年第9期，第34－35页。

③ “套期保值”的基本做法是买进和卖出与现货市场交易数量相当，但交易地位相反的商品期货合约，以期在未来的某一时间通过卖出或买进相同的期货合约，对冲平仓，结清期货交易所带来的盈利或亏损，以此来补偿或抵销现货市场价格变动带来的实际价格风险或利益，使交易者的经济收益稳定在一定的水平。

可以锁定成本或预期利润，增强抵御市场价格风险的能力。

最后，从整个能源产品市场的角度来看，应当发展能源产品期货交易。能源产品期货交易能够有效规范市场投机行为。通过期货市场的规定将这种投资行为限定在合理的范围内。能源产品期货交易，一方面可以规避国际能源价格波动带来的负面影响，另一方面投资者可以从市场价格波动中获取更多利益。除此之外，能源产品期货交易还具有发现价格之功能。在期货市场中，众多产品生产者、经营者和投资者以生产成本和预期利润作为定价基础，对能源产品的未来价格进行行情分析、预测，并通过期货交易所公开竞价，从而形成一个公正、真实的基准价格。

由于能源产品期货交易的标的之特殊性，其所涉及的利益群体也比较复杂，这就要求对我国能源产品期货交易进行严格的监管，以克服期货市场带来的弊端。首先，必须加强能源产品期货交易的法律制度建设。应当对《期货交易所管理办法》《期货交易管理条例》和《期货经纪公司管理办法》等现行规定进行修订与整合，逐步完善我国的期货市场交易制度。同时，还应当加快能源法的立法进程，完善石油、天然气、煤炭等领域的法律法规，从而形成完整的能源产品期货交易的法律体系。其次，必须加强对期货市场管理的能力，对能源产品期货交易的风险进行合理控制。具体表现为：通过对能源产品交易所的风险进行控制，比如，提高能源期货交易所的准入门槛、执行严格的能源产品期货交易程序、对违规的交易行为进行处罚等，防止恶意投资行为对能源产品期货市场秩序的侵蚀。最后，必须加强能源产品期货交易协会的自律管理。能源产品期货交易协会是自律法人，即对会员（期货投资人）提供相应的服务，又对会员的行为进行监督，为能源产品的期货交易营造良好、安全的市场环境。①

二、能源财产权利的交易政策演变

能源财产权利是能源财产的重要组成部分，是对能源资源及能源产品进行管理控制的重要基础，因而，随着国家对能源行业的控制力程度的改变，在能源财产权利交易上，国家对其政策态度也逐渐发生着改变。总体而言，能源财产权利的交易政策在各个阶段呈现出由禁止到允许的发展特点。正如前文所述，能源财产权利的类型丰富多样，由于权利诞生的社会经济背景不同，并非所有的能源财产权利都实现了完整的放开交易的过程。因此，此处以矿业权为例对能源财产权

① 丁丽君：《我国原油期货上市问题研究——基于上海燃料油期货功能完善角度》，南京财经大学硕士学位论文2007年，第36页。

利交易政策的转变做一介绍，以期完整地展现我国能源政策的演变过程。矿业权为能源领域诞生的较早的能源财产权利，其交易制度大体经历了三个阶段的演变过程，分别为禁止流转阶段、有限流转阶段和放宽流转阶段。[①] 国家对矿业权流转的控制的变化，是以国家在经济领域的控制为背景进行的，体现在国家对矿业权交易的政策性改变上。这三个阶段的划分，是以明确的法律规范内容的改变为基础支持的。

（一）禁止流转阶段

1986 年至 1996 年为矿业权的禁止流转阶段。1986 年实施的《矿产资源法》第 42 条规定，“采矿权不得用以买卖、出租或抵押，买卖、出租采矿权或者将采矿权用作抵押的，行政主管部门有权没收其违法所得，处以罚款并且吊销采矿许可证。”[②] 该行政责任在 1994 年实施的《矿产资源法实施细则》第 42 条中规定得更为详细，即买卖、出租采矿权的，对卖方、出租方、出让方处以违法所得一倍以下的罚款；非法用采矿权作抵押的，处以 5 000 元以下的罚款。[③] 虽然当时我国法律没有明确禁止探矿权的流转，但从上述法律的立法逻辑来看，探矿权的流转也属于被禁止的事项。因此，在该阶段，矿业权被禁止流转，其财产性的特点由于缺少可交易的性质而无法彰显。国家对矿业权采取严格的计划制的控制，造成矿产资源无法合理有效配置，在一定程度上导致了矿产资源的浪费。

（二）有限流转阶段

1996 年我国修订了《矿产资源法》，该法规定在一定的条件下，探矿权和采矿权可以进行转让，但同时明确规定，禁止将探矿权、采矿权倒卖牟利。其中，探矿权人在完成规定的最低勘查投入后，经依法批准，可以将探矿权转让他人。已取得采矿权的矿山企业，因企业合并、分立，与他人合资、合作经营，或者因企业资产出售以及有其他变更企业资产产权的情形而需要变更采矿权主体的，经依法批准可以将采矿权转让他人。[④] 因此，在该阶段，我国对矿业权实行有限流转的法律规制。在 1998 年，国务院颁布实施《探矿权采矿权转让管理办法》，具体规定了矿业权转让的条件。矿业权的转让要经过审批，国务院地质矿产主管部

---

① 蒋文军：《矿业权交易法律制度与实务操作》，中国法制出版社 2011 年版，第 48－49 页。

② 参见 1986 年《矿产资源法》第 3 条和第 42 条的规定。

③ 参见《矿产资源法实施细则》第 42 条的规定。

④ 参见现行《矿产资源法》第 6 条的规定。

门审批由其审批发证的探矿权、采矿权的转让。其余的探矿权、采矿权的转让审批由省、自治区、直辖市人民政府地质矿产主管部门负责。[①] 该阶段对矿业权交易的有限开放，为矿业权市场的建立奠定了一定的基础。

（三）放宽流转阶段

2000 年，国土资源部发布《矿业权出让转让管理暂行规定》，明确规定了矿业权适用不动产法律法规的调整原则，矿业权人依法对其矿业权享有占有、使用、收益和处分权。矿业权人可以依照本规定，采取出售、作价出资、合作勘查或开采、上市等方式依法转让矿业权。矿业权人可以依照本规定出租、抵押矿业权。[②] 矿业权出售是指矿业权人依法将矿业权出卖给他人进行勘查、开采矿产资源的行为。矿业权出租是指矿业权人作为出租人将矿业权租赁给承租人，并向承租人收取租金的行为。矿业权抵押是指矿业权人依照有关法律作为债务人以其拥有的矿业权在不转移占有的前提下，向债权人提供担保的行为。[③] 在该规定下，我国不但放开了矿业权流转的市场，同时还规定了矿业权交易的三种模式，即出售、出租和抵押，因此，该阶段被认为是矿业权的放宽流转阶段。

矿业权流转的开放，对于能源财产权利交易的“二级市场”的建立具有重要的意义，民间资本和海外资本的进入，也使得矿产资源得到更合理的开发利用与有效配置。然而不得不说的是，《矿业权出让转让管理暂行规定》属于部门规章，在法律规范的效力层级上，低于全国人民代表大会常务委员会制定的法律《矿产资源法》，也低于国务院出台的行政法规《矿场资源法实施细则》，由《矿业权出让转让管理暂行规定》确定的矿业权的交易制度，在合法性上是受到与上位法相冲突的质疑的。因此，为保证矿业权交易制度的合法性，维护法律的统一性，有必要修正上位法来为矿业权交易制度提供更有效的支撑。

三、能源财产权利转让的具体规则

（一）能源财产权利转让的基本原则

1. 私权保护与公权监督原则

能源财产权利的本质是一种私权。私法以权利为核心，以私人平等和自治为

① 参见《探矿权采矿权转让管理办法》第 4 条的规定。
② 参见《矿业权出让转让管理暂行规定》第 3 条和第 6 条的规定。
③ 参见《矿业权出让转让管理暂行规定》第 40 条、第 49 条和第 55 条的规定。

基本理念，其内容则体现私人利益的和谐。[①] 能源财产权利转让是具备资格的双方当事人在平等、自愿的基础上进行的，一方将能源财产权利转移给另一方，另一方则必须支付相应的费用的行为。能源财产权利转让是能源资源、环境资源商品化的体现，是市场经济发展到一定阶段的产物，商品交换应当遵循平等、自愿、等价有偿原则，这也是能源财产权利私法性质的基本要求。

国家是能源财产权利本质上的所有者，基于信托关系将此权利交于能源主体进行开发利用，同时能源财产权利的利用关系国家的经济命脉，对外部环境亦将产生不可避免的影响。由此可以得出：能源财产权利转让的客体——能源财产权利，是一种在一定程度上具有公权性质的私权。为维护能源财产权利的转让秩序，为维护公共利益，在交易过程中，当事人应当主动接受能源主管部门和其他相关部门对能源财产权利转让的监督和管理。[②]

2. 经济效益与环境保护原则

马克斯·韦伯认为，市场经济的基石即私有财产权、自由竞争和法治，财产权使平等交往成为可能并且必要。市场经济不是物品的转移，而是权利的相互让渡，完整的财产权界定和保护虽然并不直接增加物品的数量或提高物品的质量，但却能够增加市场交易中财富的流量和速度。[③] 也就是说，能源财产权利只有在市场中进行自由的流通，才能最大限度地发挥其价值以及得到最有效的利用。能源财产权利转让制度的设计目标之一就是为了促进能源财产权利在自由的"二级市场"中流转，从而实现能源交易的经济效益的最优化。

能源资源的开发利用必然要求对外部环境的利用，因此，能源财产权利的转让不可避免地伴随着对环境的消极影响，故而能源财产权利的转让制度应当遵守法律关于环境保护原则之规定。以排污权为例，根据环境保护原则的要求，排污权的转让不得引起区域环境质量的恶化，对于排污权的转让一般采取"总量控制"，在一定的区域内限定排污的总量，区域内排放的污染物必须低于该"总量控制"的目标。

（二）能源财产权利转让的条件

正如前文所述，能源财产权利属于民法意义上的"物"，其转让应当适用于

---

① 张俊浩：《民法学原理》，中国政法大学出版社 2000 年版，第 7 页。

② 邓海峰：《排污权转让法律问题研究》，载《清华法学》，2011 年第 2 期，第 110 页。

③ 焦洪昌：《公民私人财产权法律保护研究——一个宪法学的视角》，科学出版社 2005 年版，第 18 页。

移转继受取得的规定。所谓移转继受取得，是就原物权人既有的物权、不变更其性质而予以取得的现象。[①] 2000 年国土资源部发布实施的《矿业权出让转让管理暂行规定》第 3 条第 1 款规定，矿业权适用不动产法律法规的调整原则。因此，能源财产权利转让制度应当参照适用《物权法》关于不动产物权的转让制度。物权法上不动产物权的变动要件主要表现为：原权利人须有处分权；当事人需就物权变动达成合意；必须进行登记。结合上述关于能源财产权利转让所应遵循的基本原则，笔者认为，能源财产权利转让的条件主要体现在以下几个方面。

1. 受让人的资质要求

由于能源资源的开发利用具有投资风险性、作业复杂性、技术高端性等特点，受让人欲取得能源财产权利必然要具备相应的资质。另外，由于能源财产权利的种类繁多、权利之间的差异很大，还应当根据所转让的能源财产权利的具体特性对受让人的资质进行区别规制。关于受让人的资质，首先，其必须具备能源财产交易主体的资质，也就是说，获得从事能源财产交易的行政许可。由于能源资源开发利用需要雄厚的资金与过硬的技术支持，因此受让人需具备独立的法人人格。《矿业权交易规则（试行）》第 4 条规定："受让人是指符合探矿权、采矿权申请条件或受让条件的、具有独立承担民事责任的法人。"其次，受让人应具备相应的专业资质，从一定程度上可以理解为能源财产权利受让人的行为能力，具备从事相应的能源资源开发利用的实际能力。比如，排污权交易，要求受让人具有法人营业执照和其他有效的资质证明以及符合受让人所在地区的环境保护要求，即一定的排放总量的要求等。[②] 由此可见，能源财产权利转让中的受让人不但要满足能源财产交易主体的一般资质，还要具备开发利用某项能源财产权利的特殊要求。

2. 权利的可交易性

转让人与受让人进行交易时，需要考虑客体的可交易性。理论上来说，能源财产权利属于民法上的"物"，应当可以进行自由交易。然而，结合能源财产权利依赖于一定的公共利益和外部环境的特性，能源财产权利的可交易性应当符合相关法律规范，由法律明确规定。能源财产权利的产生离不开能源主管机关的授权，很多情况下能源主管机关分配能源财产权利时，除了考虑能源市场的各要素外，还有基于公共利益的考量。一些生产型的能源财产权利，当其是为了社会福祉而开发利用时，往往会无偿或低价授予能源财产权利人。此时，如果允许权利

---

① 崔建远：《物权法》（第三版），中国人民大学出版社 2014 年版，第 42 页。

② 参见《哈尔滨市二氧化硫排污权交易暂行办法》第 19 条的规定。

人自由转让该权利，则有倒卖能源财产权利许可证牟利之嫌。而功能型能源财产权利往往依存于土地所有权或使用权，其转让并不能独立存在。例如，基于河岸权原则而取得的排污权。依据河岸权原则生成的排污权，是以相邻的不动产在地域上的毗邻关系为基础而确认的，该种排污权与特定地域的土地所有权、土地使用权、土地承包经营权等权属之间具有不可分离的依存关系。因此，基于功能性能源财产权利的自身形成机制，应当禁止排污权脱离其生产的基础权利而单独转让。

3. 权利无权属争议

"现代产权制度是权责利高度统一的制度，其基本特征是归属清晰、权责明确、保护严格、流转顺畅。"[①] 产权主体归属明确和产权收益归属明确是现代产权制度的基础，也是能源财产权利流转顺畅的重要保障。能源财产权利作为能源财产权利转让的标的，其权属的确定对能源财产权利转让合同内容的确定和履行具有重要的意义，是转让人和受让人的权利义务能够得到实现的前提。合同是双方当事人基于合意所产生的，当事人依据合同取得相应的权利是其最终目的。即使能源财产权利确实属于转让人，但在未确权之前，也不能进入转让能源财产权利的过程，此处并不适用合同法的无权处分制度。理由有：一是他人会提出异议主张其能源财产权利，这仍然需要重新开始确权程序；二是法律也难以确切、划一地认定转让的法律效力。因此，将能源财产权利的权属无争议作为转让的条件之一是必要的。[②] 在矿业权方面，根据我国《探矿权采矿权转让管理办法》的规定，转让矿业权，应当具备矿业权权属无争议的条件。在排污权方面，同样也要求出让人具有排污权的处分权，才能保证交易的安全进行。[③] 一般来说，为了便利能源主管机关的行政监督工作，往往适用不动产物权的转让制度，即能源财产权利未经登记不得进行转让。

4. 其他转让条件

除了以上述所列举的主要的转让条件之外，法律对能源财产权利转让条件的规定，还体现在以下几个方面：第一，我国对于能源财产权利的转让设置了一定的时间期限，其目的是防止不法转让牟利。例如，探矿权转让必须自颁发勘查许可证之日起 2 年，或者在勘查作业区域内发现可供进一步勘查或者开采的矿产资

---

① 黄振中，赵秋雁，谭柏平：《中国能源法学》，法律出版社 2009 年版，第 108 页。

② 崔建远：《准物权研究》，法律出版社 2012 年版，第 300 页。

③ 参见《探矿权采矿权转让管理办法》第 5 条、第 6 条的规定。《黑龙江二氧化硫排污权交易管理办法（试行）》第 9 条的规定。

源。采矿权转让必须满足矿山企业投入采矿生产满1年。[①] 第二，能源财产权利转让时，必须按照国家有关规定缴足相应的费用。例如，探矿权转让时应当缴纳相应的探矿权使用费、探矿权价款；采矿权转让时应当缴纳采矿权使用费、采矿权价款、矿产资源补偿费和资源税。[②] 第三，某些能源财产权利的转让还应当符合特殊的转让条件。例如，探矿权的转让必须在完成规定的最低勘探投入的前提之下，以及符合国务院相关主管部门的规定等。[③]

四、能源财产权利转让合同

（一）能源财产权利转让合同是交易的媒介

能源财产权利的转让以采取合同形式为宜，能源财产权利转让合同是“二级市场”交易的重要媒介。合同关系本是重要的民事法律关系，但近代合同制度在沿革中，已经超出了民商法的范畴，扩展到法律的各部门和法学的各领域。合同涵盖的关系日益复杂，其外延扩大而导致内涵减少，合同已成为一种形式化的法律制度。[④] 从这个层面上看，随着合同制度外延的扩大，能源财产权利这一具有一定公权色彩的私权，依据传统民法合同制度实现其流转具有现实的法律基础。

首先，传统经济自由主义的一个基本的理论预设是，在市场上从事交易的人是经济人，对于各自的利益最为清楚，最会安排。经济自由主义鼓励经济人充分发挥其聪明才智，以追求其利益的最大化，经济人享有充分的行为自由来参与市场竞争。[⑤] 能源财产权利交易的“二级市场”，作为一个相对自由的市场，合同制度是实现能源财产权利交易主体依其自由意思表示追求利益的有效的实现方式。本质上，自由、公平的合同使理性的合同当事人通过合同增加双方的效益。合同制度具有保证未来商品和服务的交易，互惠互利并分配风险，有助于解决之后交易内容的纠纷等优势。[⑥] 契约法的基本目标是阻止人们对契约的另一方当事人采取机会主义行为，以促进经济活动的最佳时机选择，并使之不必要采取成本

① 参见《探矿权采矿权转让管理办法》第5条、第6条的规定。

② 参见《探矿权采矿权转让管理办法》第5条、第6条的规定。

③ 参见《探矿权采矿权转让管理办法》第3条的规定。

④ 史际春，邓峰：《合同的异化与异化的合同——关于经济合同的重新定位》，载《经济法论丛》（第一卷），中国方正出版社1999年版，第41页。

⑤ 韩世远：《合同法总论》，法律出版社2011年版，第25页。

⑥ See Steven Shavell, *Economic Analysis of Contract Law*, Harvard Law and Economics Discussion, Feb. 20, 2003, p. 403.

昂贵的自我保护措施。[①] 总之，能源财产权利转让合同的当事人，基于合同制度可以减少大量的边际成本，提高“二级市场”交易的效率以及降低交易风险。

其次，随着社会的发展，传统民法给予的个人本位的原则在不断地发生变化，意思自治这一理念受到了挑战。现代市场经济，更加注重公共领域的社会观念和国家干预的经济思想，普遍意志对合同的介入和规制越来越组织化、技术化，比如对主体准入的资质要求，对合同权利义务的限制，对合同进行监督管理等。普遍意志对合同的介入直接限制了当事人的意思自治，从而使合同成为国家进行个别调整的方式，成为国家意志和个人意志互相融合进而设定权利和义务的一种法律形式。[②] 对合同自由制度的限制，减少了对合同的实质要求，更加强调合同是对权利、义务的规制。这一发展趋势为能源财产权利转让合同在理论上摄入传统合同法的调整范围提供了支持。能源财产权利转让合同的标的物，涉及与国家政治经济息息相关的能源资源，国家意志的介入必然会对意思自治原则进行必要的限制。

最后，能源财产权利的本质属于民法上的“物”，基于此，能源财产权利的转让类似于民法中物的买卖，可以适用《合同法》中关于买卖合同的相关规定。合同法的相关规则对于“二级市场”中能源财产权利的转让有着不可替代的积极作用。在合同的订立方面，适用《合同法》第二章关于“合同的订立”的规则，转让方与受让方均须具有行为能力，并且就能源财产权利转让的时间、价格及支付期限等一系列事项协商一致，双方在合同文本上签字盖章；在合同的效力方面，双方的上述协商一致必须是真实的，不存在欺诈、胁迫、乘人之危、重大误解等因素，不违反我国法的强制性规范，可以附期限、附条件，等等。[③]

（二）能源财产权利转让合同的特殊问题

1. 能源财产权利转让合同宜采用格式合同

格式合同是当事人为了重复使用而预先拟定，并在订立合同时未与对方协商的条款。狭义的格式合同指合同条款由当事人一方拟定，对方只有附合该条款（意思）方能成立合同的缔约方式（本文称之为一般格式合同）。[④] 广义的格式合同还包括格式条款由合同当事人之外的第三方指定的格式合同（本文称之为特殊

---

① 理查德·波斯纳：《法律的经济分析》（第七版），蒋兆康译，法律出版社 2012 年版，第 132 页。

② 吕忠梅、刘长兴：《试论环境合同制度》，载《现代法学》，2003 年第 3 期，第 105 页。

③ 崔建远：《水权转让的法律分析》，载《清华法学学报》（哲学社会科学版），2002 年第 5 期，第 47 页。

④ 崔建远：《合同法》（第二版），北京大学出版社 2013 年版，第 50 页。

格式合同)。无论是一般格式合同，还是特殊格式合同，其核心问题都在于预先拟定一般交易条件。梅迪库斯指出："一般交易条件是指为众多合同事先拟定的、由使用人在订立合同时向对方当事人提出的合同条件。一般交易条件的对立物，是双方经过协商达成的个别协议。"①

笔者认为，格式合同有助于在能源财产权利转让中，实现国家管理以及保护社会公众的价值目标。能源财产权利转让合同宜采用特殊格式合同的缔约方式。能源财产权利转让合同采用特殊格式合同，有利于提高能源财产权利的开发利用效率，有利于保护社会公众的公共利益。目前，我国一些能源财产权利交易所已经采取了特殊格式合同的做法，比如北京产权交易所，不仅对转让合同的内容进行了必要的规制，并提供了可供选择的部分交易条款。

特殊格式合同与一般格式合同区别之处在于：一是一般格式合同一方当事人是特定的，另一方当事人是不特定的；特殊格式合同，合同双方当事人在签订合同前都是不特定的，即事先拟定的格式条款是针对不特定的交易双方的。二是一般格式合同，由当事人中的一方事先拟定格式条款，而对方若想取得合同相应的权利义务就只能选择接受；特殊格式合同，由国家相关管理部门出于综合价值考量预先制定格式条款，合同当事人双方必须严格遵守该条款。三是一般格式合同是经济地位处于强势的一方，加于不特定的当事人的条款；特殊格式合同是相关权力机构基于特殊社会经济价值追求介入合同，加于双方当事人的基本交易条件，对双方当事人的经济地位在所不问。

能源财产权利转让合同采取格式合同的方式后，在"二级市场"中实现了交易的定型化，双方当事人可以仅就关系自身的利益进行协商，节约了交易成本，并有利于交易风险的事先分配。更重要的是，格式合同中的一般交易条件，可以提前预防相应的损害行为，有利于保障国家的能源政策，有利于保障社会公众利益，维护了能源财产权利交易的"二级市场"的健康发展。

不过，需要注意的是，能源财产权利转让合同虽然采取了特殊格式合同的形式，但是其并没有完全限制合同的内容，仍然需要坚持私法自治这一民法的核心理念，赋予交易双方在一定程度上的自主决策权。笔者认为，对于与公众利益、国家的相应政策等无紧密关系以及技术性等并不复杂的内容，诸如履行的地点、履行的方式以及双方当事人基于在不危害前述利益的情况下所设立的其他权利、义务，应当允许合同当事人意思自治。毕竟，"国家以公权力作为契约的后盾，

① [德] 迪特尔·梅迪库斯：《德国民法总论》，邵建东译，法律出版社2013年版，第300－301页。

只有在契约内容已制造高度的外部成本——违反伦理或法令时，国家才会否定其效力，对于契约的履行、修改，责任的追究，国家也都不主动介入，只在争议无法解决而诉诸法院时，才以司法裁判赋予公信执行力”。①

2. 能源财产权利转让合同对合同相对性的突破

合同的相对性，即债的相对性。债，指特定当事人间得请求一定给付关系，债权人依债之关系得向特定的债务人请求给付。在罗马法中，债被称为“法锁”，意指“当事人之间之羁束状态”。② 债权本质上为“法锁”，当事人一方仅得请求特定一方当事人为一定之给付行为，而不及于第三人。无论是大陆法系、英美法系还是我国，合同相对性原则一直以来作为一条基本原则而被信守。然而，随着个人本位向社会本位的让步，公法向私法领域不断扩张。这种扩张体现了自由经济时代资本主义国家“守夜人”角色的终结，体现着国家力量对契约自由强有力的干预，是对多层次社会经济关系状况及其发展要求的认可与回应，反映了立法者对于社会稳定和经济安全的普遍关注。大陆法系在诸如债的保全制度、涉他合同、债权的物权化以及契约责任的扩张等方面都对合同的相对性进行了一定的突破。英美法系亦通过判例法承认了合同对第三人的效力。③

正如前文所述，合同相对性的突破是现代合同制度发展的突出特点。能源财产权利是一具有公权色彩的私权，其开发利用涉及的价值目标较多，关系到国家的政治、经济和社会的发展。能源行业又是典型的自然垄断性的产业，对于外部环境的损害程度很大，因此需要通过外部力量对能源财产权利转让合同进行适当干预，避免过度的自由造成不良影响。能源财产权利转让合同无法排除对合同之外的社会公众及第三人的影响。因此，为了发挥积极作用，法律应当符合能源行业的特殊要求，为保护“二级市场”的有效运作和社会公众的切身利益，允许能源财产权利转让合同在一定程度上打破合同的相对性。

具体来说，笔者认为，能源财产权利转让合同对合同相对性原则的突破应当体现在以下两个方面：

首先，国家作为非合同当事人对能源财产权利转让合同享有监督权。依据公共信托理论，能源财产权利的所有者本质上应为全体公民，公民为避免“公地悲剧”“搭便车”等集体行动的弊端，将该权利委托给国家进行管理，这就形成了一种隐性的信托关系。国家相关部门有义务对能源财产权利的开发利用进行必要

---

① 苏永钦：《民事立法与公私法的接轨》，北京大学出版社 2005 年版，第 19 页。

② 李宜琛：《日耳曼法概说》，中国政法大学出版社 2003 年版，第 101 页。

③ 英国判例法早在 1677 年达顿诉波尔（Dutton v. Poole）一案中就承认了合同对第三人的效力。

的监管。加之，国家本身即有义务为公众的生活进行必要的服务，根据新公共服务理论①，政府是能源财产权利开发和利用的一个重要参与者，应以“公共利益”为视角对其职责予以定位。除了干预者和管理者之外，政府还应当以一个仲裁者的身份来调解、协调公民的环境权等与能源财产权利交易之间的冲突。② 故而，国家有充分的义务来“保管”能源财产权利，为了维护社会公共利益，作为非合同关系当事人，对于原本处于封闭系统之中的能源财产权利转让合同享有监督权。这也就突破了合同的相对性原则，即所谓的非合同关系主体不得干涉合同所约定的合同当事人之间的权利义务。

其次，能源资源属于“公共财产”的范畴，本质上为全体社会公众所有，其拥有充分的参与权和救济权，这是公民最基本的权利保障。能源财产权利的开发利用，经常会与公民的基本权利产生冲突，其中最典型的就是环境权。依据环境权的相关内容，公民有行使环境使用权的权利（拥有依法排放废弃物的权利等），也有环境的参与权，参与国家环境管理的预测和决策，以及环境保护制度的实施等，当然还有环境请求权或救济权（环境或公众的环境利益受到侵害后向有关部门请求保护的权利）。③ 因此，能源财产权利转让合同在履行过程中，应当充分尊重社会公众的合法利益，对该权利在实际利用中所造成的合同法律关系之外的其他民事主体的损害进行救济。能源财产权利转让合同关系之外的第三人，有权通过能源管理部门对转让合同进行监督，也可以对转让合同对其合法权益造成的损害提起基于合同之上的救济。笔者认为，在这种情况下，能源财产权利转让合同的原本封闭的合同关系，已经被合同关系之外的社会公众力量所冲破，即合同当事人不得以合同相对性为由，阻碍社会公众的监督和救济行为。

第二节　能源财产的出资

西奥多·W·舒尔茨在其《论人力资本投资》中所指出的两种资本形式，即物质资本和人力资本，都服务或服从于新社会财富的生产。人力资本产生于人类对其自身智慧的具体利用，建立和完善一种能够更好地发挥物质资本效用的制

① “新公共服务理论”是美国亚利桑那州立大学公共事务学院罗伯特·B·丹哈特和珍妮特·V·丹哈特教授提出的，其理论基础是：(1) 民主社会的公民权理论；(2) 社区市民社会的模型；(3) 组织人本主义和组织对话理论。该理论的核心内容是，政府不再是处于控制地位的掌舵者，而只是非常重要的参与者。

② 王嘎利，杨士龙主编：《中外视域中的环境法理论》，知识产权出版社 2010 年版，第 24 页。

③ 张璐：《环境与资源保护法学》（第二版），北京大学出版社 2015 年版，第 101－107 页。

度，也是人类智慧的重要体现。[1] 而所谓的物质资本，是指体现在物质资料上，能够带来剩余价值的价值，鉴于此，能源财产权利应当属于广义上的物质资本。能源财产权利出资是能源财产权利交易的重要内容之一。正如道格拉斯·诺斯所言："对经济增长的历史研究就是对制度创新的研究，通过制度创新减少交易（及生产）成本，从而实现日益复杂的交换活动。"[2] 因而能源财产权利出资制度构建，当然成为研究能源财产权利交易的"二级市场"应关注的焦点。

一、能源财产权利出资的可行性

（一）物权法理念的转变

自现代市场以来，物权理念逐渐由自罗马法以来的"以物的所有为中心"向"以物的利用为中心"转变。现代市场的操作以资本为核心，"物尽其用"是其最终目标，相应的物权法律制度为了适应现代市场的要求，也确立了以"物的利用"[3] 为核心的制度理念。道格拉斯·诺斯认为，"产权制度是一个经济运行的根本基础，有什么样的产权制度就会有什么样的组织，什么样的技术，什么样的效率"。由此可见，一种符合经济和市场规律的物权理念的改变，会对市场经济运行产生"催化剂"的效果，促进市场交易的发展。

能源财产权利虽然具有一定的"公权"色彩，但究其本质仍然为"私权"性质，而私法自治的理念是民法理论的核心内容。在物权法领域，意思自治主要受到物权法定主义的影响。但是，物权法定主义是在简单的商品交易时期，基于人类理性所产生的法律原则。"法律的生命向来不是逻辑，而是经验，我们不能把它当成只含有公式或定理的数学书来对待。物权法定这一人们理想思维的产物在其产生时对社会的发展起巨大的推动作用，而当它不能适应社会发展的要求时，其往往成为抑制人们自由创造生活的枷锁，阻碍社会进步。"物权法领域的"物权法定主义"原则，阻碍能源财产权利出资制度的建立。物权原则的价值化和国际化趋势使得"以确认权利归属为根本任务的物权法定主义原则也就失去了其主要的作用平台"。[4] 虽然物权法中没有明文规定能源财产权利的相关规则，但"物权法定主义"在理念上的突破，推动了能源财产权利交易"二级市场"

① 西奥多·W·舒尔茨：《论人力资本投资》，吴珠华等译，北京经济学院出版社 1990 年版，第 37 页。曹乔华：《论抵押物出资及其法律规制》，湖南师范大学硕士学位论文 2004 年，第 1 页。

② ［德］柯武刚，史漫飞：《制度经济学》，吴珠华等译，商务印书馆 2000 年版，第 22 页。

③ 王利明：《物权法研究》第三卷（上卷），中国人民大学出版社 2013 年版，第 128 页。

④ 谢小妮：《矿业权出资的法律问题》，山西财经大学硕士学位论文 2011 年，第 12 页。

的交易制度的发展。故而，能源财产权利出资在物权法领域内拥有供其成长的土壤。权利人完全享有以能源财产权利用作出资，来实现能源财产权利利用价值的权利，这是市场经济对资源利用的要求。

（二）公司法理念的支持

随着《公司法》的实施，“资产信用”的理念逐渐取代“资本信用”，为更多人所接受，该趋势的发展为能源财产权利出资制度的建立提供了契机。股东进行出资主要用作经营活动。以出资形式形成公司基本资本，表面上看能够有效地保护债权，但这一理念实际上是为公司的实质偿债能力笼上一层烟雾。本质上看，公司资产处于动态之中，“公司资产与资本的脱节是公司财产结构的永恒状态”①。而公司实际上都是以其资产对公司债务承担责任。因此，以公司资本为债权进行担保并不理性，公司承担责任的财产基础是其实际资产而非成立时的注册资本。故而以能源财产权利用作出资，只是股东出资形式的一种，并不影响公司对债务的清偿和债权的担保。

能源财产权利出资集中于相关的能源企业，而其较之于《公司法》所列举的货币等五种出资形式具有明显的优势。股东出资最重要的意义在于，其为公司的实际运营奠定了经济基础。而这种经济基础不仅限于资金方面，对于能源企业而言，能源财产权利具有更加重要的意义。对于上游能源开发企业，能源财产权利是其进行基本经济活动的基础。能源财产权利出资作为“二级市场”中能源财产权利流转的形式之一，可以弥补能源财产权利交易“一级市场”中资源配置的误差，从而实现能源财产权利的合理利用。对于下游能源企业而言，在现有的技术条件下，废弃物的产生无可避免，排污权在配额上的限制即成为实际生产的瓶颈。这就意味着，以排污权作为出资，对于下游能源企业而言也具有实际的重要意义。能源财产权利出资能够有效地带动能源企业的运营，从另一个方面也印证了股东出资的经营功能。反观，若不允许以能源财产权利用作出资，权利人一般也不会额外支付费用来行使权利，那么权利将会被闲置，无法发挥其应有的价值。以能源财产权利用作出资，可以尽可能少地引起资源闲置或者浪费情况发生。

能源领域的投资具有高风险、高投入以及回报不可预期等特点，因而在市场资本紧缺的情形下，投资的不足势必在一定程度上影响能源企业的发展，更可能

① 赵旭东：《从资本信用到资产信用》，载《法学研究》，2003 年第 5 期，第 113 页。

影响整个能源经济的运行态势。能源行业的投资不足会影响具体的开发、生产的质量，同时追求暴利、技术落后等因素造成的滥采、滥用等现象会日益频发。能源财产权利出资有利于扩宽公司的筹资方式，“从本质上说，公司就是一种股权式的投资收益形式，是股东赚钱的工具。”[①] 因而，允许能源财产权利用作出资，可以鼓励社会投资、促进企业发展和公司繁荣，同时也能兼顾债权人的权益安全，而此正为公司法的宗旨和使命。

（三）权利自身特点的契合

可以用作出资的财产类型被规定于公司法相关法律法规中，《公司法》第二十七条规定了可以用作出资的非货币财产类型，即：“股东可以用货币出资，也可以用实物、知识产权、土地使用权等可以用货币估价并可以依法转让的非货币财产作价出资；但是，法律、行政法规规定不得作为出资的财产除外。”[②] 因而，对于可以用货币进行估值，并依法可以转让的财产性权利，是可以作为非货币财产用作出资的，由此，能源财产权利在“二级市场”中以出资形式交易就具备了可行性[③]。

1. 价值性

股东的出资是公司运营且实现盈利目的的基础，因而用作出资来增加公司运营能力的财产应当具有一定的价值。[④] 货币具有一般等价物的特性使其当然具有用于出资的资格。但从事特殊产业的公司企业，其运营需要的不只是货币资本，还需要财产性权利用以生产经营。例如对于高新技术企业而言，知识产权即是其用以生产经营，甚至提高自身竞争优势的重要财产性权利之一。而对于能源企业而言，能源财产权利是其进行生产经营的基础。对于能源开发企业而言，勘探权和开发权必不可少；各类能源企业都在一定程度上需要排污权。效用性和商品性即是能源财产权利对于能源企业具有价值的原因所在，因而，能源财产权利具有价值的特点，是其可以用作出资的基础之一。

2. 确定性

确定性指的是用作出资的非货币财产可以被详细地记载，对于记载的事项可以找到唯一的财产与之对应。非货币财产往往不像货币财产可以直接被准确地定

---

① 赵旭东：《公司法修订的基本目标与价值取向》，载《法学论坛》，2004 年第 6 期，第 11 页。
② 参见《公司法》第 27 条的规定。
③ 李显冬主编：《中国矿业立法研究》，中国人民公安大学出版社 2006 年版，第 302 页。
④ 赵旭东：《从资本信用到资产信用》，载《法学研究》，2003 年第 5 期，第 109 页。

量定价，但由于非货币财产的目的是被用以出资，其权利必须合法转移，且出资额的计算会直接影响股东相对应的权益，也会影响被出资企业整体价值的估算。因而，要求非货币财产用以出资需要具备确定性。能源财产权利的原始取得基于的是行政机关的行政许可，在行政许可赋予权利人能源财产权利时，即明确了能源财产权利的类型、权利内容、行使方式和行使时限等事项。因而股东享有的拟用作出资的能源财产权利都是确定唯一的。

3. 可流转性

用作出资的非货币财产的可流转性包括两个方面的内容。一是可转让性。可转让性是相对于原所有人而言，只有能源财产权利具有可转让性，该权利才能真正被转移至能源企业名下，形成股东出资，用于计算相应的股东权益。不具备可转让性的能源财产权利，股东即无法履行出资义务。二是可流通性。可流通性是相对于能源财产权利所转移至的能源企业而言，能源财产权利除了具有生产经营的功能外，其在市场上的可流通性，是其作为企业资产对于债权人的保障。

能源财产权利具有的价值性、确定性和可流转性，是其得以作为出资的基础，而法律对于能源财产权利可以用作出资的确认，才能成为其出资合法性的保障。我国《矿业权出让转让管理暂行规定》中，规定了以矿业权作为出资的转让方式。矿业权作价出资是指矿业权人依法将矿业权作价后，作为资本投入企业按出资数额行使相应权利，履行相应义务的行为。此外，合作的方式也得到认可，合作勘查或合作开采经营是指矿业权人引进他人资金、技术、管理等，通过签订合作合同约定权利、义务，共同勘查、开采矿产资源的行为。[①] 不过需要注意的是，虽然有关矿产资源的勘探权和开发权，已经被法律确认可以作价出资，但是其他能源资源的勘探权和开发权，以及排污权的作价出资的交易方式还未被法律所确认。

二、能源财产权利出资的构成要件

（一）实质要件

能源财产权利出资的主体，根据“一级市场”和“二级市场”的划分有所不同。国家为能源财产权利的授予者，国家可以通过“一级市场”进行能源财产权利的出资。例如2004年国土资源部修订的《探矿权采矿权价款转增国家资

① 参见《矿业权出让转让管理暂行规定》第41条、第42条的规定。

本管理办法》中有“将应缴纳的探矿权采矿权价款部分或全部转增国家资本金”的规定，这种转增国家资本金所出现的情形之一是“因国有企业合并、分立、与他人合资、合作经营或改制等，以探矿权或采矿权价款出资或入股的”，其立法意旨是将矿业权出资入股时，该矿业权若是由国家出资勘查形成矿产地的矿业权，都将视为国家资本金，由此确定了国家作为矿业权出资人的地位。而在“二级市场”中，能源财产权利出资的主体则为一般出资人，包括拥有能源财产权利的能源企业或自然人。由于能源财产权利的利用对技术等资质有一定的要求，因此能源财产权利的出资人与被出资的企业都需要具备一定的技术及资金等方面的资质，否则有倒卖能源财产权利行政许可之嫌。具体能源财产权利出资人与被出资企业的资质要求，与前文能源财产权利转让之中的转让人与受让人的资质要求相同，在此不予赘述。

正如前文所述，能源财产权利具有价值性、确定性和可流转性的特点，使得其具有可作价出资的基础，但是由于不同能源财产权利之间存在很大的差异，从法律规范的角度来看，是否可实际用作出资还存在争议。国务院颁布的《公司登记管理条例》规定，“股东的出资方式应当符合《公司法》第二十七条的规定，但股东不得以劳务、信用、自然人姓名、商誉、特许经营权或者设定担保的财产等作价出资。”国家工商行政管理总局制定的《公司注册资本登记管理规定》对此作了同样的规定。① 能源财产权利中，较为特殊的是能源开发权中的发电权，其属于特许经营权。根据公司登记相关法律法规的规定，发电权不得用作出资。由于能源财产权利还可以做抵押，而设定担保的财产也不得用作出资，因而在进行能源财产权利出资时，也应当注意权利的完整性。不过，笔者认为，随着能源财产权利交易市场的建立与完善，能源财产权利的交易类型范围不断扩张，在此情况下，法律应当给予市场主体更多自我协商选择的机会，应该考虑能源行业的特殊情况，在符合市场交易规律与交易安全的情况下，及时通过立法给予其合法性的评价。②

（二）程序要件

结合《公司法》和《矿业权出让转让管理暂行规定》的相关规定，能源财产权利出资应当遵循以下程序。

---

① 参见《公司登记管理条例》第 14 条的规定；《公司注册资本登记管理规定》第 5 条的规定。

② 李显冬：《中国矿业立法研究》，中国人民公安大学出版社 2006 年版，第 331 页。

1. 主管机关审批

由于能源财产权利在国家战略层面具有重要性，因而需要通过主管部门的审批来防范实际操作中的违规行为，避免给国家利益造成损害。能源财产权利的特殊性决定了其主体资格的特殊性，即接受能源财产权利出资的主体应当符合相应的主体资质的要求。因此在以能源财产权利用作出资时，应当向审批机关提交证明受让人主体资格的法律文件，其中包括出资合同或公司章程、出资人和受让人的资质证明、能源资源勘查、开发等情况的报告等。[①] 出资属于权利流转的方式之一，能源财产权利的变动涉及国土资源部门的管理，而出资要受到工商行政部门的监管，因而在进行能源财产权利的出资时，涉及两个部门如何协调的问题，应当妥善解决。

2. 作价评估

对能源财产权利进行作价评估，是非货币财产进行出资不可缺少的环节。《公司法》规定，"对作为出资的非货币财产应当评估作价，核实财产，不得高估或者低估作价。法律、行政法规对评估作价有规定的，从其规定。"[②]《矿业权出让转让管理暂行规定》也要求，矿业权在进行出资时应当委托评估机构评估矿业权。[③] 需要注意的是，能源财产权利价值评估，属于市场中介服务的范畴，估值机构的独立性和权威性对能源财产权利价值的认定具有较大影响。[④] 此外，能源财产权利与其他财产性权利的不同之处在于，能源财产权利随着不断的利用，其价值会随之下降，尤其表现在开发权上。开发权的价值大小，往往与拟开发的能源资源的价值挂钩，随着能源资源不断被开发，对于传统的不可再生能源资源的开发权而言，其价值会相应下降。因而在能源财产权利用作出资时，不适宜以原权利人从行政机关手中获得该权利而支付的价款来认定权利的价值，应当由独立的估值机构重新对能源财产权利进行评价，以保证企业资产价值的真实性。同时，由于能源财产权利在利用中会贬值，应当设立有效的机制来满足企业资本维持原则的要求。

3. 办理登记

能源财产权利的转让适用于《物权法》中关于权利转让的相关规定，因而登记制度对能源财产权利出资具有不同寻常的意义。同时，从《公司法》的角

---

① 崔建远：《准物权研究》，法律出版社 2012 年版，第 301 页。

② 参见《公司法》第 27 条的规定。

③ 参见《矿业权出让转让管理暂行规定》第 43 条的规定。

④ 谢小妮：《矿业权出资的法律问题》，山西财经大学硕士学位论文 2011 年，第 12 页。

度而言，非货币财产用作出资也应当按照公司法的相关规定进行登记。对于登记机关而言，通过登记，可以对市场中的能源财产权利进行有效的统计与管理，同时，登记行为也是能源财产权利进入市场的最后一道行政关口，借此来有效地控制违规操作行为的发生。而对于权利人而言，只有经过登记才完全享有权利，接受出资的能源企业才能对该财产权利进行完全的控制和支配。[①] 而在办理登记上，同样涉及国土资源部和工商行政部门职权的交叉与重叠，相互间的协调有待于相关行政法律法规出台规制。就目前而言，能源财产权利的出资，需要经国土资源部门批准备案，而公司资产的变更登记需在工商行政部门进行。

三、能源财产权利出资的实践

能源财产权利的出资，指的是按照法律程序将能源财产权利折合成相应的对价，作为公司的注册资本注入公司，权利人由此取得相应股份，并享有股东权益的交易行为。能源财产权利出资作为能源财产权利转让方式之一，在能源相关的法律法规中有所体现，且能源财产权利出资作为典型的非货币财产出资，也包含在公司法的体系之中。能源财产权利作为具有“公权”色彩的私权，其出资与一般财产权利出资存在一定差异，因而在其出资制度的设计上，也体现出能源财产权利的特点。

（一）国外及地区立法例

从大多数国家的立法实践来看，能源财产权利一般可作为出资的标的物，其出资类型属于实物出资。现物出资（实物出资）的标的物只要具备确定性、价值物的现存性、价值评估的可能性、具有公司目的框架内的收益能力、可独立转让性即可作为出资的标的物。[②] 目前，国际上对能源财产权利出资主要采取限制主义和许可主义两种立法模式。

限制主义的立法模式以日、韩和葡萄牙等国为代表。韩国、日本矿业法主要是通过列举式的规定，对矿业权的流转形式进行界定。我国台湾地区也采取限制主义的立法模式，其《矿业法》第 14 条规定，“矿业权除继承、让与、抵押、信托及强制执行外，不得为他项权利或法律行为之标的；前项矿业权之抵押，以

① 《巴西矿业法典》第 55 条第 1 款：“转让或抵押只有在开采特许登记簿上登记备案后才生效；台湾地区矿业立法第 17 条规定，矿业权变更移转时，应申请主管机关转经济部核准，并应于核准后，由原核转机关登记”《日本矿业法》第 60 条规定，“矿业权转让如不登记则一概无效。”

② ［日］志村治美：《实物出资研究》，载《商事法论集》（第 1 卷），法律出版社 1997 年版，第 437 页。

采矿权为限。”

许可主义的立法模式以澳大利亚和巴西等国为代表。巴西规定有关矿产资源的能源财产权利可以作为出资的标的，但必须经过矿产能源部的批准。①《西澳大利亚采矿法》第119条规定，“在不违反本法规定的情况下，可以根据授权令或执行令将采矿租用地出卖、抵押、转让、扣押或做出其他处理。”

（二）我国立法和市场实践

受计划经济思维的长期影响，加之能源资源对于国家重要的战略意义，1986的《矿产资源法》对矿业权的流转和交易作出了较多限制，依靠单一的行政措施对能源市场进行干预。在市场经济的推动下，1996年修订的《矿产资源法》缩小了对能源财产权利流转限制的范围。随后在国土资源部发布实施的《矿业权出让转让管理暂行规定》中，明确规定了矿业权人可依照本法规定对能源财产权利进行作价出资。② 除此之外，基于能源财产权利交易市场的要求，地方性法规对能源财产权利的出资也进行了规制。《福建省矿产资源条例》第27条规定，“探矿权人可以将有偿取得的探矿权以出售、作价出资等方式转让。”《云南省矿产资源管理条例》第4条第4款规定，“探矿权、采矿权可以依法以招标出售、拍卖、作价出资的方式转让。采矿权可以依法出租、抵押。”《云南省外商投资勘查开采矿产资源条例》第5条第2款规定，“探矿权、采矿权人可以将其依法取得的探矿权、采矿权作价与外商合资或者合作勘查、开采矿产资源，外商可以通过转让依法取得探矿权、采矿权。”

与之相对应的是《公司法》关于一般出资制度的规定，2005年修改后的《公司法》改变了原来对出资形式的列举式规定，而是采取了概括加列举式的方法对出资形式进行了规定。③ 这为能源财产权利用作出资提供了可操作的空间。修订后的《企业准则第6号——无形资产》也从财务账务处理的角度，将属于无形资产的采矿权的入账、摊销的操作程序作了详细说明。

目前，在我国能源财产权利交易的“二级市场”中，能源财产权利出资已为市场所重视。伴随着市场经济的成熟，我国已经具备了能源财产权利出资的成

① 薄燕娜：《股东出资形式法律制度研究》，法律出版社2005年版，第57页。

② 《矿业权出让转让管理暂行规定》第6条：矿业权人可以依照本办法的规定采取出售、作价出资、合作勘查或开采、上市等方式依法转让矿业权。第36条：矿业权转让是指矿业权人将矿业权转移的行为，包括出售、作价出资、合作、重组改制等。

③ 《公司法》第27条：股东可以用货币出资，也可以用实物、知识产权、土地使用权等可以用货币估价并可以依法转让的非货币财产作价出资；但是，法律、行政法规规定不得作为出资的财产除外。

长土壤。能源财产权利出资的市场实践也日益丰富。在山东省，省工商局为支持菏泽经济建设，允许菏泽企业以采矿权、探矿权等作价出资。依据昆明市工商局公布的《昆明市工商局鼓励和引导民间投资健康发展的若干意见（征求意见稿)》，“经主管机关批准转让的采矿权等非货币资产也可作价出资创办公司制企业”。[①] 此外，国务院于2006年做出了《关于同意在山西省开展煤炭工业可持续发展政策措施试点意见的批复》以及《关于同意深化煤炭资源有偿使用制度改革试点实施方案的批复》，推行煤炭资源的有偿使用，并明确要求在作价出资过程中，对于矿业权的估价要“合理评估作价，防止资源资产流失”。[②] 20世纪90年代后期，国有矿山、油田全面改制后形成的矿业、石油集团也逐步进入市场体系，通过矿业权的市场交易，扩展了企业的发展空间。[③]

四、能源财产权利出资中的相关问题

（一）出资人的出资责任[④]

2005年《公司法》规定股东有义务按期足额缴纳各自所认缴的出资额，以非货币财产出资的，应当依法办理财产权的转移手续。[⑤] 但《公司法》仅规定了股东的出资义务，对于违反义务的具体责任没有做出明确规定。结合能源财产权利的特殊性，能源财产权利的出资人往往会在实践中遇到以下几个问题：

第一，已登记但未交付。以能源财产权利出资在办理财产权的转移手续时应当进行登记，登记也是能源财产权利转移的标志。但是交付对于公司实际掌控和有效利用能源财产权利也具有重要的影响。故而，此种情形应当归属于股东对出资义务的违反。此种情况下，能源财产权利虽然没有发生实际转移，但是从表面上看股东已经尽到了出资义务。因而，此种出资的瑕疵不会对公司的外部法律关系产生影响，该项出资义务的违反仅产生股东对公司及其他股东的违约责任。

第二，已交付但未登记。此种情况与第一种情况完全相反，其所产生的责任

---

① 丘训利：《矿业权作为股东出资》，载 http：//trust. jrj. com. cn/2012/04/16160612766802. shtml，最后一次访问于2015年8月10日。

② 王凌文，侯国伟：《煤矿企业采矿权出资的热点、难点问题》，载 http：//www. 360doc. com/content/11/0407/13/72265_ 107802183. shtml，最后一次访问于2015年8月10日访问。

③ 李显东：《矿业权法律实务问题及应对策略》，中国法制出版社2012年版，第42页。薄燕娜：《矿业权作价出资入股初探》，载《中国地质大学学报》，2010年第3期，第63页。

④ 赵旭东：《公司法实务系列之一：土地使用权出资的法律要求》，载《人民法院报》，2002年1月4日，第3版。

⑤ 参见《公司法》第28条的规定。

也与前者具有明显的差异。在这种情况下，公司虽然对能源财产权利具有表面上的控制力，但其并不具有排他性的支配力，属于对出资义务的实际违反。此种出资为事实上的出资而非法律意义上的出资，该项权利的移转处于不稳定的状态，极易产生法律纠纷。此种情况下，公司及其他股东依据《公司法》的规定，有权要求该出资人对进行出资的能源财产权利进行转移登记。如若出资人拒绝登记，或以未进行能源财产权利转移登记为由而收回能源财产权利，则属于违约行为，公司及其他股东可通过司法途径寻求违约救济。

第三，风险负担。这里所谓的风险指的是“因不可归责于双方当事人的事由而发生导致标的物意外灭失，如被盗、毁灭、非正常的腐败、被查封以及市场行情的变化造成标的物的巨大贬值等”①。风险负担就是一个风险分配的问题。能源资源的投资具有高风险性，所涉及利益群体较为广泛，这种风险的分配也就成为法律制度不可回避的问题。对于标的物的风险转移，有两种立法例：一是“物主承担风险”原则，以所有权转移的时间为标的物风险转移临界点，法国民法典及英国买卖法曾采用此种主张；二是交付转移风险原则，德国民法典和美国《统一商法典》均采取此种原则，② 我国立法采取了后者。我国《合同法》规定，标的物毁损、灭失的风险，在标的物交付之前由出卖人承担，交付之后由买受人承担，但法律另有规定或者当事人另有约定的除外。”③ 也就是说，能源财产权利出资，在实际交付前发生的一切灭失风险，由出资人承担。但该原则适用于普通的买卖关系，在特殊的合同下不完全适用④，是否可以将其适用于能源财产权利出资的公司法领域，也是值得探讨的。能源财产权利的出资涉及公司法领域的资本三原则问题，因而对于能源财产权利的出资风险，也应当符合公司法的相关规定。即在能源财产权利因不可归于双方当事人的原因而意外灭失时，由出资人承担未履行出资的责任，公司的其他发起人承担连带补偿责任。

① 冯果：《股东现物出资若干问题研究》，载《中国法学》，1999 年第 6 期，第 83 页。

② 冯果：《股东现物出资若干问题研究》，载《中国法学》，1999 年第 6 期，第 83 页。

③ 参见《合同法》第 142 条的规定。

④ 如保留所有权的分期付款买卖，在此种交易下出卖人仍然为标的物的所有权人，但是交付已经完成，债务人对标的物享有占有、使用和收益，享有所有权的期待权，因此在此种情形下，依据一般的风险负担理论无疑对债权人来说是不公平的。从国外立法例来看，《瑞士债务法》和《美国统一商法典》都通过立法设计使得风险负担与标的物所有权相分离。详见王轶：《论买卖合同标的物的毁损、灭失的风险负担》，载《北京科技大学学报》，1999 年第 4 期，第 64 页。李先波，陈思：《履约中的风险负担——以交付为视角》，载《时代法学》，2009 年第 6 期，第 65 页。

（二）已抵押的能源财产权利可否用作出资

罗尔斯认为，“对于社会基本结构中某种权利和义务的安排来说，只要此种安排提高某些代表人的期望，而不降低另一些代表人的期望，这种安排就是有效率的。”[①] 申言之，法律制度的构建应当符合“帕累托有效”[②]，才能符合人们朴素的思维，才能为市场主体所接受。能源财产权利之于能源企业的重要性，似建设用地使用权之于房地产公司，没有能源财产权利，纵有进行能源开发、生产、加工等一系列先进的技术和资金也无济于事。正是由于能源财产权利的重要性，已抵押的能源财产权利可否用作出资一直在理论上存在争议。

赞成者认为，首先，在民商法理论中，以某种财产出资，最终交付将涉及对该财产的处分，但在某项财产上设定抵押权，其派生出来的优先受偿权并不能剥夺抵押人对该财产的所有权，其依然具有对该财产处分的权利。其次，抵押权的追及效力、物上代位权以及解除抵押权负担的涤除制度、代价清偿等制度，在协调抵押人、抵押权人、受让抵押物所有权的第三人之间的权利冲突中，所表现出来的功能，同样适用于抵押物出资中的各利益相关人。因此，完全禁止有权利负担的抵押物进入出资领域并没有充分的法理依据支持。[③] 因此，应当允许已设定抵押权的能源财产权利进行出资，更符合现代民法对物的有效利用，提高经济效率的要求。

反对者认为，虽然能源财产权利的抵押并不会剥夺权利人对权利的处分，但抵押权的性质决定了其上具有的追及效力。当债务人无法偿还到期债权时，抵押权人享有对抵押物进行拍卖并优先受偿的权利，至于该物处于何人支配之下则在所不问。故而，如果允许已设定抵押权的能源财产权利进行出资，则当债务人无法履行债务时，能源财产权利将处于不稳定的状态，且面临债权人行使对抵押物，即能源财产权利的追及效力的情况。此类情形的发生会对能源企业产生重大影响。

笔者认为，可以从公司法的角度考虑这个问题。公司的有限责任制度并不是

---

① ［美］约翰·罗尔斯：《正义论》，何怀宏（译），中国社会科学出版社2001年版，第70页。

② “帕累托有效”是指没有一种方法能在不使其他任何人的情况变坏的同时使任何人的情况变好。帕累托有效率配置主要有以下几种：（1）无法使所有的各方境况更好；（2）不可能使一方境况更好，而又不使另一方境况变坏；（3）从交易中能得到的所有收益都已取尽；（4）无法进一步再作互利的交易，等等。［美］哈尔·R·范里安：《微观经济学：现代观点》（第8版），格致出版社·上海三联书店·上海人民出版社2011年版，第506－507页。

③ 蒋大兴：《公司法的展开与判例：方法·判例·制度》，法律出版社2001年版，第62页。

消除企业经营失败风险的手段，它只是将此种风险从股东个人身上转移到公司的债权人身上，使公司债权人承担经营失败的风险。[①] 因此，为保证公司具有相当的财产责任能力，对公司设立的出资制度进行必要限制是合理的，这也在一定程度上平衡了债权人和债务人之间的关系。从公司内部关系来看，已设定抵押权的能源财产权利，难以对其价值做出较为准确的估计，出资人的出资行为就存在具有瑕疵的可能性。虽然公司可以追究其未完全出资的责任，但这无法保障能源企业的实际安全。同时，公司的其他股东还有可能因为此种行为，而负担出资不足的连带补充责任。从公司的外部关系来看，以已设立抵押权的能源财产权利进行出资，在此种情况下，该资产可能因抵押权的物权追及效力而陷入僵局。公司一旦接受该能源财产权利的出资，会使公司的实际资产蒙上一层面纱。公司本质上是以其实际资产对外承担责任，虽然公司资产相对于资本而言，是一个动态的概念，但其在特定的时间点上是静态可确定的。以已设定抵押权的能源财产权利出资，将使能源企业的实际资产无法确定，资本维持原则将无法得到遵守。"法律的权威在一定意义上来自法律本身制定得良好的优良品质。忽视正义和公平的法律，其安全或秩序价值似乎必然地会受到挑战。"[②] 能源财产权利出资制度的构建，应当在效率、公平和安全三者之间达成一个平衡的状态。如果法律过于偏重为投资者和公司的经营提供便利，而忽视法律安全制度的保障，其必然导致效率与公平难以实现，也无法实现价值的最大化。

各国实体法上均对出资财产的权利完整性进行了特别规定。德、法、日等均采取特别的检查措施对出资物进行严格检查。如德国《股份法》第 33 条规定，"董事会和监事会成员以及设立审查人应对设立中的实物出资、财产承受进行检查。"日本《商法典》第 168 条、181 条、184 条和 1173 条规定，董事、监察人、检查人等对现物出资标的物、现物出资给付进行调查。有些国家，如法国、日本还赋予公司创立大会承认权，以对现物出资进行把关。我国对此也有类似的规定，《公司法》第 28 条规定，"股东以非货币财产出资的，应当办理财产权的转移手续。"《公司注册资本登记管理规定》第 9 条规定，"以募集方式设立的股份有限公司的注册资本应当经验资机构验资；公司注册资本发生变化，应当修改公司章程并向公司登记机关依法申请办理变更登记。"由此可见，我国民商事立法侧重于保护债权人的利益，考虑到以已设立抵押权的能源财产权利用作出资无法

① 张民安：《公司设立制度研究》，载王保树主编：《商事法论集》（第 7 卷），法律出版社 2002 年版，第 30 页。

② 曹乔华：《论抵押物出资及其法律规制》，湖南师范大学硕士学位论文 2004 年，第 17 页。

对债权人的债权进行有效担保，因而法律上不允许已抵押的能源财产权利用作出资。

（三）价值评估机构问题

能源财产权利评估是法律意义上的评估，即根据相关法律法规的规定，委托专门的能源财产权利评估机构所进行的评估活动。能源财产权利评估是指具有专业评估资质的机构基于委托关系，对约定的能源财产权利的价值进行评价、估算，并以评估报告的形式提供咨询意见的市场服务行为。能源财产权利评估在能源财产交易过程中起着重要作用，即可以真实反映能源财产权利的市场供求关系，又可以体现政府对能源财产权利交易“二级”市场的宏观调控，是能源财产权利进行流转的前提。

对于在出资过程中，价值评估机构的责任，《公司法》和能源相关法律法规作出了明确的规定。《公司法》第 27 条规定，“对作为出资的非货币财产应当评估作价，核实财产，不得高估或者低估作价。法律、行政法规对评估作价有规定的，从其规定。”第 207 条第 3 款规定，“承担资产评估、验资或者验证的机构因其出具的评估结果、验资或者验证证明不实，给公司债权人造成损失的，除能够证明自己没有过错的外，在其评估或者证明不实的金额范围内承担赔偿责任。”《探矿权采矿权转让管理办法》第 9 条规定，“转让国家出资勘查所形成的探矿权、采矿权的，必须进行评估。国家出资勘查形成的探矿权、采矿权价款，由具有矿业权评估资质的评估机构进行评估；评估报告应当向探矿权、采矿权登记管理机关备案。”

如何有规划而又不失质量地设立评估机构，对于能源企业资产的完整性保护具有一定影响。对于能源企业而言，其资产处于变化的状态下，能源财产权利价值的不确定性，对评估机构的估值技术提出了更高的要求，这就使得具备能源财产权利价值评估资质的评估机构数量有限。缺乏从上而下的系统管理体制，一直是我国相关制度的弊病所在。现实中，能源资源的开发多集中于市、县一级，因而能源财产权利的价值评估机构也应遵循市场的需求进行设置，只有合理配置资源，才能有效利用资源，为能源财产权利的出资提供技术保障，确保能源财产交易的高效进行。

能源财产权利评估机构是一种具备特殊技能的专业性机构。评估机构主要是以专业知识为市场主体提供服务取得利益，其应当对评估行为具有高度的注意义务和忠实义务，当然应当承担因其行为所导致的对他人利益造成损害的后果。对于此种责任，学理上一般称为“专家责任”。专家，是指具有专业知识或专门技能，依法取得国家认可的专业资格证书或执业证书，向公众提供专业服务的人。专家的民事责任，简称“专家责任”，一般是指专家在提供专业服务的过程中给服务对象或者其他有利害关系的第三人造成利益损害，而由责任主体依法承担的民事责任。

立法例上对专家责任的责任承担采取了不同的救济方式，既有契约责任说、侵权责任说，也有缔约过失说、职业责任说。[①] 笔者认为，应当按照能源财产权利评估中受到损害的对象不同进行区分：一是与评估机构具有委托关系的委托人；二是委托人以外的第三人。

第一，能源财产权利评估机构对委托人的责任。能源财产权利评估机构主要以委托合同承担对能源财产权利的评估，委托人的损害也主要是基于评估机构违反契约义务所产生的。故而，能源财产权利评估机构对委托人所造成的损害可以通过契约关系来进行救济。然而，评估机构与委托人之间的契约关系具有特殊性，委托合同多为格式合同并且评估机构出于自我利益的考虑对合同的权利义务规制并非明晰。如若依照合同内容追究专家责任并不能达到预想的结果。[②] 因为，委托人通常并不具有该领域的专业知识，故只能委托评估机构从事评估活动并赋予其广泛的裁量权，因信赖评估机构能为自己利益从事评估活动，所以评估机构对委托人负有高度的注意义务和忠实义务。而这种注意义务和忠诚义务的违反，达到一定程度时，亦可以按照过错原则归责于评估机构，要求评估机构对委托人的损害承担侵权责任。我国的立法和实践亦认可此种观点，福建、江苏、湖北等高院都认为对于专家责任采取侵权责任更有利于对受害人利益的保护。[③] 也就是说，能源财产权利评估机构对委托人的责任，可能会出现契约责任和侵权责任竞合的情形，届时应由委托人择一主张。

第二，能源财产权利评估机构对第三人的责任。王利明教授在主持的《中国民法典·侵权行为法编》草案建议稿中建议，承担资产评估、验资、验证、会计、审计、法律服务等职责的中介组织的人员提供虚假证明文件，使他人产生合理信赖而受到损害的，应当承担民事责任。具体对于能源财产权利评估来说，能

---

① ［日］能见善久：《论专家的民事责任——其理论架构的建议》，梁慧星译，载《外国法译评》，1996 年第 2 期，第 23 页。［日］下森定：《论专家的民事责任的法律构成与证明》，载梁慧星主编：《民商法论丛》（第 5 卷），法律出版社 1996 年版，第 517 页。

② 何俐：《论专家责任》，载《广西政法管理干部学院学报》，2004 年第 4 期，第 53 页。

③ 李欣：《论股东出资瑕疵时验资机构的专家责任》，载《产业与科技论坛》，2007 年第 7 期，第 65 页。

源财产权利评估机构违反评估操作方法，以及和委托人串通损害第三人利益的，应当承担相应的侵权责任。

第三人范围的界定决定了能源财产权利评估机构承担责任的大小。对第三人范围的确定，笔者赞同美国法上的“可合理预期说”，即主张评估机构应对所有可合理预见的信赖其工作成果的人承担责任。换言之，即只要受损害之第三人能够证明其损害系由自己根据不实、虚假的评估信息做出的，则可以认定损害与违法行为之间具有因果关系。另外，由于能源财产权利评估行为的技术性要求很高，第三人证明评估行为不当具有很大难度。因此，笔者认为，针对能源财产权利评估机构对第三人的责任，可以采取举证责任倒置的证据分配规则。举证责任倒置并非表明第三人不用举证，第三人仍需提供初步的证据证明其损害可能是由评估机构的行为造成的，具有因果关系，才能够启动举证责任倒置的程序。当然，法律在保护受害人利益的同时，也不能毫无限制地扩大评估机构的责任，否则会对评估机构的执业活动造成消极影响，会在实质上将由社会环境以及执业环境承担的责任转嫁到评估机构头上，有失公平。①

① 陈冰梅：《论验资机构对第三人的民事责任》，载《重庆大学学报（社会科学版）》，2005 年第 3 期，第 120 页。

第七章　能源财产的交易制度（二）

第一节　能源财产的抵押

一、能源产品的抵押制度

抵押权，是指对于债务人或第三人不转移占有而提供担保的财产，在债务人不履行到期债务或者发生当事人约定实现抵押权的情形时，债权人依法享有就该项财产的变价使其债权优先受偿的担保物权。“抵押权作为担保物权之一，旨在确保债权获得优先受偿，有利于诱导债权，促进金融流通，活跃市场经济。”[①]同理，能源金融对于能源财产交易的发展也至关重要，能源行业的发展需要能源企业进行巨大的资金投入，能源产品抵押制度是能源企业进行融资以及担保债权实现的有效手段。以抵押物的不同为标准，抵押权可以分为不动产抵押、动产抵押和权利抵押三种类型。前文已述，能源产品属于动产，因此属于抵押权制度中的动产抵押。由于能源产品具有自然半生性、价格浮动性等特点，经常会涉及特殊的担保类型——动产浮动抵押。

浮动抵押是指以企业并不固定的全部财产或部分财产为标的的抵押，财产包括企业的有形资产，如土地、建筑物、生产设备、原材料等，也包括企业的无形资产，如专利权、商标权、专有技术等。浮动抵押的标的，是企业所有的不动产、动产及权利之总体。浮动抵押制度主要被英美国家所采用，我国《物权法》在权衡我国现实需要的前提下，规定了动产之上的浮动抵押制度。《物权法》第181条规定，“经当事人书面协议，企业、个体工商户、农业生产经营者可以将现有的以及将有的生产设备、原材料、半成品、产品抵押，债务人不履行到期债务或者发生当事人约定的实现抵押权的情形，债权人有权就实现抵押权时的动产优先受偿。”

动产的浮动抵押制度，其立法目的是最大化地实现经营资产的融资功能，从

---

① 王泽鉴：《民法物权》（第二版），北京大学出版社2010年版，第366页。

而解决市场的融资困难，非常有利于能源主体的生产活动和经营发展。然而，十分遗憾的是，《物权法》确立该制度以来，能源产品适用动产浮动抵押的案例鲜有发生。这主要是由于我国现行立法和实践制度中的一些问题造成的，亦是未来能源财产交易法律制度需要改进的地方。

第一，我国的动产浮动抵押登记制度增加了适用的困难性。根据我国《物权法》的规定，能源企业在对其所拥有的能源产品设定浮动抵押必须经过工商行政管理部门登记才能依法对抗善意第三人。① 而现实中，我国能源行业一般实行市场准入制度，能源产品投入市场进行交易前，必须取得相应的行政许可。如果未取得资质，则不能进行买卖、抵押等活动。这时，就会出现由何登记机关进行登记、行政许可与抵押登记的先后顺序、抵押权人的资质等问题。故而，对能源产品进行浮动抵押登记，使能源企业消耗了大量时间、增加了大量成本，不利于融资的时效性。

第二，能源产品的价格由多方面因素构成，不易确定，影响了抵押权的实现。浮动抵押制度的特点体现为以下几个方面：企业的财产包括固定资产与流动资产、现有资产与投资性权益；设定抵押后，抵押人仍可以利用企业的财产继续进行生产经营活动；浮动抵押为支配继续流动中的企业财产的担保制度。但是，在能源领域，能源产品的价格随着供求关系、国际市场价格、国家政策法律、交易储量成本等变化十分剧烈，我国又未形成统一完善的能源价格评估制度，很容易发生由于价格剧变，导致融资人的债权得不到有效的实现，甚至出现抵押人利用行业垄断优势损害融资人利益的情形。

第三，实践中银行出于风险考虑，缺乏接受能源产品浮动抵押的动力。由于能源行业的投入资金需求量巨大，很多又涉及国民经济和国家安全，因此，我国目前的能源领域融资渠道一般主要集中于企业、个人与银行之间。银行作为经验丰富的投资人，往往会将自己的风险降到最低。由于能源行业的自然垄断性、政策导向性和技术屏蔽性等特点，能源产品的浮动抵押对于银行来说风险相对较大。如果没有国家对能源行业融资的政策性扶持，银行很难对能源主体进行有效监管，缺乏发放贷款的动力。

总之，对于能源企业以能源产品等设定浮动抵押，在现有的法律环境下存在诸多困难，只有在法律上对能源产品的浮动抵押制度作出合理规定，才能充分发挥能源产品抵押融资的效用。

---

① 参见《物权法》第189条的规定。

二、能源财产权利抵押制度概述

（一）能源财产权利抵押制度的重要性

抵押权作为担保物权之一，旨在确保债权获得优先受偿，有利于诱导债权，促进金融流通，活跃市场经济。[①] 抵押权，是指对于债务人或第三人不转移占有而提供担保的财产，在债务人不履行到期债务或者发生当事人约定实现抵押权的情形时，债权人依法享有就该项财产的变价使其债权优先受偿的担保物权。[②] 以抵押物的不同为标准，抵押权可以分为不动产抵押、动产抵押和权利抵押三种类型。传统民法上的抵押权仅指不动产抵押，权利抵押是现代市场经济发展催生出来的产物。

我国能源财产权利抵押制度也是随着我国能源财产权利交易市场的不断发展以及能源市场经济效率的提高而产生的。2000 年颁布实施的《矿业权出让转让管理暂行规定》首次以明确的方式确立了以能源财产权利设置抵押权的合法性。能源财产权利抵押制度旨在以能源财产权利来保障债权的实现，同时也有利于能源财产权利在更广阔的市场中得到有效的利用，充分体现其价值。

能源金融的发展对能源财产权利的交易尤其是“二级市场”的发展具有不可替代的作用，随着诸如排放额、排放标签等能源金融工具的产生，能源市场经济也获得迅速发展。但是市场经济活动的基础是“信用”，尤其是在金融领域，对于市场“信用”的要求更为苛刻。抵押制度的创立正是基于市场交易对“信用”的需求。“近代社会所采用的基本框架是以个人的经济活动和自由为前提，国家尊重和保护这种自由，因此旨在解决资金的筹措以及债权的保护等问题的担保法律制度也应该放在这个框架中去考虑”[③]，而抵押制度正是担保法律制度中重要的一支。在市场经济中，信用的创立是最基本的经济学原理，抵押权制度能够为社会经济生活提供一种强有力的创立信用的手段。[④]

---

① 王泽鉴：《民法物权》（第二版），北京大学出版社 2010 年版，第 366 页。

② 参见《物权法》第 179 条第 1 款。

③ 梁慧星，近江幸治，邹海林等：《中日担保物权法比较研究》，载渠涛：《民法理论与制度比较研究》，中国政法大学出版社 2004 年版，第 444 页。

④ 梁慧星，近江幸治，邹海林等：《中日担保物权法比较研究》，载渠涛：《民法理论与制度比较研究》，中国政法大学出版社 2004 年版，第 445 页。

（二）能源财产权利抵押制度的合理性

能源财产权利的性质为框架性权利，具体到权利类型，勘探权为用益物权，开发权为准用益物权。早在古罗马时代，地上权、永佃权等用益物权即被作为债权之担保而设立抵押权。在现代各国立法中，以权利为标的而设立抵押权已是各国立法和理论上普遍奉行的一般规则。[①] 故而，以能源财产权利为标的设置抵押权符合相应法律发展趋势。史尚宽认为，作为抵押权的标的物即抵押物应当具备三个条件：一是必须有"变价价值"，所以应为可让与之物；二是法律上的形式要件，要求该物应当通过注册登记等方式予以公示；三是实质要件，要求该物具有稳定的价值和收益。[②]

笔者认为，首先，能源财产权利是基于特定环境所产生的稀缺性财产权，并且可以在法律层面上将其构建为物权性权利，具有独立性和特定性。能源财产权利所蕴含的对能源资源的开发等权利在一定时期均具有相对稳定的价值和收益，其通过"一级市场"和"二级市场"也形成了自身的市场价格。其次，能源财产权利是一种民法上的财产权，是具有一定财产属性的权利，具有可转让性。[③] 虽然现行能源财产权利交易制度强调交易主体的准入制度，用相关部门的行政许可加以限制，权利人对取得的行政许可不能非法进行出租、出借、转让、出卖等处分行为。但是，这并不能否定能源财产权利的财产属性，从而否认能源财产权利的担保价值，经过相关部门的行政授权，履行相应的行政审批程序，能源财产权利是可以合法设置抵押权的。再次，现行法律制度已经明确承认了矿业权抵押的合法性，而在其他能源财产交易中，虽然没有法律的明文规定，但有关能源财产权利的抵押已经在实践中被市场所接受。能源财产权利的抵押制度与《物权法》所规定的抵押制度是相吻合的。

另外，从能源经济发展的角度来说，能源市场对资金的需求是巨大的。虽然国家已经对能源市场主体的准入制度进行了一定程度的开放，市场主体通过合法的竞价过程就能获得能源财产权利，但是，由于能源经济活动的高投资、高风险性，即便是已经获得能源财产权利的市场主体，仍然面临着在能源资源的开发利用上出现资金短缺的问题。因此，笔者认为，将能源财产权利作为法律意义上的

---

① 彼德罗·彭梵得：《罗马法教科书》，黄风译，中国政法大学出版社 2005 年版，第 263 页。王清军：《环境资源物权抵押问题研究》，载《淮海工学院学报》（社会科学版），2005 年第 4 期，第 25 页。

② 史尚宽：《物权法论》，中国政法大学出版社 2000 年版，第 273 页。

③ 高富平：《中国物权法：制度设计和创新》，中国人民大学出版社 2005 年版，第 325－327 页。

抵押物，权利人可以依据对该权利交换价值的利用，在不转移权利占有的情况下，进行融资以实现其对能源资源的高效开发利用。

目前，我国能源市场已经开始了能源财产权利抵押制度的尝试。以排污权为例，2007 年 11 月 10 日，嘉兴市排污权储备交易中心正式挂牌成立，成为全国第一个排污权有偿使用和交易平台。自此，所有新、改、扩建项目新增的排污权必须从储备交易中心交易获得，也可以租用。2008 年 9 月 28 日，嘉兴银行与嘉兴市环保局举办了“嘉兴市污染物排放权证发放暨抵押授信签约仪式”，与数家领取嘉兴市主要污染物排放权证的企业签订授信意向书，排污权抵押贷款取得了一定成果。① 与此同时，2010 年 7 月 31 日，绍兴市环保局和人民银行绍兴支行共同发布实施了《绍兴市排污权抵押贷款管理办法（试行）》，该管理办法第 3 条规定，“借贷人以有偿取得的并以排污许可证的形式确认的抵押权为抵押物，在遵守国家有关金融法律、法规和信贷政策前提下，可以从事向银行申请获得贷款的融资活动。”

三、我国的能源财产权利抵押制度

（一）现行能源财产权利抵押规定

我国现行法律对能源财产权利抵押制度的规制散见于具体能源行业的规章制度中。在矿业权方面，2000 年国土资源部发布实施的《矿业权出让转让管理暂行规定》第三章第三节规定了矿业权的抵押问题。“以矿业权作抵押的债务人为抵押人，债权人为抵押权人，提供担保的矿业权为抵押物。”“矿业权设定抵押时，矿业权人应持抵押合同和矿业权许可证到原发证机关办理备案手续。”“债务人不履行债务时，债权人有权申请实现抵押权，并从处置的矿业权所得中依法受偿。新的矿业权申请人应符合国家规定的资质条件，当事人应依法办理矿业权转让、变更登记手续。”② 在排污权方面，为了加强能源企业的融资能力，相关部门和省市进行了排污权抵押贷款的尝试，为排污权抵押提供了一定的法律支撑。2007 年 7 月，由环保总局与银监会、央行共同发布的《关于落实环保政策法规防范信贷风险意见》，可以认为是绿色信贷的基础性文件之一。自《关于落

① 李文龙：《发展绿色经济要用好信贷杠杆》，载《金融时报》，2013 年 5 月 28 日，第 005 版。《环保银行联手缓解企业融资难题促进经济增长方式转变——嘉兴试行排污权证抵押贷款》，载《中国环境报》，2008 年 10 月 13 日，可参见 http：//www. envir. gov. cn/info/2008/10/101311. htm，最后一次访问于 2015 年 7 月 8 日。

② 参见《矿业权出让转让管理暂行规定》第 55 条、第 56 条、第 57 条和第 58 条的规定。

实环保政策法规防范信贷风险意见》发布以来，江苏、浙江、河南、黑龙江、陕西、山西、青海、深圳、宁波、沈阳、西安等20多个省市的环保部门与所在地的金融监管机构联合，出台了有关绿色信贷的实施方案和具体细则。[①] 如2011年发布的《山西省排污权抵押贷款暂行规定》对排污权抵押贷款的用途和条件，贷款额度、利率和期限，以及贷款程序和管理等都做了详细规定。

（二）能源财产权利抵押完善

现有法律体系对于矿业权和排污权有关权利抵押的规定，只是针对部分能源财产权利的局部性规定，并不能根据法律位阶将其推广至能源财产权的全部范畴。能源财产权利抵押制度的推广仍然存在着缺乏整体法律依据的现实障碍。

首先，应当对相关能源交易的法律法规进行必要修改，使能源财产权利抵押制度于法有据。对《物权法》《担保法》《环境保护法》和《矿产资源法》等进行必要的修改，确定能源财产权利抵押的担保融资方式，并对抵押权的设定、变更、转移以及消灭和处分之限制作出规定。

其次，金融机构应当制定相应的法律法规和政策。由于能源财产权利设立抵押具有很高的风险性，在现有的实务操作中也都是与相应的金融机构进行抵押权的设立，从而获得必要的融资渠道。故而，金融机构应当根据《物权法》《担保法》建立金融机构风险防范机制，对能源财产抵押的信贷审批、额度利率和监管行权等做出明确规定，有效化解金融风险。

最后，应当制定调整能源财产权利抵押的具体法律法规。由于能源财产权利所涉及的客体范围较广，且差别较为明显。因此，有关调整能源财产权利抵押制度的具体法律法规，笔者认为，应当由所涉及的能源财产权利客体的主管部门进行必要的立法工作，确立能源财产权利抵押制度的原则。对抵押权的设定、变更、转移、消灭及其处分作出规定。明确相应的法律责任，对企业违规操作进行能源财产权利抵押，违反能源财产权利抵押基本原则和法律法规的，具体规定其应当承担的责任。对于相应的能源和环境主管部门，对其职权的行使、相应的监管责任等以及违反法律规定的责任均作出相应的规定。[②]

---

① 李爱年、程凌香：《排污权抵押贷款法律问题探析》，载《时代法学》，2010年第2期，第7页。

② 刘欣：《矿业权解析与规制》，法律出版社2011年版，第216－218页。王清军：《环境资源物权抵押问题研究》，载《淮海工学院学报》（社会科学版），2005年第4期，第28页。

（三）能源企业财团抵押制度

所谓能源企业财团抵押制度是指以能源企业的财团为抵押物的抵押权。具体来说是指企业的能源财产权利、建设用地使用权、地上建筑物以及附属设施、设备、知识产权等组成一种集合的财产作为抵押物设定抵押权的制度。由于能源财产权利在设定抵押之前可能已被能源企业所利用，即能源企业已进行了相应的能源开发与生产，购买安装了相应的设备，进行了一定的生产活动，如果此时只允许将能源财产权利进行抵押，则对抵押人十分不利。另外，虽然这种情况下，抵押权人可以要求法院对能源财产权利进行拍卖获得相应的清偿，但是由于能源财产权利已经被利用，单一拍卖必然影响整体价值，同样不利于抵押权人实现其债权。

基于此，笔者认为，我国在制定法律时承认能源企业财团抵押制度，更有利于实现能源财产权利抵押的目的。首先，将能源企业的集合财产进行抵押，抵押物的价值将远远大于能源财产权利的价值。单纯的财产权利的价值必然远小于有良好的配套设施和生产设备的集合财产所产生的经济价值。其次，在抵押人逾期无法偿还相应贷款时，将能源企业的集合财产进行拍卖的价格，远比单独拍卖能源财产权利或将集合财产分别拍卖所获的经济效益高。况且，在能源生产领域，能源财产权利和相应的生产设备、设施等是无法分离的。将能源企业集合财产进行抵押也符合“物尽其用”的市场经济效益的要求。通过竞拍取得能源集合财产的买受人，可以对能源企业集合财产进行充分利用，保障能源经济活动的继续。

从我国的立法以及实务来看，我国并未明确规定企业财团抵押制度。财团抵押制度首创于德国，并先后被日本、荷兰、瑞士、韩国、卢森堡等大陆法系国家所采用。其中，在能源企业财团抵押制度方面，日本和我国台湾地区的做法值得参考。日本曾陆续颁布包括矿业财团抵押在内的九部关于财团抵押的特别法，并在《工厂抵押法》对企业财团抵押进行了详细规制。我国台湾地区也曾实施过专门的工矿财产抵押法，“民国四二年”公布实施的“工矿抵押法”允许抵押人将工矿整个财团设定一个抵押权以为债权担保。①

① 李晓妹：《实施物权法，构建采矿权抵押法律制度》，载《中国矿业》，2007 年第 9 期，第 23 页。戴谋富：《财团抵押与浮动抵押之比较》，载《福建政法管理干部学院学报》，2001 年第 4 期，第 40 页。

四、能源财产权利抵押制度的风险防范

能源财产权利抵押制度以能源财产权利这一特殊标的作为抵押物，本身就属于一项具有“公权”色彩的特殊权利，加之能源开发本身所具有的不可避免的内部资金或外部环境问题，在抵押过程抵押权人的利益也更容易受到侵害。故而，需要通过合理的制度设计，对能源财产权利交易的“二级市场”中的主要风险进行预防。

第一，抵押期间能源财产权利相关许可证被依法吊销。我国对能源财产权利的取得实行市场准入制度。我国能源单行法中已经采取具体的立法模式，即对不同类型能源资源，在矿产能源相关法律、油气资源相关法律或可再生能源相关法律中，对能源勘探、开发、生产、输送和分配等许可证分别设立不同的条件。[①]在能源财产权利存续期间，由于权利人丧失资质，或是存在违反法律的行为，或是没有缴纳相关费用等，都可能导致能源财产权利许可证被依法吊销。然而，能源财产权利抵押权依附于能源财产权利，其实现有赖于有效许可证照的存续，一旦能源财产权利的相关许可证被依法吊销，该瑕疵必然会影响抵押权的效力，从而使抵押权人的利益招致损害。笔者认为，一般情况下，行政机关吊销能源财产权利许可证主要是基于抵押人的过错，法律应当保护抵押权人的合法利益，由抵押人承担吊销能源财产权利许可证的不利后果。因此，抵押人被吊销能源财产权利许可证之后，相关部门应当通过招标、拍卖、挂牌等方式重新出让该权利，获得的价金应当优先用于清偿抵押权人的债权，不足的部分抵押权人自当可以向抵押人追及，而超出的部分才作为出让所得资金，归入出让方的收益。

第二，抵押期间能源财产权利整体价值的保全。由于勘查技术的局限性，以及能源资源的复杂性，能源财产权利的价值评估面临两个难题：一方面，抵押权设立之初的抵押物价值如何确定；另一方面，如何解决抵押权存续期间能源财产权利价值的减损。为此，笔者提出建议，首先，在抵押权设立之初，应当由能源监管部门指定的评估机构[②]，对能源财产权利的价值进行评估。具体可以参考二级市场关于可转让的能源财产权利的评估要求，表现在对许可证照、权利归属、使用费用和价款等方面的审查。其次，在抵押权存续期间，应当根据融资金额和

---

① 郑佳宁：《能源市场准入许可制度法律规制刍议》，载《河北法学》，2012 年第 8 期，第 134 页。

② 对于评估机构，应当具备能源监管部门颁发的评估资格证书。如国土资源部于 2000 年和 2008 年相继发布实施了《探矿权采矿权评估资格管理暂行办法》和《关于印发〈矿业权评估管理办法（试行）〉的通知》，其中均对矿业权评估机构进行了一定的规制。

融资期限要求抵押人定期汇报能源财产权利利用情况。为了定期报告的客观性，抵押权人可以同评估机构签订委托合同，由评估机构对能源财产权利的价值进行跟踪。如果能源财产权利的剩余价值无法实现抵押权人的债权，抵押权人可以中止发放贷款的义务，要求抵押权人增加抵押物价值，或者另行提供相应价值的其他担保。

第三，抵押权实现时对外部环境所造成的风险。当抵押人无法在约定期限内清偿债务时，产生抵押权的实现事由。依据《物权法》和《矿业权出让转让管理暂行规定》的规定，抵押权人可以申请拍卖抵押权，从而以拍卖所得的价金优先获偿。由于能源财产权利的利用容易造成对外部环境的破坏，所以获得能源财产权利必须具备能源监管部门认可的能源开发利用所必需的特定的资质条件。有学者基于此认为，能源财产权利抵押制度在形式要件上除了双方合意达成抵押合同之外，必须经过主管部门的登记许可，且以登记许可为生效要件。① 笔者对此并不赞同，笔者认为，首先，物权法所规定的不动产登记只是抵押权的成立要件并非生效要件。其次，即使抵押权实现进入拍卖领域，自然应当按照能源财产权利交易程序，在交易中对相关资质、技术手段等条件进行必要审查，而无需再次设定过于严格的抵押权登记生效制度，导致对能源财产抵押权制度不必要的干预和限制。另外，当抵押权实现时，能源监管部门在审查能源财产抵押权实现的经济利益的同时，更应考虑到我国能源资源的现状，通过对能源财产的权属和交易进行严格规制和监管使相关企业承担必要的环境保护义务。

第二节　能源财产的出租

一、能源财产权利出租概述

出租，指的是出租人将租赁物交由承租人使用、收益的方式，属于交易行为的一种。出租人通过转移租赁物的占有、使用和收益的权能，获得租金作为对价，来由承租人帮助其实现租赁物的价值，而承租人获得租赁物的使用和收益的权能，来达到承租人想要实现的特定目的。在市场经济发展的今天，出租和抵押一样，成为物的所有权人或其他权利人通过物获得经济利益的方式。二者的不同之处在于，出租人丧失物的占有，使用权也转移至承租人所有，而抵押人不丧失

① 王清军：《环境资源物权抵押问题研究》，载《淮海工学院学报（社会科学版）》，2005 年第 4 期，第 29 页。

物的占有，且可以继续使用该物，只是物的处分权受到限制；出租人通过转让物的使用权而获得租金收益，为主权利、义务关系，租赁关系终止，双方的权利、义务即终止，而抵押人以物为抵押为其债权担保，为从权利、义务关系，通过抵押关系，债权债务关系不直接归于消灭，只有在债务无法履行时，才能通过抵押的权利、义务设定来消灭债权。当然，上述的“物”也包括可以用以流转交易的权利。出租和抵押为所有权人和物上其他权利人提供了不同的获得收益的方式。在物闲置的状态下，权利人可以将物用作出租，以收取租金获得收益，同时也使物的使用价值由承租人充分发挥；在权利人需要继续使用物时，通过抵押的方式，权利人可以获得融资或者为其债务做担保，减少债权人的交易风险。

出租关注的重点在于物的使用权，因而，享有物或权利的使用权的人，具有出租的权利。物的所有权人享有所有权的全部权能，当然具有物的使用权，因此可将物进行出租。他物权人分为用益物权人和担保物权人，用益物权人是通过物的使用价值获益，因而也可以将其享有用益物权的物用作出租，而担保物权人分为抵押权人、质押权人和留置权人。抵押权人不占有抵押物，因此不可能将抵押物用以出租。留置权人以占有留置物为其享有留置权的基础，其丧志物的占有即丧失留置权，因而留置权人也无法将留置物用以出租。对于质押权人而言，其占有质押物，一般认为，其享有质押物的使用权，但不得对质押物进行随意的处分，因此，质押权人可以对其享有的质押物进行出租。出租行为的主体受到限制，出租的客体也有一定的要求。如前所述，承租人获得的是租赁物的使用权，因而，对于租赁物而言，该租赁物不得为消耗品，即一经使用就灭失的物不得作为出租的客体。经使用即灭失的物，其使用权能与处分权能合一，而出租的行为要求使用权能与处分权能相分离，由承租人享有使用权能，而处分权能由出租人或原权利人享有。

在能源财产中，能源产品即属于消耗品，经使用即灭失，转化为供能的动力，无法再恢复原状，因此，能源产品不得用以出租。而能源财产权利为合格的出租行为的客体，原因与其可以作为合格的抵押权客体类似。能源财产权利分为生产性能源财产权利和功能性能源财产权利，生产性能源财产权利中，勘探权属于用益物权，能源资源利用权属于准用益物权，它们都具有使用权能，因而可以用作出租；功能性能源财产权利属于行政许可的交易配额，以使用为其利用价值，因而也可以作为出租的客体。享有能源财产权利的人，自然可以作为出租的主体。但在能源财产交易上，主体资质都受到一定的限制，能源财产相关的法律法规也规定了能源财产权利用作出租的主体需要满足的条件，该条件在后文中会有所阐述。

一般来说，出租具有如下的特点：第一，双务有偿，且为诺成合同；第二，转移财产使用、收益的权利；第三，承租人须交付租金；第四，具有临时性；第五，承租人在租赁合同终止后须返还原物。[①] 能源财产权利以能源资源为基础，传统的能源资源具有不可再生性，一旦开采就会造成能源资源的消耗，因而，该部分的能源财产权利的出租具有和一般出租相比的特殊性。从法理上看，能源财产权利出租的客体为能源财产权利，而非能源资源。租赁合同终止后，承租人向出租人返还的为能源财产权利，而非能源资源，但能源财产权利的价值和其对应的能源资源的价值是无法分割的。因而对于特定区域的能源资源而言，一旦能源资源开采完毕，其上的能源财产权利，如勘探权和开发权也就没有了存在意义，同样归于消灭。能源资源与能源财产权利的不可分性，决定了在能源财产权利出租合同终止后，承租人不可能“完璧归赵”。因此，就一般出租中承租人返还原物的特点而言，能源财产权利的出租和一般的出租存在明显差异。[②]

另外，一般出租在租赁物被出租之后，出租人依旧可以将租赁物转让或者抵押，且出租后发生的转让和抵押不影响租赁合同的效力。所以，在一般租赁中，经出租人同意，承租人可以将租赁物再次转租。而能源财产权利由于涉及国家重要资源，不能随意被他人使用，特别是不能交给那些不具备资质的主体。因此，能源财产权利的出租一般不得进行二次出租，这也是能源财产权利出租的特殊之处。在我国实践中，《矿业权出让转让管理暂行规定》中表示，矿业权承租人不得再行转租矿业权。[③]

二、具体能源财产权利出租的规制

（一）矿业权的出租

矿业权的出租是矿业权人将矿业权出租给承租人，矿业权人作为出租人向承租人收取租金的行为。矿业权人在矿业权的出租期间，继续履行矿业权人法定的义务并承担法律责任。矿业权的出租被规定于《矿业权出让转让管理暂行规定》中，矿业权的出租、抵押，按照矿业权转让的条件和程序进行管理，由原发证机

① 参见最高人民法院经济审判庭编著：《合同法解释与适用（下册）》，新华出版社 1999 年版，第 1048 页。

② 蒋文军：《矿业权交易法律制度与实务操作》，中国法制出版社 2011 年版，第 216 页。

③ 参见《矿业权出让转让管理暂行规定》第 53 条的规定。

关审查批准；矿业权出租应当符合国务院规定的矿业权转让的条件。[①] 其中，国务院发布的《探矿权采矿权转让管理办法》中，规定了探矿权和采矿权转让的条件：转让探矿权的，应当满足自颁发勘查许可证之日起满 2 年，或者在勘查作业区内发现可供进一步勘查或者开采的矿产资源；需完成规定的最低勘查投入；探矿权属无争议；且按照国家有关规定已经缴纳探矿权使用费、探矿权价款。转让采矿权，应当保证矿山企业投入采矿生产满 1 年；采矿权属无争议；按照国家有关规定已经缴纳采矿权使用费、采矿权价款、矿产资源补偿费和资源税；并且国有矿山企业在申请转让采矿权前，应当征得矿山企业主管部门的同意。[②] 矿业权的承租人，应当符合矿业权受让人的条件。

矿业权的出租一般由矿业权人和承租人就出租的有关事项进行协商，签订矿业权的出租合同。而后由矿业权人向原发证机关申请对矿业权的出租进行审批，提交的材料包括但不限于出租申请书、矿业权的许可证复印件、出租合同、承租人的资质证明等。在原发证机关批准后，矿业权合同始得生效。当出租一方为国有主体时，除上述程序外，还应当按照国有企业转让资产或收购非国有企业资产的程序履行审批手续。[③] 从交易所经历的程序来看，矿业权的出租与矿业权的转让十分类似，且在实质上，由于矿业权出租后，承租人对矿产资源的开采行为会导致矿业权的价值不断减损，如在矿业权出租合同届满后，矿产资源的储量枯竭，矿业权存在的价值也归于消灭，在此种情况下，矿业权的出租实际上就是矿业权转让的一种特殊形式，矿业权转让的价款以租金的形式体现，但二者还是有所区别，矿业权的转让需要省级以上的国土资源管理部门审批，矿业权的出租只需要原发证机关审批。矿业权的转让是权利、义务的概括转让，受让人承担转让后的风险与责任，原矿业权人不再承担；而矿业权出租后，矿业权人还需承担矿业权人的责任，承租人在出租期间出现违法违规行为，都有可能导致矿业权行政许可的吊销，影响出租人的利益。从原矿业权人的角度上讲，出租矿业权要承担比转让矿业权更大的风险。[④]

值得注意的是，矿业权出租的合法性由层级较低的部门规章《矿业权出让转让管理暂行规定》确认，而我国现行《矿产资源法》《矿产资源法实施细则》中明确规定了禁止矿业权的出租。[⑤] 虽然《矿产资源法》《矿产资源法实施细则》

① 参见《矿业权出让转让管理暂行规定》第 36 条和第 49 条的规定。

② 参见《探矿权采矿权转让管理办法》第 5 条和第 6 条的规定。

③ 蒋文军：《矿业权交易法律制度与实务操作》，中国法制出版社 2011 年版，第 215 页。

④ 蒋文军：《矿业权交易法律制度与实务操作》，中国法制出版社 2011 年版，第 217 页。

⑤ 参见《矿产资源法》第 42 条的规定；《矿产资源法实施细则》第 42 条的规定。

的立法较为滞后，但在其现行有效的情况下，其效力依旧高于《矿业权出让转让管理暂行规定》，因而依据后者进行的矿业权的转让，法律效力是值得质疑的。根据我国《合同法》第52条的规定，违反法律、行政法规强制性规定的合同无效。签订矿业权转让合同的双方，应当注意由此可能产生的合同无效问题，谨慎为之。但从拓宽能源财产权利交易的“二级市场”的角度来看，还是应当尽快通过高层级的立法或进行立法修改，消除矿业权出租合同无效的风险，赋予矿业权出租的合法性地位，为能源财产权利交易主体提供更丰富的交易形式选择。

（二）排污权的出租

自排污权交易在各地实行试点起，我国各地都充分利用市场已有的交易形式，来尝试可能进行的排污权交易。目前各地都是通过排污权交易中心统一进行排污权交易，此种方式在丰富排污权交易市场的同时，也达到了控制排污总量的目标。近年来，排污权的交易方式，从单一的直接转让，扩展到了进行排污权租赁，以充分实现排污权的经济价值。2014年8月，国务院办公厅发布《关于进一步推进排污权有偿使用和交易试点工作的指导意见》，其中指出，要激活交易市场，形成“富余排污权”参加市场流转。此后，各地陆续出台有关排污权租赁的管理办法，拟为“富余排污权”参与市场流转提供一种可能的方式，也为排污权出租的进行提供法律规范的指引。

排污权出租，是指承租方向出租方临时租赁排污指标，并向其支付一定费用的行为。承租方，指当年度内需要增加排污指标的排污单位；出租方，指拥有可交易排污权的排污单位。排污权出租的交易方式的产生，一方面为有闲置排污权指标的企业提供一种融资渠道；另一方面也为可能存在超标排污的企业，提供一种获得多余排污权指标的方式。随着各地治理环境的措施日益严格，排污权指标对于企业来说成为十分稀缺的资源，排污权的转让价格也因为市场需求的增加而一路飙升。一些企业通过节能减排的方式，使得其拥有的排污权指标被闲置下来，但出于今后生产经营扩展的考虑，为未来的发展预留空间，即使排污权转让价格相当高，企业也不愿出卖闲置的排污权指标。各地在排污权总量控制的基础上大胆创新，实施排污权有偿租赁，为拥有富余排污权指标的企业开辟了新的创收渠道，由此优化了资源配置，调动了企业减排和调整产业结构的积极性，活跃了排污权交易市场。①

---

① 王秋莉：《排污权除了转让外还能出租》，载《柯桥日报》2015年3月6日，第3版。

通过排污权出租，获益的不仅仅是出租方，对于承租方而言亦是其维持正常生产经营所需的及时雨。在各地试行的排污权出租中，对于承租方有一定的限制，其目的是控制地区范围内的排污总量，同时也保证排污权指标真正用在需要的地方。因而，一般会将排污权出租给未获得排污权指标，但需要排污的小微排污企业；因突发性事故、污染治理设施不稳定或在未扩大生产能力的情况下，因生产波动，可能导致全年污染物排放总量超标的企业。排污单位排放污染物已超过污染物排放总量控制指标的，或超过污染物排放标准浓度限值的，或未完成环境保护主管部门下达的限期治理要求的，均不得进行相应污染物排污权的租赁行为。[①]

由于我国各地分别出台排污权出租的管理办法，因而在具体规定上，各地存在一定的差异。以目前出台的《福建省排污权租赁管理办法（试行）》和浙江省绍兴市《柯桥区排污权有偿租赁实施细则》为对比进行说明。[②] 在承租人的资格上，福建省的办法要求承租人通过排污权核定并拥有排污许可证；而浙江省绍兴市柯桥区排污权的承租人主要为尚未取得排污许可证的小微排污企业。在福建省，有下列情形可以进行租赁，即因突发性事故、污染治理设施不稳定或在未扩大生产能力的情况下，因生产波动，可能导致全年污染物排放总量超标的情形；而浙江省绍兴市柯桥区没有此种情况的限制。福建省规定的排污权租赁统一时长为一年；而浙江省绍兴市柯桥区的排污权租赁时长有一年期和半年期，且前者承租人在初始排污权有效期内，只能承租一次，而后者在租赁期届满后可以重新签订续租协议办理续租手续。在交易方式上，两地的排污权租赁均需通过交易中心进行，不同之处在于，福建省的交易中心[③]充当居间人的角色，由交易中心组织租赁双方进行交易，出租方要按排污权有偿使用收入征收和使用管理相关规定，缴纳租赁部分排污权指标的初始排污权指标有偿使用费；浙江省绍兴市柯桥区采取的方式不同于福建省，柯桥区企业可以将富余排污权指标“存入”区污染物总量控制中心，委托该中心以“统一收储、统一出租、统一价格、统一领证、统一管理”的模式进行租赁。除上述程序外，《福建省排污权租赁管理办法（试行）》还规定，承租方承租的排污权不得转租、托管等，已出租的排污权在租赁

① 参见《福建省排污权租赁管理办法（试行）》第5条和第6条的规定。

② 参见《福建省排污权租赁管理办法（试行）》。谢曦：《我省排污权可交易也可租赁》，载《泉州晚报》2015年7月4日，可参见 http://difang.gmw.cn/newspaper/2015-07/04/content_107667433.htm，最后一次访问于2015年7月14日。王秋莉：《排污权除了转让外还能出租》，载《柯桥日报》2015年3月6日，第3版。

③ 福建省排污权租赁交易平台为海峡股权交易中心。

期内不得出售、转让及再次出租。租赁双方应按排污许可证管理相关规定，凭交易凭证到核发其排污许可证的环境保护主管部门将排污权租赁情况登载入排污许可证。综上所述，根据各地的排污权租赁管理办法，在各地范围内开展排污权租赁的交易是值得尝试且具有可行性的，但要规范排污权交易市场，拓宽排污权流转的规模，还应当在试点的基础上，总结经验，制定国家级、省级的法律规范，来为排污权出租等流转方式提供合法性支撑与操作规范指引。

三、能源财产权利的抵押与出租的关系问题

推行能源财产权利抵押和出租制度必须考虑到我国现行能源财产的归属、配置和利用。在现代物权法上，随着经济的发展，资源需求量越来越大，资源的所有与利用的矛盾日益突出。对此各国物权法通过各种措施强化对物的利用，从而导致用益物权在物权法中的地位得到了提升。① 能源资源的有效利用和能源财产使用价值与交换价值的优化配置是能源财产权利交易的核心。结合我国实际能源财产权利交易的“二级市场”来看，能源财产权利上同时存在抵押关系和租赁关系的情况大量存在。若单独来看，能源财产权利抵押是利用能源财产权利的“交换价值”在不转移占有的前提下对债权的担保制度。而能源财产权利的租赁是通过租赁合同对能源财产权利在一定期限内转移占有并准许他人利用该权利的制度。故而，二者在“对权力占有”这个维度内可以共存。但是，从整体维度观察，抵押与租赁的共存存在很多值得商榷的地方，比如两种权利设定的顺序、设立顺序对抵押权人和承租人的利益影响，这些问题都有待具体法律制度去完善解决。

（一）对“已出租之能源财产权利”可以设置抵押权

对于该问题，存在的最大法律障碍，即国土资源部发布实施的《矿业权出让转让管理暂行规定》，该规定第50条明确规定：“已出租的采矿权不得出售、合资、合作、上市和设定抵押权。”笔者认为，这反映了在长期的能源资源立法和理论研究过程中，“始终坚持物权法的功能在于确定权利的归属，轻视对物的利用这种保守的态度”②。虽然对此种情形的限制，表面上看意在强调公共利益和

① 房绍坤：《论用益物权制度的发展趋势》，载《河南省政法管理干部学院学报》，2003年第3期，第48页。

② 王清军：《环境资源物权抵押问题研究》，载《淮海工学院学报（社会科学版）》，2005年第4期，第26页。

能源资源的经济安全和生态安全，重视社会本位有利于实现能源资源的合理保护和利用。但是，当人们站在社会公众利益的高度俯视相应的制度之时，往往忽略了所谓的社会公众利益是由个体的利益集合而成的，没有人比自己更加关心自己的权利。能源财产权利虽然是一种具有“公权”性质的“私权”，但是法律对私法领域的调整应当谨慎为之。

从能源财产权利的性质来看，《物权法》并未将能源财产权利规定其中，但在生产性能源财产权利中，勘探权属用益物权性质，开发权属准用益物权性质，功能性能源财产权利为一种交易配额，笔者认为可以准用用益物权的相关规定。能源财产权利这一准用益物权的抵押正是基于权利人对用益物权的处分权而产生的。用益物权的实现通常以直接占有标的物为前提，但在用益物权的存续期间，用益物权并不以直接占有为必要。在实践中，用益物权人为了取得更大的收益，或者基于其他原因，也可以将用益物权转移给其他人占有。因此，用益物权中的占有权能通常表现为直接占有。但在特殊情况下，用益物权的占有可能表现为间接占有。①

我国台湾地区“法律”中有关矿业权的规定，对这一问题具有一定的借鉴价值。我国台湾地区“矿业法”第8条规定，“矿业权视为物权，除本法有特别规定外，准用民法关于不动产物权之规定。”而根据我国台湾地区“民法”的相关规定，将9种特定矿产（以及经济部认定的其他矿种）列为当局专营矿产，划定这些矿种所在区域为当局矿区，区内矿产属公营矿业权。除公营矿业权外，非公营矿业权可以出租、可以抵押，出租后公营矿业权仍然可以抵押。②

能源财产权利承租人对能源财产权利的抵押完全系用益物权人所享有的权利，正常行使抵押权并不会对能源财产的处分及使用价值产生损害。况且，从抵押权设定的目的来看，亦有利于担保债权的有效实现，能源财产权利的出租使得承租人在一定期限内得向出租人支付租金，从而对增强抵押人的还贷能力起到了资本充实的作用。加之，能源财产权利作为各国资源法律制度所普遍确认的、开发矿产资源的市场配置工具，不仅仅定位于国家对资源的宏观管理，还包括融资，尤其是缺乏先进技术和资金的发展中国家，在国际能源开发中更要依赖能源财产权利作为融资工具。③ 因此，在合理保护能源资源的前提下，法律不能过分

① 房绍坤：《论用益物权的内容》，载《山东警察学院学报》，2006年第2期，第42页。

② 袁华江：《论已出租之采矿权抵押的可行性》，载《上海政法学院学报（法治论丛）》，2011年第1期，第52页。

③ 袁华江：《论已出租之采矿权抵押的可行性》，载《上海政法学院学报（法治论丛）》，2011年第1期，第48页。

限制能源财产权利在市场中的合理流转，即便是已出租的能源财产权利。

（二）对“已设置抵押权的能源财产权利”可以进行出租

笔者认为，对抵押财产应当坚持物尽其用的原则，通过适当的法律制度设计来规范对已设置抵押权的能源财产权利进行出租，特别是抵押权人以保护抵押权实现为目的设置租赁转移抵押物的占有问题。“抵押物只是作为债务履行的担保，并不因此而就被牢牢束缚而不能流通。只要不影响其担保债务履行的功能，不减损其交换价值，抵押物的流通就应得到鼓励。”① 顺应抵押物充分利用而产生的抵押权利之出租的合法性应当得到认可，而不能一味绝对禁止，过度干预能源市场的发展。对已设置抵押权的能源财产权利进行出租，应由能源财产权利人与承租人依私法自治原则设立出租合同，在不损害第三人利益的前提下承认该出租合同的效力，允许能源财产权利人通过出租该权利而获益。

对于已设置抵押权的能源财产权利进行出租，是可以从我国现行立法中寻找到法律依据的。虽然《矿产资源法》《水污染防治法》等涉及能源领域的特别法没有提及，但是《物权法》中有关抵押的相关规定可以适用于解决这一问题。《物权法》第190条规定，“抵押权设立后抵押财产出租的，租赁关系不得对抗已登记的抵押权”。不过，《物权法》对抵押权设立后抵押财产出租的规定相对简单。毕竟一物之上同时存在着抵押权和出租权两种权利，如果行使某种权利不当，将可能会产生二者之间的利益纠纷。我国台湾地区民法中的相关规定更值得借鉴。其第866条规定“不动产所有人设定抵押后，于同一不动产上，得设定地上权或其他以使用收益为目的之物权，或成立租赁关系。但其抵押权不因此而受影响。前项情形，抵押权人实行抵押权受有影响者，法院得除去该权利或终止该租赁关系后拍卖之。不动产所有人设定抵押权后，于同一不动产上，成立第一项以外之权利者，准用前项之规定”。②

具体针对能源财产权利抵押制度而言，在承认对已抵押的能源财产权利进行出租的合法性的前提下，必须考虑到出租将导致能源财产权利的转移占有，这将在一定程度上成为抵押权实现的障碍。法律应当赋予抵押权人相应的权利救济方式，一旦租赁合同对抵押权人的利益造成损害，抵押权人可以获得相应的司法救济，即如果能源财产权利租赁合同妨碍到抵押权人行使其抵押权时，人民法院或

---

① 耿林：《论我国动产抵押制度的完善》，载江平主编：《中美物权法的现状与发展》，清华大学出版社2003年版，第602页。

② 王泽鉴：《民法物权》（第二版），北京大学出版社2010年版，第601－602页。

仲裁机构可以裁判终止能源财产权利租赁合同，并对该能源财产权利进行拍卖，从而保障抵押权的充分实现。当然若抵押权人同意承担此种风险，并对出租与抵押之间的关系与抵押人达成协议，或者要求抵押人另行提供其他适当的财产进行担保，亦未尝不可，法律不会进行强行干预。总之，应当通过法定或约定的方式排除能源财产权利出租对其抵押权行使所产生的不利影响。